LAS VOCES DE NUESTROS ANTEPASADOS

EC

EDITORIAL CÁNTICO

COLECCIÓN · LA FLORESTA

COLECCIÓN DIRIGIDA POR RAÚL ALONSO

cantico.es · @canticoed

Suscríbete a nuestro blog en

Medium @canticoed

Editorial Cántico
Parque Logístico de Córdoba
Carretera de Palma del Río, km. 4
14005 Córdoba

Las imágenes al principio de cada capítulo son gorjales de concha encontrados en excavaciones de las tierras indias de Duck River en Tennessee, dibujados por M. N. Lewis y Madeline Kneberg, en Tribes That Slumber (Knoxville: University of Tennessee Press, 1958). Los poemas y canciones del principio de los capítulos 4, 6 y 7 son adaptaciones de canciones y fórmulas tradicionales tsalagi contenidas en el *Manuscrito del Nadador*; James Mooney, *Myths of the Cherokee and Sacred Formulas of the Cherokees* (Nashville: Charles and Randy Elder, 1982). El diagrama de la página 85 es una adaptación de Tony Shearer, en *Beneath the Moon and Under the Sun* (Albuquerque: Sun Publishing Co., 1975). Expresamos nuestro agradecimiento a estos autores y editores por su valioso trabajo.

Publicado en acuerdo con Shambhala Publications Inc. representada por A.C.E.R. Agencia Literaria

ISBN: 978-84-10288-35-5
Depósito legal: CO 1826-2024

Impresión y encuadernación:
Imprenta Luque S.L.

DHYANI YWAHOO

LAS VOCES DE NUESTROS ANTEPASADOS

ENSEÑANZAS DESDE LA SABIDURÍA DEL FUEGO

TRADUCCIÓN DE VICTORIA GARCÍA

EDITORIAL CÁNTICO

COLECCIÓN LA FLORESTA

ACERCA DE DHYANI YWAHOO Y LA SOCIEDAD DE MEDITACIÓN SUNRAY

Dhyani Ywahoo, Pema Sangdzin Khandro es la fundadora y directora espiritual de la Sunray Meditation Society y del Sunray Peace Village Land Trust. En 1992, se concedió a Sunray el estatus de ONG en las Naciones Unidas como puerta de entrada para que las voces indígenas se incluyeran en las conversaciones planetarias.

Pertenece a la banda tradicional Ani Yun Wiwa y Etowah de los tsalagi orientales (cheroqui) y es la vigesimoséptima generación que se ocupa del linaje Ywahoo. La Sociedad de Meditación Sunray está afiliada a la Igidotsoiyi Tsalagi Gadugi.

Los maestros budistas tibetanos de Dhyani son Su Santidad Dudjom Rinpoche, Ven. Khenpo Tsewang Dongyal Rinpoche, Su Eminencia Khenchen Palden Sherab Rinpoche, Su Santidad el 37th Drikung Kyabgön Chetsang Rinpoche, Khenchen Konchog Gyalsten Rinpoche.

Durante las últimas cuatro décadas, Dhyani Ywahoo ha diseñado e impartido programas para formar a pacificadores, mediadores y directores ejecutivos. Estos programas se inspiran en Ani Yun Wiwa y en la sabiduría budista. Dhyani es también directora ejecutiva de Beautyway Productions y autora de muchos planes de estudios y libros, entre ellos *Voices of our Ancestors*, *Learning Cherokee Ways: The Ywahoo Path,* y *108 Quotations: Un tesoro de sabiduría mística*.

El linaje Ywahoo de los Tsalagi fue establecido hace 2.898 años por el "Guardián de los Misterios", el Pálido, un gran maestro que vino a reavivar el fuego sagrado de la sabiduría. Las enseñanzas del Rayo Solar se están transmitiendo a personas de todo el mundo, con la guía de los ancianos nativos tradicionales, para que podamos hacer realidad en la Tierra el ideal de la Mente Cuidadora y manifestar la armonía y la relación correcta en la familia de la vida. Las enseñanzas se comparten principalmente a través de La Misión Pacificadora, un programa de educación y entrenamiento personal, grupal y planetario basado en las enseñanzas del linaje Ywahoo. El entrenamiento Pacificador proporciona prácticas específicas que inculcan métodos hábiles para magnetizar un mundo pacífico.

Una parte de los beneficios de las actividades de Sunray se dona a proyectos budistas y de indios americanos seleccionados.

Para más información, visite www.sunray.org, www.beautywayproductions.com, y la Sunray Meditation Society en P.O. Box 269, Bristol, VT 05443.

DEDICATORIA

Este libro está dedicado, con gratitud:

A los que han caminado antes y han formado claramente la senda del Camino de la Belleza;

A mis abuelos, mis bisabuelos y mis padres, por la sabiduría que cultivaron y me transmitieron, que yo deberé pasar a aquellos preparados para recibirla.

A mis hijos y nietos: Gracias por elegirme para ser vuestra madre; que vuestras visiones se hagan realidad;

A todos los Ani Yun Wiwa por las buenas obras que hacen para que la paz brille en la Tierra;

Al Cherokee perdido: Que estas palabras sean una señal para que encuentres de nuevo el camino a casa;

A los estudiantes de Sunray, que están haciendo realidad el sueño de mis Mayores de que los pueblos de todas las naciones puedan hacer el bien juntos;

Y a todas esas voces de sabiduría que me han susurrado a lo largo del camino. Doy gracias por la guía de Phillip Deere y Oso Loco; al curandero Diné, Tommy, que me llamó a casa y me dijo: "Sí, puedes hacer lo que tus abuelos esperaban de ti"; y a Marie, la amiga de los sueños que demostró ser real.

Ga li e li ga, estoy agradecida.

AGRADECIMIENTOS

Un agradecimiento especial a Shan Watters, que mecanografió las actualizaciones del manuscrito; a Lynn E. Alden, que preparó las ilustraciones; a Molly Lee por el apoyo editorial, a Emily Hilburn Sell, y a los editores actuales de Publicaciones Shambhala, por su previsión al convocar este libro. Y a todos los amigos del Sunray que han grabado y transcrito mis conferencias durante los últimos cuarenta años.

PREFACIO

Este libro, publicado originalmente en 1987, se vuelve a publicar con la intención de hacer realidad la paz y las relaciones armoniosas para todos los seres a través del reconocimiento de que estamos conectados dentro de la red de la vida y que nuestros pensamientos y acciones se convierten en los resultados que vemos.

Las enseñanzas y meditaciones que aquí se comparten se basan en la educación tradicional Tsalagi[1] , historias de enseñanza y juegos que me transmitieron mis abuelos, bisabuelos y tías abuelas.

En 1969, tras generaciones de secretismo, se decidió compartir las enseñanzas de la tradición Tsalagi con los no nativos, para que nuestros hijos tuvieran agua limpia que beber y lugares donde vivir y explorar. La intención es fortalecer las relaciones de las personas con sus familias, comunidades, naciones y la tierra, con la Tierra misma. No invitamos a la gente a ser como nosotros, sino a ser las mejores personas que puedan ser. Les invitamos a tener buen compañerismo y a respetar las enseñanzas de su propia familia de origen y de los demás. Así podremos manifestar todos, una visión de cooperación y respeto mutuo dentro de nuestro sistema de vida compartido de pensamientos, palabras y acciones.

Estas enseñanzas son de nivel básico, aptas para todas las personas de cualquier religión o nacionalidad comprometidas con la paz y las buenas relaciones. Así, mantenemos la inviolabilidad

1 Tsalagi (pronunciado Tsa-lá-gi) se utiliza para "Cherokee" a lo largo de este libro.

de las leyes del clan sobre qué enseñanzas están disponibles para los no nativos.

Mi intención es que estas palabras inspiren a muchas personas hacia la comprensión y la acción correcta que beneficie a todos los seres, ahora y en las generaciones futuras.

El material presentado en este libro se basa en las conferencias y el material didáctico de los años 1978-1985, y en las conferencias posteriores hasta 2023 que sirvieron de base para el capítulo 8 y el prefacio ampliado. *Las voces de nuestros antepasados* se vuelve a publicar para compartir más información y para recordar al lector que la sabiduría de los antepasados de todos está almacenada en la conciencia natural de nuestro corazón.

El don del cuerpo humano es un regalo precioso, ciertamente, y los muchos seres que han sido la sabiduría de nuestros padres cantan a través de nosotros en este momento presente. Aunque pensemos en nosotros como un individuo, en realidad somos potencial en un sistema vivo, y las ondas en espiral de nuestro ADN conforman la canción a través de la cual podemos transformar las apariencias del ayer, y la comprensión de que en este y en cada momento miríadas de potenciales se revelan como sabiduría hábil.

Desde que se publicó por primera vez *Las voces de nuestros antepasados*, ha habido pruebas científicas de las distintas formas en que la información se comparte a través de las generaciones y el impacto del pensamiento actual en la salud y las apariencias que están surgiendo. Aunque la intención inicial del libro era recordar a la gente que todos somos parientes en la danza de la vida, ahora hay pruebas científicas de lo profundamente conectados que estamos a través de la inteligencia de la Tierra y el cielo.

Como un padre siente a sus hijos, así existe un campo de la inteligencia en el que todos participamos, y los resultados saludables se sostienen a través de oraciones que apoyan la armonía y avivan la semilla del potencial de sabiduría en todos los seres. Así que las "instrucciones originales" de las que hablan muchos ancianos indígenas incluyen el afecto y el cuidado por los demás a través de la oración y resuenan con la comprensión de que somos ondas en un sueño: surgiendo, moviéndonos y creyendo que experimentamos el sueño como "real".

La idea de escuchar tranquilamente un corazón para asentarse en lo que emerge, viéndolo como un espectáculo, aclara las vías de comunicación y revela cómo todos somos parientes en la danza de la vida. El corazón conoce y percibe los ritmos universales, un pulso cohesionado como una ola sobre la que se cabalga. Compartir los sueños experimentados durante la noche a la mañana siguiente, dejan clara nuestra naturaleza interdependiente.

Las voces de nuestros antepasados recuerda al lector que hay experiencias relativas y que, en última instancia, los muchos son uno. ¿Quiénes somos? ¿Cómo hemos llegado hasta aquí y qué buscamos? Las preguntas pueden surgir en los momentos de calma.

Los seres vivos necesitan un lugar seguro donde vivir, alimentos sanos, abundancia para mantener a sus familias, sabiduría y, lo que es más importante, el soñador desea lograr aquello que se ha imaginado. Así que *Las voces de nuestros antepasadoss* fue una oportunidad para compartir historias de una visión del mundo que los ancianos me transmitieron y ahora, muchos años después, personas de diferentes culturas reconocen que los seres humanos son parientes en un sueño. *Las voces de nuestros antepasados* nos recuerda que la sabiduría es una canción interior, como ejemplifica el vórtice en espiral del ADN que se refleja en el espacio en forma de galaxias en espiral.

Cada vez más personas reconocen que los pensamientos y las acciones conforman nuestra visión del mundo. A medida que rastreamos la sabiduría dentro de nuestros corazones, queda claro que el pensamiento, la palabra y la acción contribuyen a que surjan las apariencias. Y así, en cierto sentido, también somos los antepasados de los que están por nacer y, simultáneamente, no estamos separados del campo de sabiduría de donde ha surgido el sueño.

Científicos rusos empezaron a investigar la comunicación y la expresión del pensamiento, la palabra y los sentimientos en el ADN, lo que se conoce como epigenética[2]. De este modo se descubrieron

2 Definición de epigenética: https://developingchild.harvard.edu/resources/what-is-epigenetics-and-how-does-it-relate-to-child-development/

las formas en que nuestros pensamientos y expresiones energizan determinados resultados en nuestras vidas y culturas.

En estos tiempos, profetizados como tiempos de purificación, observamos disonancias en las apariencias que surgen en el momento, por lo que está claro que nuestros pensamientos y nuestro discurso reverberan a través de un campo que algunos podrían decir que es inteligencia y otros que es un sueño.

Manifestemos un mundo de belleza a través de la conciencia compasiva del corazón.

Juntos estamos generando la visión y aceptando dicha visión como real y algunos reaccionando y enganchándose dentro de un paradigma que parece cerrado, por lo que *Las voces de nuestros antepasados* nos recuerda que debemos mirar hacia dentro.

El viento es invisible, y podemos saber que está presente por el movimiento de los árboles. El aire, como nuestra mente, transmite energía experimentada en el sueño compartido de la cultura. Despertar en el sueño es nuestra aspiración. Poder reconocer que la sabiduría no está separada de nosotros mismos es la base de las enseñanzas de los Pacificadores, que son el fundamento de *Las voces de nuestros antepasados*.

Las voces de nuestros antepasados es en realidad una transcripción directa de las enseñanzas que se dieron durante los primeros entrenamientos de los Pacificadores. Las enseñanzas de los Pacificadores son un recordatorio de que nosotros mismos transmitimos la energía que da forma a la apariencia que declaramos como realidad.

La creencia proyectada es la pantalla de cine y los guiones de la realidad asumida mientras que lo irreal es, una expresión de experiencias y creencias que aparecen como visión relativa, pueden ser sólo hábitos.

La verdad última es la esencia de la conciencia de nuestro corazón, con el discurso del universo y la canción de la vida son nuestros pensamientos en la onda. La forma en que hablamos y nos vemos unos a otros contribuye a las apariencias que surgen en el mundo, por lo que los ancianos del pasado nos recordaron que vivimos dentro de un sueño y que debemos dar energía a lo que potencia la fuerza vital.

¿Quiénes son los soñadores? Somos los soñadores, y como soñadores determinamos una realidad de experiencias alimentadas por el agrado/desagrado, el aferramiento o el alejamiento.

Los ancianos que me inspiraron preveían que personas de muchas culturas buscarían restablecer la resonancia del corazón con la familia, el clan, la tierra y todos los seres, y decían que la importancia del agradecimiento orante apoyaba la vida tanto como el agua, el aire, la madera, la tierra y el fuego.

Al igual que comprendemos la realidad del misterio de nuestras mentes proyectando imágenes en la superficie clara del lago que refleja la apertura del cielo, así comenzó el agua en el espacio, y el agua es un mensajero que transmite información al igual que respiramos y hablamos.

Agradecer es la medicina que nos beneficia a todos. Recuerda que la sabiduría y la compasión no están fuera. Al igual que las energías que nos sostienen como armónicos resonantes, banderas que ondean hacia el cielo, los sueños revelan danzas magnéticas de causas que surgen y se disuelven.

Algunos han encontrado a través de los principios de la armonía que cualquier disonancia llevada a través del tiempo puede ser sanada a través de la realización de la presente generación de la luz y la frecuencia y las vibraciones, lo que significa que el pulso de nuestro corazón resuena con un latido de la Tierra, la frecuencia de resonancia Schumann es como los relámpagos que son voces de inspiración. Nos inspira a ver que no hay ningún lugar al que ir, ya que ahora estamos determinando los resultados que aparecen y que nosotros mismos somos los padres del mañana.

La voces de nuestros antepasados ha recordado a muchos lectores que tenemos acceso directo a instalarnos en la mente-corazón de la conciencia apreciativa y que nuestra visión y nuestras voces energizan los resultados que percibimos. Muchos se han sentido inspirados a reconocer la sabiduría como nuestro estado natural, ya que el pasado, el presente y el futuro se experimentan en el ahora.

Tenemos acceso directo a la sabiduría de las cosas tal como son, y también está claro que cualquier obstáculo aparente es ensombrecer esa sabiduría natural, olvidando que estamos unidos en un campo de potencial energético, y que nos ponemos en el camino de la individualización para explorar el potencial del campo de donde nunca hemos salido.

Aunque las enseñanzas le llegan en español, están enraizadas en el ciclo de relaciones de la mente Tsalagi. Por ello, en esta obra el lector percibirá patrones discernibles de repetición con sutiles variaciones. Como parte del método tradicional de aprendizaje, estos patrones formales e interrelaciones aseguran la comprensión y apreciación de las enseñanzas en muchos niveles. Soñar es un concepto que nos recuerda el cambio, y nuestra relación dentro del sueño, al recordar la ética de las relaciones familiares y los ciclos ceremoniales, ya que la cooperación interactiva produce resultados que benefician a muchos.

Cuando nos enseñaban estas cosas de niños –especialmente a mí, que había sido elegida para ser poseedora de un linaje–, gran parte de la enseñanza se impartía a través de diagramas dibujados en la tierra y mediante situar objetos naturales en formas determinadas, como un triángulo con diez piedras en su interior. Los cantos y los tambores también eran una parte importante del aprendizaje, ya que equilibraban la actividad de los hemisferios derecho e izquierdo del cerebro y permitían percibir inmediatamente el pensamiento que se compartía, como si se tratara de una resonancia armónica.

Estos métodos tradicionales de enseñanza se reflejan aquí, en una forma de presentación muy diferente del estilo lineal, conceptual y analítico. La enseñanza tsalagi, al igual que la concepción tsalagi de la realidad, es un círculo, y me dirijo a ti, lector, como a mis familiares, compartiendo contigo la sabiduría de nuestros antepasados.

Estas son enseñanzas que provienen de la tradición oral. Han sido susurradas, habladas, cantadas, tamborileadas y bailadas durante miles de años, y están impregnadas del misterio de la luz de las estrellas, la luz del fuego y la luz del amanecer. Estas enseñanzas sagradas se transmiten por escrito para que el lector pueda reavivar en su interior la gran alegría por el don de la vida; por tener amigos, familia, compañeros de trabajo, una comunidad con la que vivir y aprender; y por la oportunidad de renovar en este tiempo el Aro Sagrado de la vida en este planeta.

La base de la enseñanza es infundir cada momento con los tres principios fundamentales de intención, compasión y hacer el bien. Estos tres principios y su relación con los individuos, las familias, las naciones y el universo son conceptos esenciales en la cosmovisión Tsalagi, e informan cada parte de la enseñanza. A menudo se hace referencia a ellos como los Fuegos Mayores de Arriba o los "tres fuegos sagrados" de la voluntad, el amor y la inteligencia activa. Cada enseñanza ofrece al menos siete recordatorios de cómo estos principios primarios se manifiestan en nuestras vidas. Así, para cada sección principal de las enseñanzas aquí presentadas, se dan siete ejemplos, tres directamente relacionados con los principios y cuatro relacionados con ciclos de relaciones. Este patrón formal de repetición es como una puntada sagrada que teje un sólido tejido de comprensión.

Cada capítulo puede leerse como un todo autónomo, pero los capítulos también se desarrollan en secuencia, y se invita al lector a rastrear hilos comunes a través del libro en su conjunto.

Las palabras en sí, son una pequeña parte de la interacción del lector con las enseñanzas. Las palabras son como una onda portadora de la luz pura de la sabiduría.

En la cosmovisión Tsalagi, la vida y la muerte, la manifestación y la falta de forma, están todas dentro del círculo, que se expande en espiral a través de todas las dimensiones. La enseñanza expresa esa expansión de la espiral. La misma historia puede entenderse de diversas maneras a medida que se exploran dimensiones más vastas de la mente.

Incluso el tiempo y la historia danzan a lo largo de la espiral. Los patrones del pasado resuenan en el presente y resuenan en el futuro. Nuestro calendario (que es esencialmente el mismo que el maya o azteca) refleja la espiral como ruedas entrelazadas de energía y conciencia siempre juntas en majestuoso movimiento. A través de la tradición oral y la historia escrita de los Tsalagi hay ciertos maestros que continúan manifestándose en las Américas en ciclos de tiempo que se repiten regularmente. Estos maestros expresan la misma esencia, una sabiduría similar, y vienen en momentos apropiados para recordar a la gente la armonía. Esta reaparición cíclica de la mente pura continúa. Como el Pálido, el Pacificador y Quetzalcóatl caminaron sobre esta tierra, así surgirá en nuestro tiempo un maestro de gran compasión para reavivar el fuego de la sabiduría de las relaciones correctas para todas las personas. Y ese maestro puede ser cada uno de nosotros[3].

Existen muchas similitudes entre la cosmovisión tsalagi y las del budismo, el cristianismo y el judaísmo. Todos los pueblos y todas las religiones tienen sus raíces en el Gran Árbol de la Paz. Sin embargo, mucha gente sabe poco de la verdadera historia y contenido de la filosofía y religión de los nativos americanos, y lo poco que se sabe es probablemente inexacto. Leamos este libro con una mente abierta y sin apegos a ideas o conceptos previos sobre lo que son los nativos americanos.

Sería un error que el lector pensara que leyendo un libro sobre la filosofía Tsalagi comprenderá toda la mente del pueblo indio. Deseo que este libro refleje la sabiduría de tu propia mente y de tu propio linaje, a través de tu percepción de los "patrones similares" – que son factores comunes de la condición humana.

La filosofía nativa americana –sea tsalagi o cualquier otra– tiene muchos niveles de comprensión. Las prácticas presentadas en este libro son apropiadas para todas las personas; no causarán daño cuando se practiquen de acuerdo con las instrucciones dadas. Las ceremonias y prácticas más profundas de los nativos, como la pipa y la cabaña de purificación (cabaña de sudación), están destinadas a los nativos, y tratar de imitarlas es peligroso e irrespetuoso. Estos

3 Como ejemplos de este patrón de reencarnación cíclica de energías de sabiduría específicas, considérese el nacimiento del Pálido en 873 A.C.; de Wotan 700 años más tarde (véase Introducción, n.3); del Pacificador en 1573; y de una posible encarnación contemporánea de la misma sabiduría en 1983. Shearer analiza en detalle el "sistema de ecos" en *Beneath the Moon and Under the Sun*.

son los altos misterios de nuestros pueblos, tan sagrados para nosotros como lo es la misa para los Católicos Romanos. Deseo que puedas contemplar el Gran Misterio a través de las ventanas que se abren ante ti y ver en el continuo de tu propia vida las señales que marcan el Camino de la Belleza.

En estos tiempos, muchas personas se enfrentan diariamente a un genocidio cultural y físico. En este mismo momento los pueblos de este mundo son peones de los conceptos de progreso y beneficios. Deseo que consideres los continuos tambores de guerra como una visión elegida de ellos y nosotros y elijas reconocer que tal crueldad también podría ocurrir en tu vecindario si nosotros, como seres humanos, permitimos que nuestros corazones se endurezcan ante el sufrimiento de los demás.

Así que rezo para que cada lector de este libro mire profundamente en los patrones tejidos por nuestros pensamientos y acciones y desarrollen la atención plena y la generosidad para las generaciones presentes y futuras. Que la compasión surja en tu corazón y que veas a todos los seres como tus parientes en este sueño de la vida.

La oportunidad de la vida es muy valiosa y se mueve muy deprisa. Que estas palabras te inspiren a actuar correctamente para transformar las causas del sufrimiento en el mundo. Que todos los seres se liberen del sufrimiento y que todos los pensamientos conflictivos lleguen a una resolución, para que el gran Fuego de la Sabiduría arda en nuestros corazones y brille en todo lo que hacemos, como una acción iluminada que beneficie a todas nuestras relaciones.

INTRODUCCIÓN

Nosotros los Cherokee, o Tsalagi, nos hemos llamado tradicionalmente el Pueblo Principal (Ani Yun Wiwa), en el sentido de que nuestras historias de la creación y nuestra filosofía se refieren a nuestro deber sagrado de inculcar respeto por la vida y manifestar el bien en beneficio de todos los seres.

Nuestros orígenes se remontan a las estrellas conocidas como las Pléyades, las Siete Bailarinas. En nuestras ceremonias y patrones de relación está codificado el Fuego de la Sabiduría, de ahí que seamos los guardianes de la luz sagrada, responsables de reavivar el fuego de la mente clara y las relaciones correctas en estos tiempos de cambio.

Las enseñanzas contenidas en este volumen están contadas por alguien que pertenece a la quinta generación que ha sobrevivido a la llegada de la oscuridad sobre el modo de vida natural de los Tsalagi.[4] Los niños de la quinta generación recibieron de sus mayores el deber especial de reavivar el fuego sagrado de la sabiduría, invitando a la gente a ver los efectos de nuestros pensamientos y acciones sobre la

4 Se refiere a la quinta generación tras el traslado forzoso de mediados del siglo XIX, cuando los tsalagi se vieron obligados a abandonar su tierra natal en el sureste de lo que hoy es Estados Unidos. Las estimaciones sobre el número de vidas perdidas durante el Camino de Lágrimas de 1838-1839 varían. Woodward, citando a Foreman, señala que "del total de 18.000 cherokees que se dirigieron al oeste tras el Tratado de 1835, unos 4.000 perecieron, ya fuera en las empalizadas antes del traslado o en el viaje hacia el oeste" (*The Cherokees*, p. 218 y n. 39). Para más información, véase más adelante en esta Introducción; Grant Foreman, *Indian Removal*; y Thetford Denton, *Tsali*.

Tierra, sobre nosotros mismos y sobre los demás, y sobre las generaciones futuras. Nuestros ancianos, algunos de los cuales sufrieron grandes privaciones y castigos por tratar de mantener nuestra cultura, codificaron en nosotros a través de ceremonias, canciones y ejemplos los métodos para hacer realidad un mundo sano.

Hasta 1979 era ilegal en Estados Unidos que los nativos americanos practicaran sus religiones tradicionales. En 1978, el Congreso de Estados Unidos consideró la posibilidad de legislar la derogación unilateral de todos los tratados indígenas existentes, arrebatando lo poco que quedaba de la base territorial de las naciones indígenas soberanas. Esto habría supuesto la muerte de la cultura nativa, ya que la base misma de la religión, la lengua, las relaciones y la vida de los indios es la práctica sagrada sobre la tierra, la relación sagrada con la tierra. En 1979 se aprobó la Ley de Libertad Religiosa de los Indios Americanos, que permitió a los nativos americanos volver a practicar sus rituales y ceremonias tradicionales. Muchos de la quinta generación percibieron la aprobación de esta ley como un intento de hacer aceptable la destrucción de la base territorial india. Aunque el proyecto de ley de 1978 para derogar todos los tratados no se convirtió en ley, incitó a la quinta generación a actuar como esperaban sus mayores[5]. Para muchos pueblos nativos, el intento de romper todos los tratados y robar la base territorial restante fue el despertar de su "Indianidad". Al darse cuenta de lo cerca que habíamos estado de la extinción y la asimilación, comenzó un renovado estudio de la lengua, la filosofía, la medicina y la religión nativas. Los tsalagi son sólo una de las muchas naciones nativas que están creciendo y floreciendo en la actualidad. Desde 1979 hasta el presente muchas de las Primeras Naciones han renovado sus lenguas habladas, sus conocimientos culturales sobre la naturaleza y la curación y han puesto en marcha sus propias escuelas.

5 Inspirados por líderes como Oso Loco, "Firebrand de la Quinta Generación", por ejemplo, cuyas Conferencias de Unidad (1956-1968) y valiente ejemplo volvieron a despertar a muchos a su sagrado deber como miembros de las Naciones Rojas. Véase también Rex Weyler, *Blood of the Land*.

Este libro está dedicado a aquellos sabios ancianos que tuvieron la fe y la previsión de mantener encendido el fuego de la sabiduría.

Yo misma soy un Tsalagi de la Banda Etowah, un recipiente lleno de sueños de aquellos que caminaron antes, bendecido y facultado por los ancianos para ser depositario de las enseñanzas del linaje Ywahoo.

El linaje Ywahoo fue establecido hace 2.898 años por el "Guardián de los Misterios", el Pálido, un gran maestro cuyo nombre sólo se pronuncia en las ceremonias. Cuando el pueblo olvidó sus instrucciones originales, descuidó sus deberes espirituales y se volvió belicoso, el Pálido vino a reavivar el fuego sagrado de la sabiduría. Nacido de forma milagrosa, su cuerpo emitía una gran luz; aparecía en muchos lugares a la vez y hablaba el lenguaje de todas las criaturas. Las enseñanzas del Pálido florecieron por toda América. Restableció la construcción de templos y escuelas, reformó la formación sacerdotal y dio métodos para cultivar y mantener la paz en el individuo, la familia, el clan, la nación y el planeta. Este gran maestro fue un recordatorio viviente del potencial oculto en todos. Reavivó el fuego sagrado y renovó las instrucciones originales codificadas en el Arca de Cristal, el cristal más sagrado que jamás haya cantado la bella nota de la armonía, inspirando a la gente a actuar como uno con la ley sagrada y llevando todos los pensamientos y acciones a una resolución armoniosa.[6]

---

6 Unos 700 años después del Pálido, otro maestro llegó entre los Tsalagi, recordando de nuevo al pueblo sus instrucciones sagradas y cómo cumplirlas. Se llamaba Wotan. Su glifo se da diversamente como ⊥(T invertida) o T. Fue concebido milagrosamente y luego nació de la manera normal; debido a su gran promesa fue criado desde una edad temprana dentro del templo, realizando el alto logro sacerdotal del Maestro del Viento. Durante mucho tiempo meditó en el interior de la cueva de un volcán inactivo. En algún momento sufrió quemaduras; perdió la pigmentación de su piel y a partir de entonces usó una máscara. Wotan era de una conciencia altamente realizada, con una mente a la vez vasta y rápida. En cuanto vio demostradas las enseñanzas del Pálido, fue capaz de realizarlas. Era un maestro sabio, que ajustaba las confusiones en la comprensión del calendario y del sistema matemático. Debido a los grandes logros de Wotan y a su falta de color de piel, a veces se ha pensado que Wotan y el Pálido eran la misma persona.

Los deberes de cada Ywahoo son cuidar del Arca de Cristal y mantener las ceremonias para el equilibrio universal. Así, los sacerdotes del linaje Ywahoo eran los cuidadores del cristal y de las fórmulas y rituales de sonido que activaban el cristal. Se decía que el cristal resonaba con la voz continua de la Creación y amplificaba nuestra percepción al observar la información en la pantalla de la mente.

Ha habido veintisiete Ywahoos encargados de mantener las enseñanzas desde la reforma del Sacerdocio, que pasó de un liderazgo hereditario a un sistema de adición de familias mediante relaciones. El cambio de un sistema hereditario más antiguo se hizo para potenciar la inclusividad y evitar apariencias de dominación, así como para garantizar métodos de estabilización de la mente y las comunidades en tiempos de confusión.

Así, las enseñanzas descritas en este libro se han mantenido y transmitido a través del linaje Ywahoo durante veintisiete generaciones. Me fueron transmitidas a mí, Dhyani Ywahoo, por mi abuelo, Eonah Fisher (Oso Pescador), quien recibió las enseñanzas de Eli Ywahoo, su suegro, mi bisabuelo (también conocido como Nube de Lluvia), y de mi abuela, Nellie Ywahoo, hija de Nube de Lluvia.

Desde una edad temprana se reconoce la perspicacia de los niños tsalagi y se les invita a formar parte de sociedades espirituales particulares según sus clanes y los linajes particulares que se mueven dentro de esos clanes. El linaje Ywahoo pertenece al clan Ani Gadoahwi (Patata Salvaje) de los pueblos tsalagi. Mis antepasados, los parientes que me enseñaron, proceden de las Carolinas y Tennessee. Durante el Sendero de las Lágrimas, que tuvo lugar en la década de 1830, en lugar de abandonar su honrada patria se escondieron en cuevas, para poder mantener su deber espiritual con las Montañas Azules y los ríos y tierras de esa región.

Por esta razón, se pueden encontrar diferentes fechas atribuidas a la visita del Pálido, hace 2.000 o 2.700 años; en realidad nació hace 2.860 años, en 873 a.C. Véase también Shearer (*Beneath the Moon and Under the Sun*, cap. 11), que habla de las encarnaciones de Wotan entre los mayas.

Así que las cosas de las que hablo son de un continuo. Yo soy la primogénita de una primogénita. La tradición de la medicina[7] que conservó mi familia es la tradición de los tsalagi y de los pueblos ocultos, que se remontan a los tiempos de los templos del sol. Así que nos consideramos un pueblo muy antiguo; nuestra historia habla de más de cien mil años de relación con las estrellas, el cielo, los ríos y el planeta Tierra.

Desde el punto de vista tsalagi, los niños son miembros valiosos de la sociedad y desde el momento en que esbozan su primera sonrisa se les invita a participar en ceremonias espirituales y actuar de manera responsable por el bien de todo el pueblo. Esa primera sonrisa es un indicio de la voluntad del niño de tender la mano y comunicarse con los demás, y a partir de esa sonrisa se comprende cuál es el don de ese niño.

Es común entre muchas naciones nativas americanas que antes de que nazca un niño los abuelos tengan visiones y sueños sobre ese niño que va a llegar. Mis abuelos también tuvieron visiones. Dicen que un hombre rojo vino del otro lado del océano con un mensaje de unidad, de reconstrucción del aro sagrado. Habló de mí, diciendo que viajaría por todo el mundo y que me darían todas sus enseñanzas. Los ancianos siguieron esas instrucciones. Cuando era niña, mis mayores se sentaban alrededor del fuego y hacían muchas profecías. Decían que llegaría un tiempo en el que yo hablaría con gente de todo el mundo y que seríamos de un solo corazón. Esas profecías se han hecho realidad. Ahora, que la profecía de la unidad de acción y la preocupación compartida por la vida renueven el aro sagrado, como predijeron.

Antes de 1969, las enseñanzas del linaje Ywahoo estaban ocultas y sólo se compartían con los tsalagi y otros pueblos afines.

Según las antiguas enseñanzas y el calendario, una gran oscuridad caería sobre los pueblos con el fin del ciclo de mundos llamado los

---

7 "Medicina", en el modo nativo, significa el poder sagrado de uno para hacer el bien en beneficio de todos.

trece cielos[8]. Hace más de quinientos años se convocó un Consejo de Ancianos de las Naciones Rojas de Norte, Sur y Centroamérica para asegurar la supervivencia de las enseñanzas sagradas a través de la era de oscuridad que se avecinaba. En aquella época, las enseñanzas se ocultaban en las hogueras de los hogares, en sociedades secretas dentro de las líneas familiares, para sostener al pueblo en tiempos de tribulación. Los trece cielos terminaron el 21 de abril de 1519, el día en que Cortés desembarcó en México. Así, un "hermano pálido regresó del este"[9], su memoria de la unidad de la familia humana deteriorada y su venida provocaron una gran destrucción en la tierra y el pueblo. La ciencia y la cultura que engendraron el calendario más preciso del mundo y la farmacopea más beneficiosa y que, hace más de siete mil años, descubrieron el concepto matemático del cero, fueron pisoteadas. Sin embargo, la sabiduría sobrevivió en las chimeneas de los hogares, a la espera de que llegara

8 Según el calendario sagrado, el tiempo fluye a través de diferentes "mundos", cada uno de los cuales dura 1.144 años. Cada mundo consta de trece cielos, períodos de armonía y orden, y nueve infiernos, tiempos de desarmonía y oscuridad. Cada cielo e infierno tiene una duración de cincuenta y dos años, y juntos constituyen los veintidós periodos de tiempo iguales que componen cada mundo. El Quinto Mundo, el último de los nueve infiernos, llegó a su fin el 16 de agosto de 1987. Con la apertura del Sexto Mundo, el 30 de agosto de 1987, ha comenzado un nuevo ciclo de trece cielos. (Véase Shearer, *Bajo la Luna y bajo el Sol*, p. 99).

9 Según la profecía Tsalagi, después del Diluvio Universal los cuatro clanes del centro de la Tierra se separaron y viajaron en las cuatro direcciones. Los de piel clara fueron al este para encontrar medios de aliviar la vida de la gente; se convirtieron en padres de la invención. Los que fueron al norte buscaron ideas claras para llevar adelante las instrucciones del Creador. El clan que fue al oeste aprendió sobre la muerte y la transmisión de la mente a los reinos celestiales para preservar la sabiduría aprendida en cada vida. En el sur se buscaron las lecciones del crecimiento para que el pueblo pudiera manifestar abundancia. Tres de los clanes regresaron al centro del mundo en el momento señalado y compartieron sus conocimientos. Uno todavía no ha regresado; el pueblo sigue esperando el regreso del hermano pálido del este, portador de la sabiduría de los inventos que beneficiarán a todos los seres. Cuando llegó Cortés, muchos pensaron que era el hermano de piel clara que llegaba del este; de ahí la bienvenida que recibió entre aquellos a los que posteriormente destruyó.

el momento en que el pueblo tuviera un solo corazón, a la espera de recipientes resistentes para llevar el fuego al exterior.

Las grandes Montañas Humeantes, Arkansas, Georgia y Tennessee han sido el hogar de la Nación Tsalagi durante miles de años. A principios del siglo XIX, cuando los colonos invadieron las zonas sagradas y obligaron al pueblo a seguir el Camino de las Lágrimas, cayó la noche más oscura. (El séptimo infierno comenzó en 1831; la "Ley de Traslado de Indios" se ratificó en mayo de 1830).

Me hablaron a una edad temprana del Sendero de las Lágrimas; mi abuela me lo describió tan vívidamente que sentí que estaba allí. Decía que la gente –soldados y colonos– entraban en las cabañas y echaban a la gente, se llevaban todo lo que pertenecía al pueblo tsalagi y se limitaban a decir: "Marchaos con lo puesto". Incluso les quitaron sus reservas de alimentos. Lo que me sorprendió, como niña pequeña que escuchaba la sabiduría de los ancianos, es que hablaban sin amargura. Describían el Sendero de Lágrimas como un indicio de tiempos oscuros para la mente de *todos los* seres humanos, el comienzo de un ciclo final de purificación. En esta época, las ilusiones de dominio sobre el mundo natural y el materialismo en lugar de la ética han ahogado la línea vital de todos.

Cuando la oscuridad cayó sobre el pueblo tsalagi, algunos sacerdotes y sacerdotisas autoinmolaron su forma física en el fuego sagrado. Mis mayores me contaron cómo dos miembros de mi familia entraron así en el fuego y desaparecieron, sin dejar restos físicos. Su sacrificio fue para esparcir la esencia de la semilla de las instrucciones originales, para que brotara de nuevo cuando la quinta generación apareciera para restablecer la relación correcta con la tierra, la nación, la Madre Tierra, el Padre Cielo y todas nuestras relaciones. En nuestras mentes, la mía y la de otros de la quinta generación, se colocaron cuidadosamente ciertas llaves para que pudiéramos de nuevo avivar y reavivar el fuego sagrado en todas las personas y para que el aro de la vida se renovara.

Así, durante cientos de años, las enseñanzas sagradas se mantuvieron ocultas. En 1969, los ancianos de la Banda Etowah y de la línea de sangre Ywahoo se reunieron y decidieron que los aspectos generales de las enseñanzas debían compartirse ahora con todos aquellos de buen corazón dedicados a manifestar la paz. Los ancianos declararon que las enseñanzas astronómicas debían restaurarse en el mundo; éstas son la base para comprender los movimientos de las estrellas que dan orden al calendario ceremonial compartido por la mayoría de los pueblos nativos del hemisferio occidental. Los ancianos dijeron que la Medicina de los Gemelos debía ser comprendida por todos, de modo que incluso la ira y el miedo pudieran ser reconocidos como oportunidades para realizar ese claro fuego de sabiduría interior. Y dijeron que las enseñanzas generales del Pálido debían compartirse, para dar luz a un nuevo día.

Estas cosas se están haciendo de acuerdo con las instrucciones. En 1969, se fundó la Sociedad de Meditación Rayo de Sol como vehículo para que las enseñanzas apropiadas del linaje Ywahoo se compartieran con aquellos de un solo corazón, y hoy los estudiantes y practicantes de las enseñanzas del Rayo de Sol están floreciendo como semillas de luz y relación correcta en comunidades de toda la Isla Tortuga (Norteamérica y el mundo). Y a través de este libro rezo para que las chispas del fuego de la sabiduría enciendan el recuerdo en los corazones de muchos.

Las enseñanzas Tsalagi del linaje Ywahoo transmiten áreas específicas de estudio y práctica. Hay enseñanzas generales, adecuadas para todo tipo de personas, que incluyen ejercicios físicos, prácticas de respiración, contemplaciones mentales y códigos sociales de relación correcta. Hay enseñanzas específicas para determinados clanes, que sólo se enseñan a los miembros de esos clanes; incluyen códigos de comportamiento, deberes del linaje, enseñanzas ceremoniales para la siembra, historias tradicionales y enseñanzas para la comprensión y la cooperación. Hay enseñanzas particulares para las naciones, leyes gubernamentales basadas en la ley del clan, para ayudar a mantener la paz y el equilibrio planetario. Además, existe un método particular de entrenamiento utilizado en el arte sacerdotal, que implica diez pasos de desarrollo y ejemplo.

Este libro contiene enseñanzas adecuadas para todas las personas: *Elo* (filosofía) básico y práctica para purificar la ignorancia y el oscurecimiento, para clarificar la mente, para pacificar las emociones aflictivas, las ilusiones y el sufrimiento, para magnetizar el bien y para actualizar la visión de paz y armonía que se mantiene como una brasa sagrada en el corazón de cada ser. La filosofía nativa americana no hace proselitismo ni busca conversos. Estas enseñanzas sagradas te invitan, no a convertirte en indio, sino a convertirte en el mejor ser humano que puedas llegar a ser, a realizar tu potencial no manifestado por el bien de todos los seres.

Ruego que estas enseñanzas se transmitan con claridad en beneficio de todos mis parientes, ya sea que vuelen, caminen, naden o se arrastren. Que se sepa que cualquier inconsistencia o ambigüedad con respecto a la cronología histórica es el resultado de mis propias limitaciones o de la destrucción y/o confusión de los registros antiguos. Las enseñanzas en sí son verdaderas y ofrecen medios para alcanzar la paz a todos los niveles.

Habíamos estado en la novena y última etapa de purificación, el noveno mundo infernal después de los trece cielos. Ahora, en este tiempo, nosotros, la quinta generación, vivimos de forma natural los preceptos sagrados, soñando con la belleza. El fuego se reaviva en los lugares sagrados de la Tierra. El canto del recuerdo pacífico se extiende. Amanece un nuevo día.

El nuevo ciclo de trece cielos comenzó el 30 de agosto de 1987, trece días después de que terminara el Quinto Mundo. Y una conversación renovada con el centro galáctico en una clave más energética revela el pensamiento como energía y la capacidad humana para cultivar la armonía y el recuerdo de nuestra multidimensionalidad.

El Planeta Júpiter eligió recibir el golpe del cometa Shoemaker Levy en 1994, asegurando así que continuemos como pueblos dentro de nuestro sistema solar. Hoy en día, pueblos de muchas naciones reconocen la interdependencia de nuestros pensamientos y acciones, ya que la confusión de considerar que algunos tienen menos derechos contamina los cielos y las aguas dando lugar al sufrimiento. Al igual que los arroyos y los ríos fluyen hacia el mar, nuestra visión y nuestras ideas se expresan a nuestro alrededor al haber comenzado como pensamiento.

Ahora rezo para que cada uno de vosotros perciba la visión de la paz y tenga la voluntad, el valor y la compasión para manifestarla. Que los pensamientos que oscurecen la belleza inherente sean transmutados, revelando los medios de una relación correcta. Que seas llamado como un Pacificador, apartando la ira, la vergüenza y la culpa, y energizando la armonía y la alegría para todas las relaciones.

La esencia de la compasión es el hilo que une a las culturas en la aspiración de transformar la confusión, la ilusión y el daño. Comprender nuestros pensamientos y acciones como ondas en el campo magnetiza las apariencias. Esta aspiración es clara tanto en la visión nativa-americana como en la budista Vajrayana. La conexión entre la visión nativa-americana y la budista es que la compasión y la comprensión; nuestro pensamiento, palabra y acción son los resultados que vemos.

A menudo la gente quiere saber cómo es posible que un indio americano sea budista; voy a responder a la pregunta. Después de la Segunda Guerra Mundial, algunos miembros de mi familia regresaron de Asia y trajeron pequeñas estatuas de porcelana blanca de Quan Yin. Al ver esas estatuas de niña, mi corazón se llenó de júbilo al ver la visión de la bondad amorosa representada en forma de estatua. De algún modo, mi mente infantil percibía que era un ejemplo de compasión amorosa. Más tarde, al conocer su importancia como ejemplo de "Bodhisattva de la compasión"[10] en toda Asia, la imagen se convirtió en una inspiración. Estas estatuas fueron mis primeros recuerdos de una relación con el budismo. Mis abuelos hablaban a menudo de las personas que conocería en el futuro, que vendrían de la meseta montañosa del Tíbet y serían nuestros parientes espirituales. Incluso describían la ropa que llevarían.

10 de www.buddhaweekly.com: *Su práctica llegó originalmente a China desde la India, y de allí a Japón, Corea, Tailandia y Vietnam, y a muchos otros países. Como Kuan Yin, el aspecto de diosa de Avalokiteshvara, es intuitivamente maternal. Para muchos, las cualidades de compasión, misericordia, Metta (amor) son las de una madre, pero no hay contradicción en el Kannon japonés (típicamente masculino) o Avalokiteshvara (masculino). La manifestación del Bodhisattva Compasivo como Guan Yin fue natural.

De niña, conocí las mentes de personas que más tarde aparecieron como poderosas iluminaciones en el camino de mi vida, como Su Santidad Dudjom Rinpoche, que fue uno de los yoguines, eruditos y maestros de meditación más destacados del Tíbet[11]. Su Santidad Dudjom Rimpoché estaba a menudo, a través de nuestra conexión mental, en la puerta o intersección de dos habitaciones, y yo pensaba entonces que era la bisabuela de muchos debido a su túnica que se me aparecía, como un vestido. Sentí continuas olas de apoyo de él y, más tarde, de adulta, antes de conocerlos, percibí olas de gracia de Su Santidad el Karmapa y, a partir de 1970, percibí la mente de Su Santidad Chetsang Rinpoche, preguntándose cómo reconstruir lo que había sido destruido por la invasión.

La conexión del corazón con el dharma,[12] alimentada por la profecía de mi familia sobre quién se reuniría en nuestro fuego sagrado y el largo recuerdo de las ondas sonoras que me conectan a través del tiempo y el espacio con seres compasivos despiertos.

Como madre joven y ocupada, tuve la oportunidad de estudiar artes marciales en la casa de la comunidad india americana de Nueva York. Las clases las impartía un indio seminola que había pasado una temporada en Asia. El momento más intenso del curso para mí fue al final, cuando me senté y recité el Sutra del Corazón tres veces consecutivas. La primera vez que recité el Sutra tuve una increíble sensación de exaltación y agradecimiento al recordarlo: Estoy en casa. El Sutra del Corazón es una condensación de la esencia del corazón de las enseñanzas del Buda Shakyamuni.

Con una inclinación natural por la meditación, escuché y escuché y pensé que me comunicaba con seres de este planeta y de otros mundos. Podemos marcar la diferencia con el pensamiento y la acción para aliviar el sufrimiento. Durante este tiempo de exploración y meditación, daba la dirección de mi casa a las personas con

11 Para más información, consulte https://www.rigpawiki.org/index.php?title=Dudjom_Rinpoche).

12 *Dharma* se refiere a las enseñanzas de Buda. Para más información, véase www.rigpawiki.org/index.php?title=Dharma.

las que me comunicaba, con la idea de que nos encontraríamos en algún momento. Tras enviar los mensajes telepáticos de prueba a los éteres, la primera voz en responder fue la del Presidente de la Sociedad de Investigación Biofísica de Turquía, que me buscaba y pedía a los físicos investigadores con los que había contactado que se pusieran en contacto conmigo por teléfono. Su respuesta fue una confirmación física de que las conversaciones en el espacio van más allá de la imaginación.

Durante mi primer viaje a la India, al ver a refugiados tibetanos, nuestros corazones se reconocieron y sólo pude decir que volvería más tarde. Lo que teníamos en común era que intentaban diezmar la tierra y la cultura de nuestro pueblo y que, gracias a nuestra firmeza, nuestro pueblo sigue vivo.

De niños, muchos de nosotros teníamos la intención de hacer algo bueno en beneficio de la familia, la tierra del clan y todos los seres. Esa intención nos permite buscar un camino espiritual y caminar en la relación correcta. Al principio, es amorfa. Es sólo un sentimiento de querer comprender más sobre la naturaleza de la realidad. Entonces leemos, examinamos y observamos el mundo que nos rodea. Podemos empezar a interiorizar lo que hemos estado estudiando y reconocer así el ciclo de la relación de nuestro corazón con el corazón de la tierra. Muchos se preguntan cómo pacificar la agresión en el mundo y, normalmente, significa apaciguar nuestra mente, purificarla, imantar una visión de paz y ser lo que aspiramos a ser.

Pacificar la agresión se convirtió en una habilidad esencial cuando los primeros pueblos de las Américas se liberaron de las visiones limitantes generadas para obstaculizar la fuerza y la cohesión de la vida en comunidad para plantar semillas de buena causa a pesar de las intenciones de borrar la sabiduría y las habilidades que eran la fuente de una gran parte de los alimentos cultivados de este planeta y de la medicina que sustenta la vida. Sólo entonces se reconocieron los derechos religiosos como algo que no está bajo el control de otros, sino como un código religioso que contribuye al bienestar de toda la vida.

El manto de la ignorancia se retiró durante 1970, cuando algunos intentos de anular todos los tratados hechos con los primeros pueblos fueron detenidos gracias a las valientes voces que compartían la verdad de nuestra interdependencia. El despertar fue como una melodía que inspiró a muchos a tararear recuerdos de sabiduría familiar ocultos en sus chimeneas.

Perspectivas de la labor de la ONU en la Aldea de la Paz de Sunray y *Las Voces de Nuestros Antepasados*

Las voces de nuestros antepasados se vuelve a publicar en un momento en que la sabiduría indígena de que todos somos parientes se ve respaldada por la investigación científica de los pensamientos, la interacción con la salud y el equilibrio dentro del entorno que compartimos. Las oraciones matutinas de agradecimiento por haber llegado otro día pueden terminar con una dedicatoria: "Que todos mis parientes reconozcan el beneficio". Los parientes son aquellos con los que nos reunimos e interactuamos a lo largo del día como ondas en un lago; aunque parezcan separados como ondas, fluimos como uno en el agua. Nuestra relación con los parientes del pasado y los que están por nacer se afirma como ondas continuas de potenciales apariencias que son agitadas por nuestros pensamientos y por nuestras acciones en el presente. En silencio, el trasfondo de las creencias culturales puede revelar la sabiduría, o la reacción cuando se ve a los demás como menos o más que el otro: entonces surge la ignorancia y el daño. Las ceremonias sencillas de agradecimiento, como ofrecer agua en cada dirección cardinal, nos recuerdan que la vida se sustenta y los cultivos crecen gracias a las dulces aguas que surgen del espacio y circulan por la tierra, nuestros cuerpos y la atmósfera en una danza de exploración resonante.

Aguas como los ríos y los lagos nos comunican que estamos conectados a través del flujo del agua, el hielo o la niebla, y como tal el agua es sagrada. Nos hablaron de una Ama Heya o Heya Ama (mujer del agua) como recordatorio de la renovación y el renacimiento continuos cuando nos acercamos respetuosamente a los ríos, los lagos y el mar. El reflejo de la luna en el agua es un recordatorio de que nosotros también somos reflejos de lo más elevado, y podemos renovar ese recuerdo al acercarnos al agua y ofrecerla para que transmita la medicina misteriosa que se necesita para limpiar las visiones limitadas. Cada dirección simboliza los espejos de la identidad de nuestra mente, tanto consciente como ignorante. ¿Quién es el "yo" que se refleja en el espejo, de dónde surge y hacia dónde se dirige el reflejo? ¿Hay alguien ahí permanentemente, soñadores que tejen un futuro libre de sufrimiento y se regocijan en el calor del amor? Las voces de nuestros antepasados resuenan a través de nuestros cuerpos como una información heredada y cultural, como una vibración que agita la memoria de la mente-corazón del ayer y los futuros accesibles en el ahora.

Nuestra familia remonta sus raíces terrestres a una amalgama de culturas ocultas en Carolina del Norte y del Sur, Georgia y Tennessee, descendientes de los pueblos catawba, cherokee y creek que vivían cerca y se casaban entre sí. Compartían muchas creencias comunes sobre las aguas, el fuego y las montañas sagradas. Su supervivencia fue milagrosa, a través de muchas guerras, a menudo instigadas por colonos extranjeros. Los descendientes de las naciones anteriores optaron por casarse dentro de las naciones originales que habían sobrevivido y cultivar en secreto la continuidad de su sabiduría cultural y su ciclo ceremonial. Carolina del Norte y del Sur, Georgia, Tennessee, Arkansas, Texas y México se convirtieron en depósitos ocultos de filosofías antiguas y de la continuidad de las llamadas "naciones difuntas". Muchos miembros de la familia se trasladaron al Sur y continuaron observando su herencia Cherokee. De niña, recuerdo haber visto a algunos parientes de Texas y México que regresaban de visita y compartían historias y canciones, a veces para bailar zapateados alrededor del fuego.

Los primeros pueblos de los Apalaches que quedan en la actualidad, aunque pocos en número, tienen una larga relación documental con exploradores como lo fueron los magrebíes, españoles, franceses e ingleses. Gracias a su perseverancia, algunos descendientes de pueblos anteriores, supuestamente extinguidos, han resurgido y han restablecido sus comunidades como comunidades reconocidas a nivel estatal y federal, como los catawba, y el reconocimiento estatal en Carolina del Norte y del Sur de los restos de los creek, cherokee, catawba y pueblos anteriores.

La sabiduría de las naciones antiguas se ha trenzado en la consideración planetaria como un reconocimiento de que nuestra relación con la tierra tiene aplicaciones prácticas para una vida sana para las generaciones presentes y futuras. La constitución de los Estados Unidos, la antigua Sociedad de Naciones y las Naciones Unidas se basan en las enseñanzas del Hacedor de la Paz de las Seis Naciones. Como tal, el Hacedor de la Paz inspiró a muchas naciones ocultas a restaurar sus culturas y a cuidar de la tierra a través de las "Raíces Blancas de la Paz", una organización que inspiró a los pueblos ocultos a recordar su historia y sus dones y a dar un paso adelante.

Desde la década de 1980, la Aldea de la Paz Sunray, basada en los primeros sistemas de clanes cherokees, se estableció en Lincoln, Vermont, donde las dulces aguas que surgen de las montañas llevan nuestras oraciones en todas direcciones como agradecimiento por la vida, un remedio para la disonancia en armonía a través del reconocimiento de nuestra interrelación con los elementos y entre sí. En cierto sentido, la Aldea de la Paz es una expresión de la intención común y la preservación de la relación espiritual con un código de la relación correcta, los seres vivos y la tierra. El ciclo ceremonial de las siete celebraciones principales continúa en la Aldea de la Paz, inspirado por mis mayores. La Aldea de la Paz es un lugar de encuentro donde el cielo abierto reflejado en el valle circular muestra las oportunidades de la vida que surgen continuamente.

Los principios de mantenimiento de la paz del linaje Ywahoo, tal y como se describen en *Las voces de nuestros antepasados,* se han aplicado y se siguen aplicando a nivel internacional con las Naciones Unidas. Sunray Meditation Society es una ONG (organización no gubernamental) acreditada ante el Departamento de Comunicaciones Globales de las Naciones Unidas desde 1992. Durante muchos años los principios y prácticas de los Pacificadores han sido compartidos, aplicados y entretejidos en el tejido de la Comunidad de ONGs y de las Naciones Unidas.

Las Naciones Unidas y la Sociedad de Meditación Rayo de Sol tienen propósitos similares: ambas se dedican a la paz planetaria. Las Naciones Unidas están comprometidas con el desarrollo de relaciones amistosas entre las naciones, la cooperación internacional y la armonización de las acciones de las naciones. Los principios de los Guardianes de la Paz son un camino para desarrollar y realizar estos objetivos, ya sea a nivel individual, familiar, comunitario, nacional o planetario. Cualquier sueño o esperanza de paz ocurre a través de la exploración de la propia mente. Las exploraciones de la mente mostradas a través de *Las voces de nuestros antepasados* guían el camino y proporcionan la senda. Encontrar la paz mental ayuda a imaginar y hacer realidad un mundo de belleza, cooperación y relaciones armoniosas.

Iniciado, guiado y desarrollado por la Venerable Dhyani Ywahoo y sus antepasados, el trabajo de la ONG Sunray se centra en los pueblos indígenas. Los pueblos indígenas son los guardianes y cuidadores de la Tierra y lo han sido durante milenios. Saben cómo mantener una relación correcta con la Tierra en beneficio de todos. Esto es lo que más se necesita ahora mismo en todo el planeta. Son nuestro modelo actual para replantearnos nuestra relación con el planeta. Los pueblos indígenas son expertos en la Mente Cuidadora. Los principios de *la Mente Cuidadora* demuestran que se puede ver y desarrollar lo que se necesita para el planeta en este momento.

En las Naciones Unidas, los representantes de Sunray utilizan los principios y herramientas del libro. Por ejemplo, la *atención plena,* la capacidad de escuchar perspectivas muy diferentes con una mente abierta y perspicaz. La ONU es el lugar más destacado del planeta en el que personas de todo el mundo se reúnen para dialogar y esforzarse por lograr una interacción, una acción y unas relaciones armoniosas. Muchas voces pueden hablar y se necesita una mente abierta y con discernimiento para hacer surgir la sabiduría de la familia planetaria. *La Conciencia Pacificadora* significa apoyar la paz a escala internacional y reconocer la comprensión indígena de la relación correcta a todos los niveles. Esto implica mantener la forma de la paz haciendo la paz interior y reconociendo la luz de la sabiduría dentro de todos. *Continuidad de Mente* es darse cuenta de que el pensamiento y la acción determinan la realidad más amplia de cada uno. Con nuestros pensamientos y acciones, trabajamos para crear una realidad más inclusiva que nos permita recordar que somos Naturaleza. Los pensamientos, las palabras y las acciones forman una espiral.

ᎦᎷᎶᎯᎩᏂᏚᏓ
Ga lu lo hi gi ni du da

Cielo, abuelo nuestro

ᏄᏓᏩᎩᏂᎵᏏ
Nu da wa gi ni li si

Sol, abuela nuestra

ᎡᎶᎯᎩᏁᏤ
E lo hi gi ne tse

Tierra, nuestra madre

ᎦᎵᎡᎵᎦ
Ga li? e li ga

Estoy agradecido

ᏏᎩᏂᎨᏳ
Si gi ni gé yu

Nos amamos mutuamente

ᎣᏌᎵᎮᎵᎦ
O sa li he li ga

Estoy agradecido

1

LA GENTE DEL FUEGO

Tsalagi Elo –nuestra filosofía, nuestra tradición oral– cuenta cómo el Pueblo Principal, el Ani Yun Wiwa, se originó en el sistema estelar conocido como las Pléyades, de donde surgió por primera vez la chispa de la mente individualizada.

Del vacío misterioso surgió un sonido, y el sonido era luz, y la luz era voluntad, intención de ser, nacida del vacío "Ser Creador", tono fundamental de la canción universal, subyacente a toda manifestación. La sabiduría compasiva surgió cuando la voluntad percibió el potencial oculto de la mente que brotaba. La voluntad y la compasión juntas dieron origen al fuego de la inteligencia constructora, y así se formó el triángulo sagrado del que deriva toda la materia, el Tres en Uno. Es un Misterio, decimos.

Los primeros "seres de pensamiento", seres *tla*, portadores de la luz pura de la mente, existían como células de un cuerpo, de una mente y un propósito: explorar los misterios de la mente. Uniéndose a lo largo de doce vórtices de actividad, líneas elementales de energía o fuerza, la mente tomó forma, el Uno se convirtió en muchos. La Mujer Estrella cayó a la Tierra, abriendo el camino para que los seres estelares manifestaran en la Tierra la luz de la mente pura. Los Tres Fuegos Mayores precipitaron los planetas y los animales, mientras que las personas eran los hijos soñados de los ángeles, surgiendo su sueño con el sonido primordial.

Las doce tribus originales de la Nación Tsalagi ejemplificaban cada una un vórtice particular de actividad, una energía creativa particular, todas moviéndose cohesivamente juntas.

Tribu	Actividad /Energía
1	Cualidad de la voluntad. Cuidadores del cristal, que mantienen un pensamiento claro y rituales para mantener la forma en orden. Cronometradores, tamborileros.
2	Los curanderos, cuidadores, altos maestros; el Jefe de la Paz que nunca derrama sangre.
3	Los conocedores de la geometría sagrada y la astronomía, vigilantes del cielo, que imparten instrucción sobre la construcción adecuada.
4	Albañiles, constructores de la forma modelada por los Tres. Administradores locales, responsables de las buenas relaciones entre clanes y comunidades. Artesanos, creadores de objetos de belleza para la oración, la contemplación y la utilidad.
5	Los científicos, dominando y enseñando la sabiduría de lo particular; observando patrones y posibles futuros.
6	Grandes cuidadores de los templos y jardines sagrados donde se cultivan los alimentos sagrados para las comunidades. Guardianes y manifestantes de la forma ritual.
7	Guerreros sagrados, en guerra contra la ignorancia; agitadores, transformadores, creadores de fuerza vital; guardianes de la acción correcta.

8 Embajadores en otros reinos, con acceso a la conciencia (los Ani Gadoah son especialmente conocidos por su gran accesibilidad a otros reinos). Comprensión planetaria; ayuda en el sistema climático planetario, distribuyendo energía en beneficio de todos los seres.

9 Comunicarse con las estrellas, crear inventos para una comunicación clara. Puede producir nuevas plantas para alimentar al pueblo. Expresando una manifestación más etérea de la construcción consciente vista en la tercera línea de fuerza. Magnetizadores, formadores de mundos.

De las líneas de fuerza décima, undécima y duodécima no hablamos, porque su función está más allá de las palabras; no se puede conocer.

Esta gente de las estrellas vino a la Tierra en Elohi Mona, cinco islas en el Océano Atlántico, más tarde conocidas como Atlántida.

Antes de que llegara la gente de las estrellas había grandes aguas sobre la tierra, y el hombre y la mujer aún existían en un solo cuerpo. Existía la naturaleza emocional, pero aún no la mente para actualizar y completar la intención de que la Tierra fuera un lugar de aprendizaje, un lugar para soñar lo que es bueno. Así que el propósito de la individuación de la mente y el descenso de las estrellas era acelerar la vida en la Tierra. La energía estelar vino a encender el fuego de la mente, para que todos pudieran volver de nuevo al Misterio. El ser humano es muy parecido al salmón; todos salimos del lago de la mente clara; nadamos en el océano de la experiencia, con sus muchas lecciones y oportunidades e ilusiones, y así como el salmón encuentra de nuevo la corriente que le lleva de vuelta a su lugar de desove, así también los seres humanos deben encontrar y seguir la corriente que les llevará de nuevo a la vasta luz clara.

Los niños de las estrellas, los Siete Sagrados, energizadores primarios, fueron recibidos por los Niños del Sol, que ya vivían en la Tierra, en las Américas. Habían sido sintonizados, a través del cristal y el sonido, para recibir la afluencia de mente pura transportada por los seres estelares. Los Niños del Sol eran los verdaderos terrícolas, en el sentido de que experimentaron por primera vez la mente individualizada mientras estaban en la Tierra, como hijos soñadores de los seres estelares. Los primeros en salir de las Pléyades fueron los Adawees, grandes seres angélicos; al contemplar la forma, al soñar, precipitaron la Tierra y su poblamiento en concordancia con el gran principio de la creación. Se enseña así que toda la vida humana se originó en las Américas, mientras que los Siete Sagrados se originaron como semillas con mente pura en otro sistema estelar.

Para que la semilla de la mente pura pudiera arraigar firmemente en la Tierra, los Adawees, los Siete Ante el Trono en lo Alto, decidieron que los que venían de las estrellas se casarían y engendrarían hijos con los Hijos del Sol, y que en algún momento los de la Tierra llegarían a la plena ascendencia. Se sabía que en este proceso habría períodos de gran aflicción y confusión hasta que hubiera un claro reconocimiento de la mente, ese fuego sagrado que arde brillantemente dentro de todas las personas.

Lo que vemos hoy es esa profecía hecha realidad. Los que creen en la primacía de la materia tratan de manipular y restringir el fuego de la mente y del espíritu claro. Mente de separación, mente de dominación, éstas han dado a luz el genocidio de los pueblos nativos en todo el mundo, la Inquisición y el holocausto nazi en Europa, la destrucción de tierras, culturas y pueblos en Asia, y la invención de armamento con poder para matar veinte veces a todas las personas de la Tierra. En las enseñanzas Tsalagi, estos grandes sufrimientos se consideran innecesarios. Son el resultado del orgullo, de la idea de que uno es mejor o más importante que otro. En realidad, en el círculo de la relación correcta, no hay arriba ni abajo, ni dentro ni fuera; todos están juntos en el círculo sagrado.

Así, los Siete Sagrados se casaron con los Hijos del Sol, los pueblos de la Tierra. Sus descendientes en Norteamérica son las naciones tsalagi, creek, choctaw, yuchi y otras naciones rojas del sudeste de Estados Unidos, cada una de las cuales tiene una función particular en el aro de la vida.

Las islas y la civilización de Elohi Mona fueron finalmente destruidas por la arrogancia y la ignorancia de aquellos que abusaron del poder sagrado, tratando de esclavizar a los demás. A través de la lujuria y el egoismo, unos pocos portadores de la semilla estelar se enredaron en el mundo material; en lugar de buscar educar e iluminar, buscaron manipular y oprimir. Tales formas de pensamiento eran antagónicas a los elementos que mantenían unidos al pueblo y a las islas. La forma ya no los mantendría, pues iban en contra de la ley sagrada, que es cohesiva. Así, a lo largo de un período de diez mil años, las islas empezaron a disgregarse y comenzaron las grandes migraciones de los pueblos. De este modo, cinco de las doce tribus originales se perdieron y su semilla se dispersó por las siete tribus (o "tipos" de personas) restantes. De estas siete tribus, muchos de los actuales habitantes de Norteamérica pueden rastrear alguna afinidad con la Nación Tsalagi.

La gente encontró su camino a través de América del Sur y Central y finalmente se reunieron con las personas que viven en lo que ahora se llama el área de las Cuatro Esquinas[13]. Hubo muchas migraciones. Las similitudes en las lenguas nativas de toda América son indicios de orígenes y encuentros comunes[14]. Antes de la llegada de los europeos, sólo en Norteamérica había más de 587 naciones y lenguas nativas diferentes; en el siglo XVII había unos sesenta millones de pieles rojas en lo que hoy se conoce como Estados Unidos. Ahora hay quizás dos millones. Este es el resultado de la destrucción genocida deliberada de la vida, la tierra, la lengua, la ciencia, el arte, la religión: el resultado de que la gente ignore o luche contra la luz de la sabiduría natural, olvidando que todos los humanos somos parientes y que todos debemos cuidarnos los unos a los otros y a nuestra madre, la Tierra.

13 La zona de las Cuatro Esquinas comprende la meseta del Colorado, Utah, Nuevo México y Arizona. Las comunidades Hopi son las más antiguas del mundo con población ininterrumpida.

14 Mooney hace un breve recuento de las relaciones lingüísticas en *Myths of the Cherokee* (p. 15ff). Véase también Woodward, *The Cherokees*, p. 19, y Lewis y Kneberg, *Tribes That Slumber*, p. 156.

En el curso de las numerosas migraciones, los pueblos se asentaron por grupos en lugares diferentes, pero sus raíces comunes pueden conocerse y honrarse. Por ejemplo, hace mucho tiempo, los tsalagi y los iroqueses eran un solo pueblo y en la lengua tsalagi aún puede distinguirse el tronco raíz, el algonquino. Tsalagi y maya compartieron antaño las mismas prácticas religiosas; la semilla y la nobleza maya eran también del pueblo de las estrellas. Los dos pueblos divergieron por la imposición azteca de rituales de sacrificios de sangre sobre la religión pacífica y el modo de vida del Pueblo Principal. Tales prácticas no formaban parte de la enseñanza original, y gran parte de la comunidad de relación e intercambio espiritual entre estos pueblos terminó cuando los aztecas "conquistaron" a los mayas.

Así, los constructores de montículos, los guardianes de los templos de América remontan sus migraciones a la tierra de Elohi Mona. En Norteamérica construyeron una fuerte cultura creativa y una civilización desde el sudeste y sudoeste de los actuales Estados Unidos hasta Canadá. La sociedad de los montículos, o sociedad de los templos, estaba compuesta por cuatro niveles de personas. La Gente del Sol eran los gobernantes, ya que manifestaban muy claramente la luz de la mente clara en beneficio de todos; luego estaban los nobles, la gente corriente y los "apestados". Los apestados eran los que quizá no honraban la claridad de la mente ni permitían que el fuego ardiera brillantemente; probablemente hacían el trabajo de carnicería, curtido, etc.

Para que todas las generaciones futuras pudieran ser infundidas con una mente clara, se requería que todas las Personas del Sol se casaran con apestados, asegurando que la chispa del fuego de la sabiduría se moviera a través de todos los niveles del pueblo. Este propósito sagrado aún se honra hoy en día en la forma en que se transmite el linaje Ywahoo. Hubo una vez un linaje familiar que amasó un gran poder; eran grandes magos que abusaron de los derechos del pueblo, que entonces se sublevó y los dispersó y destruyó. A partir de entonces se decidió que el linaje pasaría, no a la primera hija o hijo, sino a un miembro apropiado de la familia, a un pariente político o a alguien adoptado por la familia. El linaje pasó así de Eli Ywahoo a su yerno Eonah Fisher, mi abuelo. Así se sigue cumpliendo el sagrado deber de infundir luz.

La sociedad del templo existía antes de la época de Cristo. Cuando De Soto llegó al valle del Mississippi y encontró las hermosas y limpias ciudades de los tsalagi, buscó sus riquezas y capturó a su líder mujer[15]. La media de la ciudad de los túmulos no tenía más de 18.000 a 25.000 habitantes (excepto en épocas ceremoniales, cuando acudía todo el pueblo) porque se consideraba muy importante que ninguna zona estuviera sobrecargada. Mientras que el declive de los templos del sol comenzó con la llegada de los europeos, la teocracia continuó hasta el Desalojo Forzoso en la década de 1830. Los templos existentes siguieron manteniéndose hasta entonces, aunque no parece que se construyeran nuevos después de la Reunión de Ancianos que precedió al primer infierno en 1531 D.C[16]. Algunos tsalagi siguieron manteniendo las viejas costumbres, incluso hasta el presente. Se convirtieron en la Sociedad Kituwa y la Banda Etowah, y en algunas pequeñas comunidades tradicionales de Oklahoma.[17]

Cuando era un niño pequeño y escuchaba a nuestros mayores hablar sobre la verdadera historia de Norteamérica, me paraba con los pies firmemente plantados en el suelo, en el ahora, y me daba cuenta de que estaban diciendo grandes verdades. Yo pensaba que

---

15 Véase Woodward, *The Cherokees*, pp. 23-24. Woodward relata la captura y huida de la "Dama de Cofitachequi", pero se refiere a ella erróneamente como la "sobrina de la Jefa Principal de Cofitachequi". De hecho, ella misma era la cacique principal.

16 Véase Introducción, página 4.

17 Los tsalagi han sido creativos y resistentes a la hora de adaptarse a la invasión de la ley y las costumbres coloniales europeas sobre la cultura tradicional. A primera vista, parecía que estaban de acuerdo con los cambios que se les imponían. Sin embargo, se desarrolló un sistema externo de ley y gobierno tribal, que trataba con la sociedad colonial, y un sistema interno, que trataba con la propia gente. Así prevalecieron tanto la armonía como la integridad. Véase también Strickland, *Fire and the Spirits*, p. 183.

era extraño que otros no supieran o entendieran o creyeran estas verdades; incluso hoy pienso que es extraño. Esta verdadera historia emergerá de nuevo y será conocida por todos. Ahora hay eruditos nativos estudiando y recuperando nuestra historia,[18] y antiguos documentos y libros de nuestro pueblo, robados de esta tierra, que se conservan en los archivos del Vaticano y museos españoles, llevados allí por aquellos que temían la revelación de la magnitud de la destrucción que habían provocado. Cuando nuestros ancianos hablaban de estas cosas, nunca expresaban amargura o culpa por el maltrato y el genocidio cometidos contra los pueblos nativos. Simplemente decían lo que había ocurrido, para que se conociera la verdad.

Nuestros ancianos también me contaron que mucho antes de que los hombres blancos hicieran su aparición en las costas de la Isla Tortuga, habían llegado otros visitantes. Hace muchísimo tiempo atrás, personas negras vinieron desde África; a visitar, mirar y también a conquistar, pero se encontraron con gente que tenía poder sobre sí misma y sin necesidad de dominación, por lo que no pudieron conquistar nada. Además, fueron desviados por la energía de los Uk-kuk-a-duk, o Ukdena, los grandes dragones que solían proteger esta tierra, que ahora se han trasladado a otra dimensión.

La conexión entre estos dragones y la mente de los humanos es significativa para nuestra comprensión en estos tiempos cambiantes. Los dragones eran energía que se movía siguiendo el patrón ondulante de la energía de la Tierra. Solían seguir la voluntad de los grandes curanderos que, con ciertos cristales, los llamaban para que desviaran las actividades peligrosas y protegieran así al pueblo. Los curanderos terminaron siendo demasiados pocos para guiarlos adecuadamente, y los dragones se volvieron cada vez más débiles; muchos se ataron a las montañas, y los inteligentes vibraron hacia otra dimensión. El último dragón se vio en las Montañas Humeantes en el siglo XVIII.

Básicamente, el dragón es el inconsciente de todas las naciones, las energías indómitas de la ira y el miedo, a la espera de ser llamadas

18 Véanse, por ejemplo, las obras de Vine DeLoria, N. Scott Momaday, Tony Shearer y Rex Weyler citadas en "Lecturas".

a la luz del pensamiento claro. Hasta que las personas despiertan a sus propias mentes, el dragón parece ser peligroso, pero cuando las emociones se domestican el dragón se convierte en un ser angelical alado.

Así que el dragón no es el mal. Conocer el verdadero poder de uno mismo y el movimiento de la mente clara en el propio ser no es el mal. El mal es la acción irreflexiva, el mal es lo que causa daño a los demás. El mal comienza en el corazón de la ignorancia y el deseo de dominar. Por eso enseñamos a los jóvenes que nada está por encima ni por debajo y el líder y la comunidad están siempre en una relación recíproca. Nuestros maestros más sagrados, nuestros líderes más sagrados, son como un bastón que sostiene a la gente, es como el cuerpo que sostiene el bastón, para que encuentren un camino seguro guiados por la propia gente. La Confederación de las Seis Naciones se basa en este concepto de liderazgo[19] y se tomó prestado de las enseñanzas del Pacificador para la redacción de la Constitución de los Estados Unidos. Sería bueno que todos nosotros buscásemos de nuevo en nuestros corazones el verdadero significado del liderazgo y de la relación correcta. Un líder no debe dominar; un líder debe guiar como un bastón, para que las naciones y todos los pueblos puedan avanzar firmemente por el camino de las buenas relaciones.

La historia de América del Norte escrita por los no-nativos es incompleta, porque está escrita por quienes se creen conquistadores. El conquistador es la persona que mira fuera de sí misma para poner orden en lugar de aclarar su propia mente; por lo tanto, todo lo que ve y habla se basa en las mentiras del orgullo y la confusión. Los pueblos nativos, en particular el pueblo Tsalagi, tenían una filosofía y una lengua escrita probablemente antes de que los pueblos de Europa salieran de sus cuevas. El calendario de las Américas es el más antiguo del mundo y uno de los más precisos. Los primeros en comprender el significado del cero fueron los nativos americanos, a través de una cuidadosa meditación y observación del universo.

19 Véase Paul A. W. Wallace, *The White Roots of Peace*.

La medicina era y sigue siendo un arte muy desarrollado entre los nativos; el noventa por ciento de la farmacopea mundial procede de las medicinas de los pueblos rojos del hemisferio occidental. Más de 130 de los alimentos que se consumen en todo el mundo se cultivaron por primera vez en América en la Tierra del Colibrí, la cuenca del Amazonas, y en las altas montañas de los Andes, ahí es donde empezó todo. El maíz, los tomates, alubias y la calabaza, todas estas cosas se originaron aquí. La gente cultivaba huertos. Incluso ahora, en varias naciones nativas se guardan diferentes tipos de semillas sagradas de maíz, judías y calabaza hasta que llega la gente adecuada para plantarlas, cuidarlas y distribuirlas a los demás. En el modo de vida tradicional, los huertos eran un acto ceremonial para todos, una oportunidad para dar a la Tierra y también para recibir. Las semillas de los buenos alimentos son también las semillas de las buenas relaciones, por lo que cuidar el jardín es simbólico de cuidar a todos los seres. El jardín puede ser una ofrenda para todos.

La religión nativa es toda una forma de vida, basada en que todo está en relación. Los rituales sagrados son para mantener el equilibrio armonioso de las corrientes de energía del sol, la luna, la Tierra y el universo entero, para que la generosidad de la semilla pueda salir adelante. Contemplando este universo ordenado y armonioso, hace diez mil años nuestros ancestros aquí en las Américas fueron capaces de desarrollar una matemática y una astronomía que alcanzaron el más alto nivel. Estas son cosas que los arqueólogos están empezando a aprender sólo ahora. Es bueno que estas verdades sean redescubiertas y dadas a conocer, pues la sabiduría de nuestros antepasados es un regalo para *todos* los hijos de la Tierra, para que nosotros también seamos sabios y generosos en la creación de un buen futuro para los que aún no han nacido.

Las Enseñanzas del Pálido

Las épocas de oscuridad son tiempos de oportunidad para que los seres humanos comprendan los dones de la mente y el potencial creativo de nuestro pensamiento, para que corrijan nuestros pensamientos y acciones, para que elijan lo que es bueno y caminen por un sendero de belleza. En el año 873 A.C., cuando la gente empezaba a olvidar algunas de estas sabias enseñanzas, llegó de nuevo a las Montañas Humeantes, al pueblo de los Tsalagi, uno al que llamamos el Pálido. Era de piel clara, nacido de una mujer que no conocía varón. Su abuela soñaba con milagros por venir, y esperaron y vieron que la nieta estaba encinta, aunque vivían solas. Sabían que era una bendición especial, que el niño era semilla de las estrellas, que venía de nuevo para acelerar la acción de la relación correcta en los corazones de todo el pueblo. Muchos seres celestes vinieron a celebrar el nacimiento de este niño; fue recibido con gran gracia y gran cuidado y criado de una manera especial.

El Pálido reavivó los fuegos sagrados y reafirmó ante el pueblo los principios básicos de la creación, para que los templos resonaran siempre con la luz de la mente clara y el pueblo viviera en armonía con la Tierra y entre sí. Además, dejó muchas profecías y enseñanzas maravillosas. Algunas de sus profecías se refieren a esta etapa del tiempo conocida por el calendario Tsalagi y Mesoamericano como la novena y última etapa de purificación. Según este antiguo calendario, nos encontramos ahora al final del Quinto Mundo, preparándonos para entrar en el Sexto Mundo, un mundo de relaciones claras y entendimiento correcto donde cada uno cuida del otro y el sonido sagrado precipitará lo que la gente necesita.

Antes de que llegue ese día, cada uno de nosotros tiene el deber de desechar su duda, apartar su ignorancia y volver a darse cuenta de que la chispa de la mente clara, el principio creador, el Gran Misterio, está dentro de nosotros mismos. Ese misterio es el potencial no manifestado, el vacío, la vacuidad, indicada en el calendario sagrado por el glifo ovalado del centro. También es el cero. Con la comprensión del cero surgió de nuevo una relación clara con el poder de la mente, porque del vacío surge el sueño a través del vórtice del sonido, de la energía de la voluntad, del poder de la intención clara, de la sabiduría de la ecuanimidad y la compasión, a través de la acción correcta que construye y lleva las cosas a una conclusión clara. Estos tres fuegos constructores existen dentro de cada uno de nosotros, como espirales de energía siempre en movimiento y produciendo los frutos de nuestra intención y deseo. Son la gracia de Asga Ya Galunlati, el Ser Creador, que se mueve en nuestro interior, vivificando el espíritu y animando la forma.

El Pálido recordó al pueblo cómo vivir en armonía con estas verdades fundamentales de la creación. Les instruyó en los cinco rituales sagrados compartidos por todos los pueblos nativos americanos para mantener la mente más pura. Las ofrendas de humo aclaran la mente y el entorno. En el humo se dedican las oraciones y la acción al bien de todos, y el humo lleva la oración a todos los reinos. El Pálido instruyó especialmente a la gente en el uso del tabaco y el cedro como ofrendas. Los rituales de ayuno y sudoración son ofrendas hechas para purificar el cuerpo y la mente y aliviar la ignorancia y los sufrimientos del pueblo. A través de la vigilia sagrada se tiende el fuego de la sabiduría, clamando por la visión, por el coraje y la compasión para recorrer el Camino de la Belleza en beneficio de todos los seres. Las prácticas religiosas de los pueblos nativos son prácticas de relación sagrada; implican la comunión orante con los elementos y poderes naturales, incluidos los adawees, esos seres angélicos que son guardianes de las direcciones, puertas de la conciencia; y ceremonias comunitarias basadas en los ciclos del sol y la luna y los movimientos de las estrellas.

La práctica de la relación sagrada es la práctica de las buenas relaciones con todos en la familia de la vida. Así, el Pálido dio siete recordatorios al pueblo, para que todos recordaran y honraran la unidad del aro:

1. Lo que camina, nada, vuela o se arrastra está en relación. Las montañas, los arroyos y los valles y todas las cosas están relacionadas con tu pensamiento y tu acción.

2. Lo que ocurre a tu alrededor y dentro de ti refleja tu propia mente y te muestra el sueño que estás tejiendo.

3. Tres principios de la mente despierta guían la acción iluminada: voluntad de ver el Misterio tal y como es, intención de

manifestar el propio propósito en beneficio de todos y valor para hacer lo que debe hacerse.

4. La generosidad de corazón y acción trae paz y abundancia para todos en el círculo.
5. El respeto a los mayores, al clan, a la tierra y a la nación inspira actos en armonía con la ley sagrada, el buen cuidado de los dones recibidos.
6. La acción en beneficio de la tierra y de la gente hasta siete generaciones da forma a la conciencia del Cuidador Planetario, que sueña con los que aún no han nacido, siempre atento al desarrollo de la vida.
7. Estar en buena relación, transformando patrones de separación, pacificando emociones conflictivas, es experimentar la sabiduría interior, lago inmóvil del Misterio.

De estas enseñanzas surgen los nueve preceptos del Código de las Relaciones Correctas:

1. Di sólo palabras de verdad.
2. Habla sólo de las buenas cualidades de los demás.
3. Sé un amigo y no cargues con cuentos.
4. Aparta el velo de la ira para liberar la belleza inherente a todo.
5. No malgastes en la abundancia y no desperdicies.
6. Honra la luz en todo. No compares nada, mira todo por su semejanza.
7. Respetar toda vida y extirpar la ignorancia del propio corazón.
8. No mates ni albergues pensamientos de naturaleza colérica, que destruyen la paz como una flecha.
9. Hazlo ahora. Si ves que hay que hacer algo, hazlo.

El Pálido es un ser que se encarna cíclicamente[20]. Viene cuando el pueblo ha olvidado sus costumbres sagradas, trayendo recordatorios de la Ley y haciendo que todos mantengan una relación correcta. Se le espera pronto de nuevo, y puede que esté vivo incluso ahora. Es bueno.

EL SACERDOCIO

Desde siempre, los tsalagi han tenido una tradición sacerdotal. El deber primordial de los sacerdotes, tanto hombres como mujeres, es mantener la forma de pensamiento de armonía y equilibrio para todas las cosas, incluso para las rocas y los árboles, todo lo que comparte este sueño con nosotros. Una persona así no derrama sangre ni genera pensamientos de naturaleza colérica.

Tradicionalmente, muchos de los sacerdotes y sacerdotisas vivían en lo que se denomina Pueblos Blancos o Pueblos de Paz, lugares-santuario donde las manos estaban siempre limpias de sangre. Este concepto de santuario es muy significativo en nuestro tiempo, pues reavivar y comprender la energía del santuario es conocer el perdón en uno mismo.

En los días anteriores a la ruptura del aro de la nación, no había necesidad de prisiones ni hospitales psiquiátricos porque los preceptos y principios sagrados y el cuidado de la familia extensa y la nación mantenían la armonía en la vida de la gente. Si alguien se salía de los límites de la buena ley, si alguien se perdía, todos los parientes y amigos acudían a guiarle. Incluso los criminales más atroces podían dirigirse al lugar de santuario, a la Aldea de la Paz o Aldea Blanca; allí podían pasar un año en ceremonias y prácticas espirituales para eliminar ese patrón negativo de pensamiento, esa ilusión basada en el orgullo, para poder volver y ser aceptados como enteros por todo el pueblo[21]. Las enfermedades mentales de estos tiempos se revelan de forma evidente a medida que nuestras mentes

20 Véase Prefacio, n. 1 y Shearer, *Beneath the Moon and Under the Sun*, p. 99.

21 Véase también Strickland, *Fire and the Spirits*, cap. II. 11.

son iluminadas por ondas de visión galáctica. Estamos en la rueda del tiempo a través de la cual las conversaciones multidimensionales están revelando el impacto de nuestro pensamiento, palabra y acción sobre el sueño que pensamos que es la vida. Todo comienza en la mente. Hacer las cosas bien, llevar las cosas a la claridad, ese es nuestro deber, ese es el don y la responsabilidad del ser humano en este tiempo. De este modo, cada uno de nosotros puede crear un santuario de sanación en su propia mente, en su propia vida, llamando a todas nuestras relaciones a acciones iluminadas.

Cada clan tenía sus sacerdotes y sus rituales, y los sacerdotes eran directamente responsables ante los clanes a los que representaban y cuidaban. La sabiduría de cada clan (o escuela sagrada de enseñanza) se asemeja a uno de los siete bosques sagrados con los que se construye el fuego sagrado. Así, un sacerdote que también lleva el linaje de un clan es uno de los responsables de toda la nación. En el linaje Ywahoo, el portador del linaje tiene siempre el deber de cuidar de todos los seres de todos los mundos, mediante la generación de una mente clara y de enseñanzas que permitan a los seres transformar la agresión y hacer realidad la paz y la relación correcta.

El jefe de paz es aquel que, por su formación y sus acciones, ha demostrado capacidad para ejercer un liderazgo sabio. Su principal deber es cultivar la claridad mental. Mediante el aprendizaje de fórmulas sonoras y movimientos rituales, la mente y el cuerpo pueden limpiarse de ilusiones y oscurecimientos; con el dominio de las formas básicas de meditación y danza de la práctica espiritual surge la capacidad de producir luz del cuerpo. A menudo, el jefe de paz es también sacerdote.

Es responsabilidad del sacerdote cuidar del cristal sagrado, que refleja la luz clara del devenir no manifestado. Muchas de las tareas sacerdotales se basan en la generación de energía. Desde una edad temprana, los niños que muestran signos de que éste es su camino reciben una dieta y un entrenamiento especiales para que su sistema nervioso sea lo suficientemente sensible y fuerte como para canalizar la energía de la mente. Sus mentes se entrenan para mantener una relación clara y abierta con los reinos vegetal, animal y mineral, de modo que puedan llamar a lo que la gente necesita, ya sea la lluvia o el búfalo del bosque. Mediante el mantenimiento del ciclo ceremonial, los ritos de purificación y la celebración comunitaria, grupos de sacerdotes y sacerdotisas trabajan con cristales para generar un campo visible de luz que permita a la comunidad percibir los medios de una relación correcta con el entorno. Los rituales garantizan la fuerza de los vientos, la pureza de las aguas, la abundancia de las cosechas y la buena relación de la gente entre sí y con la tierra. Tradicionalmente, los guardianes de los templos también eran buenos matemáticos que podían mantener todos los ciclos –de estrellas, sol, luna y planetas– que determinaban el calendario sagrado y, por tanto, el ciclo ceremonial, para que la acción armoniosa del pueblo beneficiara a la energía interna de la Tierra.

Las enseñanzas básicas del sacerdocio se presentan a los candidatos en la infancia. Las iniciaciones a una comprensión más profunda se basan en habilidades demostradas, como la compasión, la veracidad, la atención plena excepcional y/o los sueños del potencial de los niños en las mentes de los ancianos.

La formación sacerdotal se desarrolla en diez fases principales y dieciséis fases secundarias:

1. Desarrollo de la sensibilidad y la flexibilidad nerviosa y muscular. El propósito del entrenamiento en esta fase es mantener sin obstrucciones los flujos de luz inherentes. La dieta, el movimiento, los cánticos y la visualización son los medios, que dan como resultado una luz visiblemente emitida por los ojos y el cuerpo.

2. Atención a la ecuanimidad y desarrollo de habilidades de comunicación con animales, árboles, ríos, el mundo natural y la curación con hierbas.

3. Inteligente significa precipitar, mediante la oración y el ritual, lo que se necesita para el bienestar de la comunidad (por ejemplo, lluvia, cosechas abundantes).

4. Memorización de himnos y rituales para la resolución de conflictos individuales y comunitarios. Transformar la energía de la ira en una relación correcta.
5. Comprensión particular del pensamiento y la vibración sonora, que permite plantar semillas de buenas causas. Pensamiento afirmativo, actualizado a través de la comprensión de los sonidos de las semillas, para florecer como sistemas beneficiosos.
6. Devoción a los ideales expresados en la canción de la Madre Cristal. Acción libre de dudas, unicidad en armonía con las instrucciones originales.
7. Energía para transformar los patrones de pensamiento de confusión, para revelar la mente clara inherente.
8. Interfase con las líneas ley planetarias[22], donante recíproco a los hijos de la Tierra. Armonización de los patrones de pensamiento nacionales y planetarios a través de la meditación. La forma del ayudante inspirador aparece según las necesidades del perceptor. Padre de todos en el sueño de la Madre Tierra. Guardián de cristal.
9. Comunicación de la matriz solar; el rojo y el azul se convierten en blanco, nacen en cada momento.
10. Uno mismo, perdido en el inmensamente vasto Misterio. Sin hacer, haciendo, más allá del pensamiento está el Misterio.

Hay dieciséis escaleras sutiles que conducen a la plaza del templo, dieciséis ceros, vacíos y llenos. Uno puede percibirlo "todo" en una a siete vidas, tras las cuales puede elegir convertirse en Madre-Padre de todo, como planeta o mundo estelar.

22 Las líneas ley son los canales o meridianos de la Tierra a través de los cuales fluye la energía, similares en función a los meridianos de acupuntura del cuerpo humano. Los lugares en los que convergen las principales líneas ley son lugares de gran receptividad energética en los que se pueden aportar grandes beneficios a la Tierra mediante la oración y la acción correctas.

Cuando uno está preparado para convertirse en sacerdote o sacerdotisa, tras muchos años de instrucción y formación, se hacen pruebas, en particular de su capacidad para generar luz para la gente. Los templos antiguos no tenían luz interior; eran iluminados por los siete o doce sabios que se sentaban en ellos. Incluso hoy en día esa energía puede manifestarse. Nuestra práctica espiritual desarrolla un campo energético de luz para que reconozcamos nuestra relación en muchas dimensiones. Ser una Madre-Padre para la gente, ser una isla para los necesitados, ese es el propósito del entrenamiento sacerdotal. Mi abuela Nellie Ywahoo era una sacerdotisa, enseñada por su padre. Ella iluminó el mundo y ahora es un planeta, una isla para los necesitados.

La gente del templo vivía de una manera muy ordenada y cuidadosa. A medida que se desplazaban hacían sus montículos y espacios sagrados para poder mantener siempre su relación con la familia estelar. Hasta el día de hoy en toda América hay un gran número de edificios gigantes, montículos y formas como serpientes que están pensadas para ser vistas desde lo alto de la tierra. Mis mayores me dijeron hace poco que antes había muchos más caminantes del cielo y que los jóvenes debemos practicar para poder volver a caminar por el cielo y así reavivar nuestra relación familiar con la gente de las estrellas.

Desde el principio, los guardianes del templo, los sacerdotes y sacerdotisas, han mantenido el foco de la vida y la mente en beneficio de todos. Los propios templos solares siguieron existiendo hasta bien entrado el siglo XVII, mientras que la tradición sagrada de la sacerdotisa ha continuado a lo largo de todo este tiempo y sigue siendo una tradición viva en la actualidad.

Hasta el día de hoy, el fuego sagrado del pueblo Tsalagi sigue ardiendo, consagrado de nuevo por el Pálido y cuidado por el pueblo durante miles de años. Los Tsalagi y los Hopi son los guardianes del fuego sagrado en este hemisferio. El fuego ha ardido desde que el pueblo existe, nunca se ha apagado. Fue cuidadosamente cuidado y transportado incluso durante el Camino de las Lágrimas. Ese fuego es el aliento de la vida, es la manifestación de la mente pura y es la luz clara de las cosas en su verdad esencial. El fuego es la fuerza del pueblo, un símbolo del fuego de la sabiduría traído aquí desde las Pléyades. Su significado, el hecho de que haya seguido ardiendo, es la energía que ha mantenido intacto este planeta. Los científicos aún no pueden explicar el fuego. Es el Misterio hecho manifiesto, es la agitación del pensamiento en acción. En los últimos años, a partir del fuego principal Tsalagi se han encendido otros fuegos. Es muy beneficioso para todos nosotros que este fuego se esté encendiendo y cuidando en otros lugares, porque es una chispa de nuestra naturaleza pura, que nos recuerda la acción iluminada. Ese fuego de la mente clara está en todos, y eliminar cualquier oscurecimiento de su claridad es el deber de todas las personas en este tiempo, para que cada uno pueda recordar y encontrar de nuevo el camino hacia la fuente de nuestro ser.

Somos los guardianes del templo. Nuestro arte sacerdotal pasó a la clandestinidad en la década de 1880 y las familias han estado guardando esa sabiduría sagrada para este momento, en el que todas las personas deciden reunirse como seres humanos dedicados a la paz. Así que ahora hablamos de nuevo de la artesanía sagrada, tejiendo un tapiz de belleza. Cada uno lleva la semilla de la verdad; nuestra vida compartida es el jardín en el que plantarla y hacerla brotar.

Las enseñanzas sagradas del pueblo Tsalagi abarcan un período de tiempo de 100.000 años, durante el cual ha habido cuatro grandes trastornos de las formas de vida de la Tierra. El primero fue un cambio de dirección en la rotación y polaridad de la Tierra, provocado por un gran cometa y su radiación, que destruyó y mutó muchas formas de vida. El segundo cambio fue provocado por vientos intensos que surgieron del pensamiento y acciones confusas de la gente, distorsionando el manto de la Tierra. Fue durante el segundo cambio cuando los seres que una vez fueron hombre y mujer en un solo cuerpo se separaron en entidades diferentes e incluso ahora están buscando a sus otras mitades. El tercer cambio se debió a la acción volcánica provocada por la destrucción del planeta que era hermana de la Tierra y que una vez habitó entre Marte y Júpiter. La acción volcánica obligó a los humanos a vivir bajo tierra durante generaciones, subsistiendo a base de peces transparentes y hongos. El cuarto cambio fue provocado por el agua, cuando los humanos trataron de integrar la emoción y el poder de la mente. Este fue el tiempo de la destrucción de la Atlántida, Elohi Mona, y durante esta era sólo aquellos que escucharon la voz de la verdad interior fueron capaces de evitar la destrucción alcanzando los lugares elevados. Según el cronometraje Tsalagi estamos ahora en el Quinto Mundo, la novena y última etapa de purificación. Se entra en el Sexto Mundo, el tiempo de reintegración de la gente y la tierra.

En este momento estamos en el umbral de un nuevo mundo. Según el antiguo calendario del hemisferio occidental, el 16 de agosto de 1987 salimos del último ciclo de nueve infiernos, y el 30 de agosto de 1987 entramos en el primero del nuevo ciclo de trece cielos. Este calendario es de lo más exacto; tiene en cuenta el movimiento de Venus, Marte y la Tierra alrededor del Sol, y de Sirio y las Pléyades.[23] Estos sistemas estelares emiten una voz de cristal que canta a través de todos los mundos, recordándonos que volvamos de nuevo al círculo de la relación correcta. Los cantos de las estrellas evocan una visión de paz, la estrella de la mañana es un recordatorio de la promesa del Pacificador de que todos pueden trazar sus raíces hasta el Gran Árbol de la Paz. Así como la semilla crece fructífera cuando es plantada por los signos de las estrellas, así el pensamiento de la semilla de la paz planetaria ha echado raíces. Que brote por todos los cielos. Que cada uno cultive la mente cuidadora, cuidando a los demás y a la Tierra misma. Que cada uno considere sus acciones hasta siete generaciones. Así comienza una nueva era.

Los seres humanos tienen la oportunidad de ejercer el poder creativo del intelecto. Algunos de los inventos de los hombres se han extraviado y se han desbocado; inventos como los armamentos y los contaminantes amenazan la existencia de la vida. Así como estos inventos surgen primero como pensamientos destructivos de control y dominación, que tu mente dé a luz medios creativos de reconciliación y transformación. Tú marcas la diferencia. Aprende que lo mismo que perturba la paz de tu mente también te ofrece la

23 Shearer, *Bajo la luna y bajo el sol*, passim.

oportunidad de generar una mente clara y transformar para todos los patrones de perturbación. Sustituye tu ira por el cuidado, desactiva la energía de potencial destructivo aclarando los conflictos en tu propia mente y en tus relaciones. Por la fuerza de la resonancia esa clarificación se expandirá a través de tus relaciones individuales a tu familia y vecinos, a la nación y al planeta.

Surge un nuevo día, engendrado por nuestros pensamientos y actos: pensamientos de paz humedecidos por el amor, cultivados por la acción correcta, las malas hierbas de la discordia serán arrancadas por la acción diligente. La cosecha será de abundante alegría y sustentará a las generaciones futuras. El primer cielo abre sus puertas a todos los que cultivan la acción iluminada.

ᎠᏓᏪᎯ ᎠᏁᎮᏁᎭ

A da we hi a ne he ne ha

Ellos están ofreciendo Sabios Protectores

ᏙᎯᎤᎠᎷᏂ

Do hi u a lu ni

La serenidad refulge

ᎡᎶᎯᎠᎵᎦᎷᎶᎯᎤᏅᏔ

O lo hi a li ga lu lo hi u nah ta

La Madre tierra y el Padre Cielo nos los entregan

ᎦᎵᎡᎵᎦ

Ga li? e li ga

Estoy agradecido

ᎣᏌᏓᏛ

O sa da dv

Así es

2

VOCES DE NUESTROS ANTEPASADOS

Elo, la continua historia y filosofía oral y escrita del pueblo tsalagi, se compone de relatos de la creación que explican la manifestación de la materia y el desarrollo de los seres vivos; historias de relaciones correctas y deberes espirituales; instrucciones específicas para el desarrollo mental y físico; e instrucciones rituales y ceremoniales que contienen fórmulas sonoras o cantadas y métodos para beneficiar a todos los seres.

Las historias de la creación se cuentan en la tranquilidad de las noches de invierno, para que todos puedan ver el proceso continuo de la creación y el papel que desempeñan nuestros pensamientos y acciones en el desarrollo del mundo. En los tiempos en que el pueblo descuidaba las instrucciones originales, llegaron maestros como el Pálido y el Pacificador, para reavivar el fuego de la mente clara y recordar al pueblo sus responsabilidades espirituales.

Según la enseñanza Tsalagi, hemos descendido del reino de Galunlati, el reino de la luz, por la gracia de la Mujer Estrella que cayó a la Tierra.

Asga Ya Galunlati, el padre de todos, tenía una hija muy querida cuya belleza era tan brillante como una estrella. Un día, mientras estaba en el jardín más especial de su padre, oyó un tamborileo debajo de un pequeño árbol. Curiosa, cavó bajo el árbol, creando un agujero por el que cayó desde el Séptimo Cielo, dando vueltas hasta la Tierra. Las criaturas que vivían en la Tierra tenían grandes emociones, sentimientos profundos, pero aún no el fuego de la mente clara; estaban esperando a que llegara esa chispa a la mente. El mundo entonces estaba cubierto de agua y las criaturas flotaban precariamente sobre las aguas. Mientras la Doncella Estrella descendía lentamente en espiral hacia la Tierra, su padre la vio caer, pero no podía llamarla de vuelta. Envió vientos de apoyo e inspiró a las criaturas de la Tierra para que la ayudaran. Las criaturas la vieron caer lentamente en espiral y pensaron: "Debemos hacer algo por ella, debemos encontrar un lugar para que aterrice, porque sin duda es un gran regalo". Tortuga dijo: "Sobre mi espalda puede aterrizar. Debemos hacerla fuerte y firme para ella". Muchas criaturas se sumergieron en las aguas para recoger el firmamento de debajo del mar. Una criatura tuvo éxito, la Araña de Agua, que se sumergió profundamente y sacó un poco de tierra en su cuenco *tusi*, hecho con sus patas. Subió a la superficie y, con su último aliento, depositó su regalo sobre la espalda de Tortuga. Algunas personas recuerdan hoy que el firmamento fue traído por la humilde rata almizclera. Ya fuera por la araña de agua o por la rata almizclera, el trozo de tierra fue colocado sobre la espalda de la Gran Tortuga que creció y creció y creció. Gran Buitre batió sus alas, levantando montañas y valles, así se hicieron muchos lugares confortables. Tras muchos días de descender en espiral desde el mundo de la luz, la Mujer Estrella se posó sobre la espalda de Tortuga. De ella surgió la vida tal como la conocemos hoy. Sus pechos dieron maíz, judías y calabaza; sus lágrimas, ríos de agua dulce. Todos los humanos pueden rastrear sus raíces hasta la madre de todos, la Mujer Estrella. A través de su bendición, la chispa de la mente se grabó en nuestro interior como un fuego sagrado, para que el misterio de la vida pudiera entenderse como los muchos en el Uno.

Es una historia muy importante porque deja claro que tenemos una relación con muchos mundos de pensamiento y que lo que vemos en el momento, lo que llamamos realidad sólida, está determinado y moldeado en primer lugar por nuestro pensamiento. El pensamiento teje los patrones, el tapiz que todos vivimos. Y una madre es la madre de todos nosotros, así que todos somos parientes.

La Mujer Estrella llevaba en el vacío de su vientre doce características potenciales de la humanidad. Los siguientes cristales ejemplifican las cualidades de los doce clanes originales:

Cuarzo	Voluntad
Ruby	Compasión
Topacio	Inteligencia en la construcción
Jaspe anaranjado	Manifestación de bella forma
Esmeralda	Sabiduría de lo particular y de la ciencia
Rubilita y cuarzo rosa	Energía de devoción para manifestar el ideal
Amatista	Energía de transformación
Perla	Mente planetaria luminiscente
Ópalo de fuego	Mente individual despierta en la corriente solar
Turmalina	Consciencia despierta de las relaciones más allá de los anillos del sistema solar
Azurita	Energía de reconciliación
Acónito	Finalización del ciclo, desenrollamiento de los sistemas, vuelta al vacío

La Mujer Estrella fue impregnada por vientos fértiles, que agitaron su semilla hasta hacerla fructificar. Estos vientos rodearon a la Madre Tierra, oscureciendo la luz, hasta que sus hijos captaron el fuego de la inspiración. Así se manifestaron como relámpagos que brotaban de las alas del Pájaro del Trueno. De la Mujer Estrella nacieron dos hijos de naturalezas opuestas. Un hijo, cuyo rostro era como la luz ascendente que nació de forma natural. El segundo hijo, cuyo rostro se asemejaba a la noche descendente, discutió y luchó contra el orden natural de las cosas, nació de debajo del brazo de su madre, causándole la muerte. Su cuerpo en descomposición produjo hierbas, granos, alubias, calabaza, todas cosas buenas para que la gente comiera, y sus lágrimas brotando en su tiempo de alumbramiento se convirtieron en aguas frescas para beber.

El Hermano de la Cara de Luz partió de viaje para recoger luz y encontrar aquellos lugares adecuados en los que pudieran crecer las personas. La primera migración comenzó con este viaje. El Hermano del Rostro Oscuro capturó al rayo y lo cuidó en la orilla, a la espera de que el Hermano del Rostro Luminoso regresara de su viaje hacia el oeste. Las criaturas que vivían en la Tierra dieron la bienvenida al Hermano del Rostro Luminoso como precursor de la mente. A medida que avanzaba en su migración, llevando los pensamientos de su madre[24], levantó las nubes de oscurecimiento que yacían sobre el planeta, y la luz comenzó a manifestarse sobre la Tierra. El sol, la luna y las estrellas no eran más que una idea a la espera de los rituales correctos para eliminar lo que oscurecía sus formas. El Hermano del Rostro Oscuro mantuvo el fuego ardiendo en la orilla. Cantaba la canción de la creación enviada desde el Gran Cristal, en previsión de que el mundo ideal se manifestara en el tiempo y el espacio.

Esta historia se cuenta de muchas maneras a los jóvenes para que todos comprendan su propio pensamiento y acción, cómo afectan a otros seres y cómo nuestros pensamientos vuelven a nosotros. El Hermano de Cara Oscura representa los pensamientos negativos que surgen en todos los seres humanos. De él procede la noche, que persigue al sol. Sin embargo, incluso en sus acciones negativas está la semilla del bien: tras capturar el fuego del rayo, lo cuidó y esperó el regreso de su hermano. Hoy en día, cada ser humano se siente a veces zarandeado entre la inclinación al bien y al mal. Incluso la

24 Algunos dicen que también llevaba su cabeza, que se convirtió en el sol. Los tsalagi consideran que el sol es femenino. En las historias orales (e incluso en el *Popol* Vuh) se hace referencia a uno de los hijos que lleva la cabeza de su madre al cielo. Véase Girard, *Esoterismo del Popol Vuh*.

peor persona lleva dentro la semilla del bien, y hasta la persona más positiva puede cometer errores por la semilla de la ignorancia. Por eso, esta historia nos recuerda que debemos cultivar la armonía en nuestros pensamientos, palabras y actos. Los Gemelos también nos muestran que las acciones negativas pueden ser la semilla de la realización del bien. Debido a esta comprensión, la tradición nativa no cree en el pecado permanente. Incluso la persona más inmunda puede cultivar la semilla del bien y llegar a la armonía con el mundo natural, "testificando" remordimiento, purificando sus actividades y afirmando una acción mejor. El mayor elogio que puede decirse de una persona es que tiene un solo corazón. Ser de un solo corazón es conocer el equilibrio y estar en buena relación.

Hasta el día de hoy, el deber sagrado del ser humano es manifestar el ideal de la relación correcta en beneficio de todos los seres. El ideal, el pulso rítmico, la causa primaria en torno a la cual giran los hilos del destino individual y grupal, es percibir el misterio de la mente, las relaciones de entrada y salida.

El tono primario, la piedra angular de todos los mundos, es cantado por el cristal de cuarzo. Se dice que el cristal de cuarzo no es sólido ni líquido, vibra a 786.000 pulsaciones por milisegundo, su continuo se mueve más rápido que la luz y su vibración es el eje del universo. Una faceta de la práctica espiritual del pueblo tsalagi es la observación de esta energía manifestada a través de las relaciones de los individuos y los grupos entre sí y con la tierra. Los cantos sagrados y las fórmulas de equilibrio resuenan con los tonos primordiales amplificados a través del cristal de cuarzo. El tempo y el tono de estos cantos ancestrales varían según la relación geofísica de los pueblos con la tierra. Por ejemplo, se puede escuchar un canto de los tsalagi, un pueblo de los bosques de montaña, cantado con un tono más grave y un tempo más lento por los pueblos salish de la costa noroeste de Lummi.[25]

Dentro de cada ser humano está el potencial de la mente más clara, que arderá brillantemente a medida que las nubes de la confusión,

25 Comunicación de Joe Washington, líder espiritual de la Nación Lummi. Adaptado con permiso de Shearer, *Beneath the Moon and Under the Sun*, lámina 91, p. 99.

la duda y la alienación se transformen en la acción correcta. Las posibilidades de manifestación de la mente están contenidas en la estructura cristalina y en la canción, que son el mapa de carretera que conduce de nuevo a la inmensidad, la fuente del ser. Cada ser, reuniendo información sobre las particularidades de la existencia, regresa a la corriente inmutable. La materia no se crea ni se destruye, sino que es la unión de la mente en torno al deseo y la acción lo que determina el destino de las formas. La mente que fluye a lo largo de la superestructura de la intención, tal como se expresa en las formas cristalinas, precipita la forma, el patrón de la propia vida. De este modo, todos somos parientes en el sueño de la vida.

Nuestro deber como individuos es hacer surgir el potencial no manifestado de la paz, a través de la comprensión de nuestra propia naturaleza y de nuestra relación con los demás. Desde el punto de vista tradicional de los nativos americanos, el primer deber de cada uno es fluir en equilibrio con las instrucciones originales irradiadas por el cristal desde el reino de Galunlati, el reino de la forma ideal: cuidar la semilla de la mente clara y la relación correcta con todos los seres. Puesto que el Uno se convirtió en muchos para manifestar el potencial, nuestro deber básico es comprender nuestra mente y actualizar la visión del cielo en la Tierra.

Todos los seres se mueven por un camino elegido. El Camino de la Belleza es el de la acción correcta, con consideración por las generaciones futuras. La persona que no ha purificado las emociones, el pensamiento y la acción recorre un camino confuso y destructivo. Reacciona a cualquier impulso o estímulo, a cualquier sombra en el camino, sin tener en cuenta el resultado. La persona que ha examinado la naturaleza de la mente y las relaciones, que ha purificado la energía de la ira, la avaricia, la envidia y el miedo, y que dedica acciones en beneficio de todos los seres, tal persona camina por el Sendero de la Belleza.

Cada persona tiene un deber espiritual y dones especiales para contribuir a la renovación del aro. Percibir ese don requiere vigilancia para ver más allá de las ilusiones de las expectativas propias y ajenas, para ver lo que es. Con nuestros pensamientos, palabras y acciones, individual y colectivamente, damos forma a nuestro mañana. Plantamos semillas que florecerán como resultados en nuestras vidas, así que es mejor eliminar las malas hierbas de la ira, la avaricia, la envidia y la duda, para que la paz y la abundancia se manifiesten para todos.

Tres verdades fundamentales

1. *Del Misterio surgió todo. Toda manifestación está en armonía con esa Ley Sagrada; nada está fuera de ella.*

La sabiduría es una corriente que brota del Gran Misterio, más allá de los conceptos, las palabras o la forma.

En el principio estaba el vacío. Surgió un sonido como luz, que dio origen a todo lo que percibimos en este y en todos los mundos: la luz-sonido, la Palabra Sagrada, lo no manifestado que se hace real. La intención del Creador subyace a toda manifestación y cada ser humano está alineado con esa intención sagrada a través de la energía de la voluntad, dando forma a los resultados mediante el pensamiento, la palabra y la acción.

La voluntad de ser, la voluntad de saber: ese fuego azul sagrado es un color, un tono que nos recuerda el propósito de nuestra vida: comprender la naturaleza de la mente. A medida que esta luz observaba su flujo, notaba la intención de ser. Su potencial no manifestado generó un rayo de sabiduría. La sabiduría compasiva, el fuego rojo de la ecuanimidad y la generosidad, al observarse a sí misma hizo brotar la semilla de la inteligencia activa, el medio para hacer real lo inmanifestado, el fuego amarillo de la mente creativa, la sabiduría para triunfar.

De estos Fuegos Mayores de Arriba proceden todos los fenómenos, una mente que se explora a sí misma en miríadas de formas. Este proceso creativo continúa en todos los niveles de la vida.

El triángulo y los tres fuegos es un símbolo de unidad, la mente trina. La voluntad de ser es la intención manifestada como acción, entonces los seres nadan en reacción. El lago está quieto, un guijarro cae, los ciclos de energía irradian hacia fuera. Así surge la vida de la intención y las causas que irradian, convirtiéndose en la danza alrededor de la rueda de la vida. La mente dormida percibe las ondas como retos de la vida; la mente despierta las ve como ondas en un lago. Los seres humanos tienen una oportunidad especial para darse cuenta de la naturaleza naciente de la mente, de la naturaleza creativa de la mente, y para generar aquellos pensamientos y acciones que son beneficiosos para la armonía y el equilibrio. En esta vida podemos conocer todos los mundos, trascender el sufrimiento y transformar el conflicto para manifestar un mundo de paz y belleza.

El Primer Fuego Sagrado: Voluntad, Intención de Ser

La voluntad es la corriente subyacente, el fuego que hace surgir aquello que percibimos como nuestra realidad. Muchos pueden pensar que la voluntad es una fuerza o energía utilizada para controlar a los demás, a uno mismo, al entorno; sin embargo, la voluntad es el primer fuego constructor, la intención pura de hacer. Podemos afirmar la voluntad de hacer el bien, de vivir en armonía, o podemos no ser conscientes del poder creativo de la voluntad en nuestras vidas.

Poner nuestra voluntad en armonía con la Ley sagrada es comprender el propósito de nuestra vida. ¿Por qué estoy aquí y cuáles son mis dones? La vida humana es una gran oportunidad. Cada uno tiene dones particulares, un papel único en el círculo. La voluntad consciente se manifiesta cuando uno dedica sus dones en beneficio de la familia, del clan, de la nación, de todos los seres.

Del vacío brotaban en espiral la luz y el sonido, y la intención de ser era el vértice del triángulo, la puerta a través de la cual todo se manifiesta. El practicante sabio cultiva el principio de la voluntad para superar los hábitos de conflicto y discordia, complementado por la sabiduría de la compasión y la voz de la afirmación. La mente infantil es consciente, pero uno puede renunciar o perder el contacto con el principio sagrado de la voluntad en una etapa temprana de la vida, por miedo, falta de comprensión, abuso o cualquier otra causa, y entonces se toman decisiones inconscientes. Cuando un joven oye a los adultos decir: "Lo haremos", y luego de hecho no lo hacen, puede surgir la sensación de que fuerzas externas están determinando su realidad, lo que conduce a un sentimiento de falta de voluntad, de impotencia. La fe en un plan sagrado, en la ley divina, es el viento que aviva las llamas de la fuerza de voluntad para manifestar lo que es bueno. A través de la práctica espiritual volvemos a despertar una relación clara con el principio de la luz, plantando conscientemente semillas de una causa buena en beneficio de todos. La voluntad combinada con la sabiduría de la ecuanimidad, viendo todas las cosas en la relación correcta, hace elecciones que manifiestan lo que es bueno para siete generaciones. Así, el principio sagrado de la voluntad lo considera todo, reconociendo y afirmando que todo está en relación con uno mismo, invocando la paz y la armonía en todo el círculo de la vida.

2. *La sabiduría de la ecuanimidad conoce todas las cosas como relativas al propio pensamiento y acción. De esta manera, aviva el fuego de la generosidad y las buenas relaciones, en armonía con vecinos, amigos, familia, compañeros de trabajo y bichos.*

La Rueda Medicinal de la Vida es un círculo; todo existe dentro de ese círculo. El círculo recibe el nombre de vida-oportunidad preciosa. El círculo es 0 (cero), equilibrio de positivo y negativo. Todas las criaturas que caminan por el círculo experimentan el nacimiento, el dolor, la vejez y la muerte. Nadie está por encima ni por debajo. Cuando llega la hora de morir, todos van solos, sin las comodidades de la riqueza o los amigos. Cualquier forma de nacimiento conlleva una lucha. Todos los seres buscan la paz y las comodidades de un hogar seguro y una familia sana. Todos los seres, tanto jóvenes como ancianos necesitan cuidados y apoyo. Aquí surgen patrones de relación que ordenan lo que podría ser caótico.

Las líneas y los círculos son ecualizadores que tocan a todos los seres. La primera línea del círculo está entre la vida y la muerte, una línea del cielo a la Tierra, del Norte al Sur: la voluntad de ser. Del Sur surge una línea hacia el Norte, que completa el camino del nacimiento, la vida y la muerte. Los lagos helados del Norte reflejan la promesa de lo que está por venir; los vientos cálidos liberan la inteligencia en potencia, enviando una luz a través del círculo de Este a Oeste. Desde el Oeste llega una línea de cambios que completa el despiece del círculo. Los vientos de la sabiduría giran. La cruz y la danza de la vida son una.

Las enseñanzas del círculo representan el ciclo de todas las cosas que giran en espiral en el universo siempre en movimiento, en un proceso de movimiento constante y cambio sutil en una armonía conjunta. Así, cada uno de nosotros, dentro del círculo de nuestro propio tiempo y espacio, está siempre girando en espiral con nuestros pensamientos, palabras y acciones hacia la realización del todo. El círculo representa la armonía y el equilibrio completos. Se convierte en nuestra Rueda Medicinal.

Transformar cualquier pensamiento o actividad que oculta la percepción del círculo es el deber de los seres humanos. Cuando surjan pensamientos de separación, pensamientos de "ellos" y "nosotros", recuerda que todos estamos juntos en el círculo de la vida.

Cada gran religión tiene sus profecías de lo que puede venir. Estas profecías nos recuerdan que debemos vivir en armonía para que no se desaten energías destructivas sobre la Tierra. Los fundamentos de la práctica espiritual nos recuerdan que debemos cultivar el cuidado de la vida y de los demás.

Muchos sienten ahora el poder de la paz dentro de nosotros mismos, sabiendo que nuestra conciencia afecta realmente a la corriente de pensamiento de este mundo. Como seres humanos responsables, afirmemos un mundo de resolución complementaria. Podemos reconocer las diferentes partes del todo, escuchar los diferentes puntos de vista y perspectivas, saber que nuestro punto de vista no invalida el punto de vista de otro. Somos seres humanos y nuestra percepción de la misma realidad –la forma en que se mueve la llama, el color del grano– puede expresarse de forma diferente en función de nuestra lengua, nuestra cultura, nuestra experiencia. ¿Es agua o es azul? La familiaridad, o el pensamiento habitual, son la pantalla a través de la cual se configura el mundo. La congregación de pensamientos y patrones que creemos ser nosotros mismos se convierte en los sentimientos de una ciudad, en los sentimientos de una nación. Cada nación de este planeta tiene el corazón del pueblo, las voces del pueblo, que le dan forma como nación. Los individuos forman un grupo, los individuos forman estados y naciones.

Sean cuales sean nuestros puntos de vista religiosos o filosóficos, cada uno de nosotros puede rastrear sus raíces en el Gran Árbol de la Paz. Nos llamemos como nos llamemos, el resultado es el mismo: somos personas que viven juntas en el planeta Tierra. En este tiempo es nuestro deber transformar los obstáculos de los prejuicios expresados como "ismos". Dejemos a un lado las ideas de separación, pues lo que ocurre en un hemisferio seguramente será llevado por los vientos al otro hemisferio.

El maravilloso proceso de la creación ha traído consigo el don de la vida humana, con oportunidades ilimitadas para explorar sus misterios. A su vez, tenemos la responsabilidad de cultivar semillas de relaciones buenas, expresando alegría por la oportunidad de vivir. Algunas de las primeras lecciones que me enseñaron mis abuelos fueron: "Tienes el deber espiritual de ser feliz" y "Habla con bondad de los demás, porque no sabes lo que han sufrido hasta que has caminado diez mil millas en sus mocasines". Ve las cosas como son, en proceso de cambio, sin fijarte en el desequilibrio, ve el potencial y llámalo. Al reconocer la perfección inherente, la canción de cristal que canta dentro de cada uno de nosotros, hace que podamos sacar lo mejor de nuestra familia, nación y planeta.

Cuando se expresan errores de pensamiento, palabra u obra, el resultado es como una chimenea llena de cenizas: la sabiduría se convierte en una tenue brasa enterrada en las cenizas de pensamientos confusos y emociones conflictivas. El agradecido guardián del fuego purifica la mente como se barre una chimenea: limpiándola de la duda de que el fuego exista, del miedo a no poder mantenerlo encendido, de la envidia de que otro fuego arda más brillantemente, de la ira por la madera húmeda. Cualquier pensamiento, palabra o acción que obstaculice la luz de la sabiduría son errores o acciones desequilibradas. La práctica espiritual abre el conducto de humo, llevando los vientos de la inspiración y la perspicacia, renovando y manteniendo el equilibrio.

Un error de pensamiento, palabra u obra es el que nos saca de la armonía, dando lugar a la ira, el miedo, la envidia, la duda en el flujo ordenado del amor universal. Cualquier ser humano que sienta que no es "lo suficientemente bueno" para cultivar la paz y la generosidad está pasando por alto el maravilloso don de la vida. Vives, por lo tanto, eres lo suficientemente bueno. Vives, por tanto, tu mérito es tal que puedes marcar la diferencia.

Un niño pequeño expresa su alegría al ver las hojas brillar como si bailaran en el árbol. El adulto responde: "Las hojas no bailan". Pueden surgir dudas en la mente del niño sobre la validez de sentir alegría. El fuego de expresión alegre se ha apagado por culpa un discurso descuidado; el patrón que formaba la alegría puede estar profundamente alterado y da lugar a un desequilibrio. A través del meridiano del corazón fluye el río de la alegría y este río puede ser represado por palabras duras, por palabras despreocupadas.

La envidia del éxito, la buena fortuna, la riqueza o la buena apariencia de otra persona es un error porque perturba el equilibrio de la mente y obstaculiza el flujo hepático, perturbando la síntesis y la apreciación de los logros de la propia vida. La envidia envenena el esfuerzo grupal porque el "yo quiero" se vuelve más grande que el "nosotros podemos".

Uno puede profesar ser cristiano o budista, esto o lo otro, y albergar pensamientos de semilla de ira ante las opiniones del otro. Los puntos de vista sectarios obstaculizan la paz. Vivir las grandes enseñanzas es ver la verdad inherente que subyace en todas las grandes religiones.

La ira nace de palabras y actos descuidados que dañan el equilibrio mental, marcando el curso de las reacciones. Las palabras o pensamientos expresados con ira destruyen como una bala. La ira es un fuego ardiente que destruye la digestión y la paz mental. No dejes que el fuego ardiente comience por tu descuido.

El miedo a lo que podría ser es un pensamiento basado en posibilidades. El miedo al fracaso impide empezar. ¿De qué puedes estar seguro? Cuando inhalas exhalas y el humo sale del fuego. Cultiva la certeza observando los ciclos de la naturaleza.

"El que piensa el aliento crea" es como se expresa el Creador en algunos de los antiguos himnos tsalagi. El aliento transporta el pensamiento por todo el mundo. A través de la atención a la respiración se transforman los errores mentales. El fuelle aviva el fuego de la sabiduría. Persona sabia, ten cuidado, porque tus pensamientos, palabras y acciones de hoy soplan nubes en el cielo de mañana.

Muy lejos, en el reino de Galunlati, el Séptimo Cielo, hay seres de cristal que cantan. Sus canciones ponen orden en el caos. Adawees, Sabios Protectores, son sus nombres. *Hi la hi yu* –"*hace mucho tiempo*"– los seres celestiales eligieron ayudar a aquellos en la Tierra que aún no tenían la chispa del fuego de la sabiduría. Cantan, para todos los que quieran oírlo, a los mundos en armonía. Los signos ideales dentro de cada persona como espiral de ADN sagrado dan forma y patrón al deseo. La espiral enciende los fuegos de la voluntad, la compasión y la acción, lo que da frutos de vida. Nuestros pensamientos y acciones afectan a esta espiral sagrada, lo que genera equilibrio y la facilidad o al desequilibrio y la enfermedad; de ahí que nuestra ofrenda de agradecimiento orante mantenga afinada la canción ideal. La vigilia y la purificación cultivan la canción más pura, manteniendo íntegro el cuerpo y renovando el aro de las buenas relaciones. Cada persona contribuye a la canción, todos tienen algo que dar: pensamiento correcto, acción correcta y aprecio por la tierra, compartiendo así con los necesitados.

El Segundo Fuego Sagrado: Afirmación, la Energía Sabia de la Compasión

La afirmación positiva y la generosidad surgen de la sabiduría de la ecuanimidad, viendo todas las cosas en relación y eligiendo articularse y vivir de manera sagrada. Mediante las afirmaciones se dinamiza la propia visión de la acción iluminada.

Nuestros mayores nos enseñaron que el perdón era un gran bálsamo, la mejor medicina para liberarnos del dolor. Podemos rezar, hacer buenas obras por fuera, pero significan poco si no nos perdonamos a nosotros mismos y a los demás por lo que podría haber sido o debería haber sido.

Todo el mundo tiene alguna idea de cuál es el vicio o la falta de otro y de lo que debería corregirse. La verdadera cuestión es aclarar la propia conciencia, ser uno con la corriente de la mente clara en uno mismo: que uno pueda actuar en el presente en lugar de reaccionar a cuestiones del pasado. Una vez al año celebramos un ritual en el que todos nos acercamos a la orilla y nos echamos agua a la espalda siete veces. En ese momento estamos lavando aquellos pensamientos y acciones que reconocemos que ya no son necesarios o beneficiosos para nuestro continuo crecimiento y evolución. Lavamos lo que nos ha separado de una comunión clara, lavamos la ilusión de soledad para poder escuchar de nuevo la voz de la verdad en nuestros corazones. Durante este tiempo perdonamos a cualquiera que nos haya dicho una palabra triste o mala y empezamos el año de nuevo. *Autohuna* es una ceremonia para hacer amigos. En ese momento invocamos un cristal sagrado que sólo se saca para esa ceremonia. Sostenemos el cristal a la luz del fuego, para poder ver la luz de la verdad dentro de nosotros y observar cómo nuestras acciones dan forma al año venidero. Cantamos, rezamos, hacemos ofrendas de perdón en nuestros corazones, y volvemos a percibir la perfección de nuestra naturaleza, dejando a un lado la ilusión de la enfermedad, las ilusiones de la lucha.

El remordimiento por nuestras acciones negativas, la afirmación de que podemos transformar los oscurecimientos, el compromiso de generar patrones de resolución y la voluntad de compartir el perdón con los demás, para que las amistades puedan restablecerse: ésta es la medicina para sanar las relaciones.

Cuando éramos niños pequeños, nos contaron una historia para mostrarnos cómo la energía universal del amor perdona y renueva a cualquier ser de buen corazón. Hace mucho, mucho tiempo, en las Montañas Humeantes, al oeste del río Oconaluftee, vivía un joven y maravilloso cazador. Había aprendido del maestro de la caza a pensar como un pájaro, un ciervo, un oso, un pavo, un pez, y a comprender todas las señales del bosque. Cuando era muy pequeño se quedaba quieto como un árbol, mirando y aprendiendo de la naturaleza y de los animales que se movían. A medida que crecía, el maestro cazador de la banda le enseñó a purificar la madera para hacer un arco y una flecha, a hacer ofrendas al pavo que daba sus plumas, a mostrar agradecimiento por los dones del bosque. Así, el cazador aprendió muy bien las lecciones del bosque. No cogía el primer animal que veía; lo honraba, le hacía ofrendas y rezaba para que vinieran otros de su especie, para que su pueblo pudiera comer. Se llamaba Camina por el Bosque.

Cuando Camina por el Bosque se hizo hombre, proporcionó a su banda mucha comida y pieles y plumas para vestirse. Su generosidad era bien conocida. Una vez había dos ancianos que necesitaban la medicina de la hiel del oso, y Camina por el Bosque dijo que traería esa medicina. Al emprender su camino sintió que esta cacería sería muy diferente. El bosque estaba extremadamente silencioso, incluso los arroyos parlanchines susurraban ese día. Caminó por el bosque llamando al oso. *"¡Él! Hayuyá haniw á , hayuyá haniwá. Eyonah, ¡yo ho, yo ho, yo ho!"*. Pronto vio el rastro de un oso. Aquella noche hizo un lugar para descansar cerca del viejo árbol donde el oso había dormido tiempo atrás y comió un poco del maíz reseco que llevaba consigo. Al cuarto día avistó al oso. Disparó una flecha, que se clavó en el hombro del oso. El oso siguió moviéndose. Camina por el Bosque siguió al oso durante tres días más. Se había quedado sin comida y empezó a darse cuenta de que no era un oso cualquiera y que se trataba de una cacería muy sagrada. Al séptimo día se sentó en un saliente y ayunó y rezó para comprender la importancia del mensaje que el Creador le estaba mostrando. Aquella noche vio en el cielo una estrella que descendía hacia la Tierra y también oyó a muchos animales que se movían cerca de él. Sintió que ellos también estaban en vigilia.

Al salir el sol, Camina por el Bosque vio ante sí un lago inmenso y poco profundo y oyó el aleteo de miles de alas de pájaros y los sonidos de muchísimos animales. Miró y vio al oso, en cuyo hombro aún descansaba la flecha, caminar hacia el agua y sacar la flecha, y el oso se renovó. En la orilla del lago vio viejos lobos que se arrastraban hacia el agua, ciervos que cojeaban, toda clase de animales heridos. A medida que se acercaban al agua volvían a estar nuevos y sanos. Los depredadores no atacaban a sus presas habituales porque sabían que éste era un lugar sagrado. Cualquiera que pudiera llegar a estas aguas de Atagahi, el Lago Mágico, sanaba y las heridas del pasado se restablecían.

Entonces oyó una voz en el cielo. "Camina por el Bosque, eres de corazón fuerte y puro. Recuerda bien esto. Todos los que vengan aquí vivirán mucho tiempo y darán grandes beneficios a los suyos. Dile a tu gente que no cace en este lugar, pues aquí hay santuario para todos los seres vivos".

Camina por el Bosque comprendió y se fue a casa, llevándose consigo un poco de hierba de la orilla del lago. Mientras caminaba de vuelta a la aldea, aquella hierba se convirtió en la vesícula biliar del oso que necesitaban los ancianos. Todos le preguntaron: "¿Dónde está el oso?". Él respondió: "Ha ocurrido algo maravilloso", les dio la medicina y contó a la gente lo que había visto. Todos estuvieron de acuerdo en honrar aquel lugar sagrado. Sólo los de corazón puro pueden ir allí y ver el cielo reflejado en las aguas y renovar su ser, para cualquier otro aparecería como una vasta llanura cubierta de hierba.

Con la misma facilidad con la que la mente refleja formas de dolor y guerra, podemos actualizar elementos de resolución complementarios. Ahora nos encontramos en una fase transitoria de movimiento alrededor de la espiral en la que esta resolución es posible. Un paso que podemos dar cada uno de nosotros es centrarnos en lo que es querido en lugar de en lo que no está claro cuando sentimos rabia o deseamos comunicarnos con otro y las palabras se nos quedan pequeñas. Es bueno establecer un "ayuno de negatividad" en la propia mente, en términos de pensamiento y relaciones, y muy especialmente en términos de discurso sobre uno mismo y sobre los demás. Si estamos en contra de algo, estamos estableciendo una polaridad y un motivo de discusión. Si observamos y reconocemos lo que es, hay un equilibrio, hay una corriente, hay un camino a través del cual se puede percibir la resolución.

Así que perdonémonos a nosotros mismos y a los demás por lo que podría haber sido o por lo que debería haber sido, y removamos conscientemente las cenizas de la chimenea de la sabiduría. Observa la mente y verás cómo surgen nuevos mundos de paz.

Reestructurar los pensamientos limitantes y abrir canales para que la mente cree nuevas formas: esto se consigue mediante la afirmación de la voz. Observa que estás en un proceso, que tal o cual patrón necesita ser corregido. "¿Soy yo ese patrón? Si ese patrón es incorrecto, lo corregiré". ¿Y cómo? El primer paso es afirmar: "Soy perfecto por dentro, estoy completo por dentro". Ese poder de afirmación empieza a liberar algo parecido al amor en el cerebro. (El chocolate también da esa sensación.) Piensas bien de ti mismo y hay una mayor vitalidad en tu cuerpo que fluye hacia todos los que te rodean. La vitalidad de quien realmente acepta: "Estoy vivo y estoy bien", tiene un efecto muy vitalizador en otras personas. A través de la resonancia de tu naturaleza, otro que puede ser infeliz es quien empieza a recordar algo por lo que estar feliz. Ese es uno de los métodos clave de resolución complementaria, buscar el elemento dentro de uno mismo que aporta alegría.

En estos tiempos muchos hablan de "resolución de conflictos", es bueno centrarse en la resolución, pero la idea de "conflicto" es en sí misma una ilusión. Todo es vibración, y lo que tiene apariencia de conflicto se entiende mejor como disonancia o discordia, energías que buscan la resolución en armonía. ¿Cómo reconocer la discordia en uno mismo, en su entorno, en sus relaciones? La discordia produce desarmonía y enfermedad. El cuerpo puede enfermar, la mente puede discutir y hablar sin cesar, las relaciones pueden volverse tensas y poco nutritivas, la tierra que nos rodea puede agotarse y producir menos alimentos. Los elementos responden a nuestro pensamiento. Ver la abundancia y la facilidad que hay dentro y alrededor, y avivar diligentemente la llama de la certeza, abre el canal para que la disonancia se resuelva naturalmente en armonía.

En ti mismo, observa la respiración: ¿Fluye libremente, es expansiva, vigorizante? Si no es así, mira en tu interior: ¿dónde está atrapada o bloqueada esa energía vital? Airea conscientemente el cuerpo-mente con las formas de pensamiento luminoso. A medida que se invita a la respiración a encontrar su flujo natural, pueden surgir pensamientos o emociones oscuras, que pueden ser claves para comprender la fuente de la contracción o la discordia en el propio sistema. Con los amigos, la familia y los compañeros de trabajo es un proceso similar. Observa lo que está sucediendo, da gracias por la percepción clara y la oportunidad de volver a tener una buena relación. Reconoce las acciones que son inapropiadas y causan desarmonía y jura actuar de forma diferente. Reconoce la luz que fluye libremente entre vosotros. Afirmáos y visualizaos en una comunicación y relación armoniosa, invocando los tres fuegos sagrados de la voluntad, la afirmación y los medios hábiles para transmutar todo lo que oscurece su visión de la mente clara interior.

La discordia interior expresa que la mente o las acciones no están totalmente alineadas con el propósito sagrado de uno en este tiempo, que no brilla plenamente el cristal de la mente clara. A veces, en el ajetreado mundo, uno desarrolla lo que llamamos la enfermedad de tener dos corazones. En la mente nativa esa es la peor enfermedad que se puede tener. Es cuando quieres hacer algo y tienes la capacidad de hacerlo, pero no lo haces, y discutes contigo mismo por ello. Es bueno tener una mente, un corazón, y ver los "si", "y", "peros" y posibilidades sólo como pensamientos, sin apego, manteniendo clara tu meta de ser todo lo que puedes ser, comprendiendo el Misterio, viendo la verdad tal como es. Ver la esencia de lo que es, percibir la armonía y vivirla, es lograr la "buena vida".

A medida que surge la ecuanimidad en la mente, uno siente que la relación con todos los demás seres es más querida. A través de esta sensación de estar juntos surge el corazón de la generosidad; consideramos cómo podemos ayudar y compartir. El niño que es feliz siempre tiene algo que compartir: juguetes, sonrisas e ideas. Incluso en el hogar tribal más pobre siempre hay suficiente en la olla para alimentar a un invitado. La generosidad es el flujo de la respiración. Recibimos, damos. Somos más felices cuando compartimos con los demás. A la manera nativa celebramos nuestra alegría con fiestas y regalos, y también si queremos entender algo hacemos lo mismo. Las posesiones pueden ser veneno. El corazón que es feliz regala lo mejor. Saber recibir, ese es también un don importantísimo que cultiva la generosidad en los demás y mantiene fuerte el ciclo de la vida. Si el corazón no sabe compartir –una sonrisa, una risa, cosas preciosas, comida, un hogar– entonces, ese corazón se cierra a recibir y cierra el libre flujo de la entrega de los demás. Esto se considera una enfermedad porque entonces uno no ve la sabiduría inherente. Dar, recibir: un solo aliento. El fuego de la mente se oscurece con el egoísmo, el fuego de la mente brilla agitado por los vientos de la generosidad.

3. *La disciplina, la diligencia, la inteligencia activa hacen olas de gracia para la tierra y el pueblo hasta siete generaciones.*

El Tercer Fuego Sagrado: Actualización, Medios Hábiles

El fuego de la actualización precipita el ideal en la realidad en armonía con la voluntad sagrada y la energía de la compasión. Estos tres fuegos juntos se convierten en un triángulo a partir del cual los ideales se actualizan a través de un proceso de fuerte intención, acción diligente y consideración por todos los seres.

A través del tercer fuego, la intención del Creador y la relación de los individuos con esa intención se hacen realidad. Por ejemplo, una persona con una fe fuerte, incluso en una situación difícil como la pérdida del trabajo y los ingresos, teniendo una fe fuerte en una presencia divina y la capacidad de lograr a través de la acción diligente, puede traer a la manifestación de los objetivos deseados. Los medios hábiles son la transpiración, la acción diligente y la voluntad de aplicar un pensamiento claro y un comportamiento ético y moral para manifestar el ideal en la propia vida.

Los medios hábiles se desarrollan a través de la generación de la mente altruista, afirmando que serás la mejor persona que puedas ser para beneficiarte a ti mismo, a tu familia y a todas las relaciones. A continuación, se reúnen las enseñanzas para aclarar los hábitos mentales oscuros. El primer paso es cultivar el habla y el pensamiento positivos, llevando la mente a la estabilidad mediante la contemplación de la respiración y el poder de la fe actualizado como oración y meditación. En la oración se activa la fuerza del sonido sagrado, la palabra creadora, reconociendo la generosidad ya recibida y afirmando que se recibirá más para beneficio de todas tus relaciones. La afirmación es un medio hábil para transformar la energía, y comienza con la eliminación de las afirmaciones negativas sobre uno mismo y los demás. Una afirmación negativa congela a uno en el tiempo y en el espacio sin lugar para la armonización. Por ejemplo, cuando los tsalagi conocieron a los colonos, el término utilizado para describirlos fue "actúa como un hombre mezquino" - "actúa como" en lugar de "es", para no congelarlos en el carácter de la mezquindad, dejando espacio para que se manifieste la perfección esencial.

Así, el fuego de la actualización se alimenta de la madera de la forma ideal, la madera de los medios hábiles (la comprensión de que las acciones particulares traen resultados particulares), la madera de la devoción al bien, la madera que transforma las ilusiones de obstrucción, la madera de la armonía planetaria y la madera de la mente universal que percibe los cielos y la Tierra y el Misterio de la creación manifestado en todo.

Afirmación

Para manifestarse plenamente, una afirmación tiene que ser inequívoca, una declaración simple y clara de las propias intenciones. Para que una afirmación sea clara, primero hay que dar las gracias por tener una vida humana y la capacidad incluso de plantearse una acción iluminada.

Luego, en el santuario de la mente, uno evalúa las habilidades de este tiempo y considera las metas y objetivos a lograr –en tres días, tres meses, tres años, la vida de uno– para el beneficio de la familia, el clan, la nación, el planeta y las generaciones futuras. La afirmación permite que el potencial no manifestado se convierta en realidad a través de los siguientes medios:

1. Reconoce el principio creativo que hay en ti. Mírate en el espejo y salúdate: "Hola, ¿cómo estás?" Afirma: "Estoy vivo, estoy agradecido y voy a realizar este día, en mi beneficio, de mi familia y de todos los seres, estas tres cosas concretas...". Repite la afirmación tres veces. Puedes decir: "En este día responderé con compasión a cualquier enfado o frustración", o "En este día escucharé sin interrumpir". Se afirma muy claramente un objetivo de relación clara.
2. Afirma: "Realizaré mis dones creativos", repitiendo esta afirmación también tres veces. Y visualice mentalmente la realización de tales tareas. Por ejemplo, si desea tener una mejor relación con sus compañeros de trabajo, visualícese a usted y a sus compañeros sentados en círculo, rodeados de luz rosa, hablando de corazón a corazón y realizando grandes obras. Es importante creer en sus palabras y cultivar la fe en que manifestará sus dones sagrados en esta vida. Otro ejemplo: Supongamos que eres adicto al tabaco, al alcohol, al café o a los alimentos malsanos. El primer paso es reconocer que esto es algo que dejará de lado. Luego afirma: "Estoy libre del apego a –" repitiéndolo tres veces. Y visualízate rodeado de luz, feliz, sano, activo, libre de apego, esos objetos de deseo o apego ya no están presentes en tu vida, en tu corriente mental.

Actualizar es manifestar el ideal a través de la práctica sagrada, la gran diligencia, la perseverancia y la transpiración. Actualizar es hacer realidad una visión de paz para el pueblo y la tierra. Es el acontecer y el hacer. Llevas tu mente a la estabilidad mediante el agradecimiento, la oración y la meditación. La realización de tu idea –ya sea la idea de liberarte del consumo de bebidas alcohólicas o de construir tu hogar– se hace evidente cuando dejas de lado aquello a lo que estabas apegado o comienzas a crear diseños para tu nuevo hogar. Este es el despertar de la energía clara para que surjan tus objetivos visualizados y tu potencial creativo. Otro ejemplo: Esperabas, rezabas para que tus relaciones familiares fueran más claras. Tu visión de armonía familiar, magnetizada por tu oración, tu afirmación y tu acción para generar paz, se manifiesta como una reunión familiar libre de patrones negativos previos. A través del proceso de magnetizar y actualizar lo que es beneficioso para todos, los patrones que han oscurecido la claridad de pensamiento y relación se vuelven cada vez menos fijas, se vuelven más transparentes hasta que finalmente se dispersan. La actualización es el bello resultado derivado de los hábiles medios del tercer fuego sagrado.

La voluntad es el neutrón, la compasión el protón, y la energía de la actualización los electrones del anillo exterior, la sabiduría que triunfa, uniéndose en buenas relaciones. En tu vida, la clara intención de manifestar tus dones sagrados, de hacer surgir tu potencial creativo y establecer buenas relaciones, es el neutrón de la voluntad. Así que aquí estamos, tejiendo patrones en un sueño.

Rueda medicinal, mandala.
La mente clara como un espejo
Deja que el aro sagrado
sea renovado en este tiempo.

El calendario ceremonial tsalagi se basa en el calendario maya (comúnmente llamado “azteca”), en el que las medidas del tiempo se relacionan con los movimientos de Venus, Marte, el sistema estelar de las Pléyades y Sirio.

El *Elo afirma* que el calendario fue llevado desde la tierra que cayó bajo el mar. Las fórmulas matemáticas derivadas de la comprensión mística del cero, y las relaciones de las estrellas fueron vistas como un camino para que todos los pueblos realizaran la clara luz de la sabiduría. Las matemáticas fueron traídas a la Tierra desde las Pléyades con la oleada de seres estelares que son antepasados de todos los Tsalagi.

En este calendario sagrado, un "mundo" consta de 22 períodos de 52 años cada uno. En cada mundo hay nueve infiernos, tiempos de oscurecimiento del fuego de la sabiduría, y trece cielos, tiempos en los que florecen el pensamiento y la acción iluminados en beneficio de todos los seres. Cada ciclo completo, o mundo, equivale a 1.144 años, y 25 mundos –28.600 años– forman una era. Estamos viviendo en el Quinto Mundo y entrando en el Sexto, el comienzo de una nueva era.

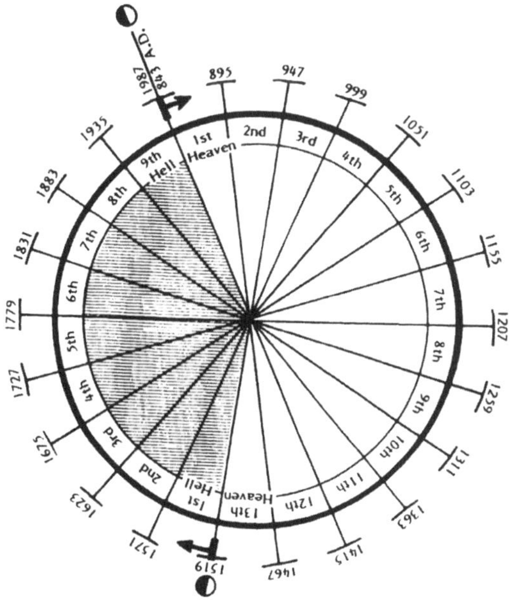

El Primer Cielo nos brinda una nueva oportunidad para comprender la Tierra como un ser vivo y desarrollar sistemas de transformación de residuos en lugar de aumentar los contaminantes. En la enseñanza Tsalagi del círculo, la enseñanza de la Rueda Medicinal, vemos la imagen de un oso danzando sobre el miedo y la ignorancia, reciclando incluso la muerte, los venenos de la invención inadecuada, haciendo surgir aquello que beneficia a la vida. Este libro que tienes en tus manos empezó como una idea. La idea de inventos constructivos y no contaminantes emerge en el seno de una mente estable y se materializa mediante la acción cooperativa de quienes se consideran antepasados de generaciones aún no nacidas. Los inventos nacidos del flujo creativo de la energía madre-padre, avivados por la inspiración de la fe, son dones que sirven al pueblo en lugar de esclavizarlo.

Cada ser humano está compuesto por elementos de la madre y el padre. Incluso la perfección de "lo que no se puede explicar" existe en su interior. Esa maravillosa perfección surge como aprecio gozoso por todos los seres e inteligencia creativa para beneficiar a todos, cuando la madre y el padre se realizan dentro de tu corazón: la comprensión de la madre, sin palabras, abarcadora y la habilidad del padre para hacer lo que hay que hacer, esta danza juguetona que despliega el enigma de tu vida.

De la Tierra surge la energía, que se alimenta a través del ombligo; la visión del cielo desciende en espiral por la parte superior de la cabeza. El Cielo y la Tierra se encuentran en el corazón, liberando la elección y la voz para hacer; uno mismo, el círculo que contiene todas las posibilidades; el flujo hacia la Tierra, la intención; el flujo hacia el Cielo, la energía para hacer. De Este a Oeste fluyen los vientos de la inspiración, llevando la alegría, haciendo evidente el don de uno para ser compartido. De Oeste a Este, está el viento que se lleva lo que ya no es necesario agita su varita de luz. La visión se realiza a través de la cruz. Los cuartos del círculo definen la inmensidad, dando forma a la forma, arriba y abajo, Este y Oeste.

La esvástica y la cruz son símbolos ancestrales de la manifestación de la energía. Los mismos principios de formación del mundo se aplican a la vida humana. Recibe la fuerza vital del cielo y de la Tierra. Desprende compasión desde tu corazón. Observa que todos los seres humanos son parientes en este sueño. La sangre y la linfa se bombean a través del cuerpo como las mareas son impulsadas por la luna. Los pensamientos transpiran como los relámpagos danzan a lo largo de las crestas de las montañas. La creación es un proceso continuo y tus pensamientos traen vientos de cambio.

Sin la voz de los cristales que recubre los finos pelos de nuestros oídos ni siquiera oiríamos las voces de los demás. El cristal es un amplificador de esa voz siempre presente de la creación interior. En nuestro mundo de inventos los cristales de las radios han estado amplificando el deseo, diciendo: "Compra esto, compra aquello". En realidad, el cristal canta: "Plantemos las semillas de la paz, dejemos a un lado la mente de separación". Es esa sutil vibración la que ha agitado los corazones de tantas personas hacia una resolución pacífica. Los cristales enterrados en las profundidades de la Tierra entonan la canción de nuestra armonía planetaria.

En la luz del cristal hay dos flujos: la energía del padre en espiral hacia arriba y la energía de la madre expandiéndose hacia fuera. Todas las cosas de este universo se mantienen unidas por estos flujos sagrados. Sin el flujo de la madre y el padre, sin la simetría sagrada de las espirales de ADN dentro de nuestros cuerpos, no estaríamos en esta Tierra. Aquí tenemos la bendición de la vida. Nos corresponde a nosotros actuar correctamente, reconocer la verdad como una corriente y realizar la sabiduría como una voz dentro de cada uno de nosotros.

Todo está en relación. Llega a la paz en tu propia naturaleza con el flujo de la madre-padre y acepta el regalo de la vida. La Tierra se encuentra en una etapa transitoria de crecimiento mental. En el pasado mirábamos a nuestros mayores, nuestros ministros, para comunicar y mantener la forma de paz planetaria. En esta época nos corresponde a cada uno de nosotros mantener la forma. ¿Qué es mantener la forma de la unidad planetaria? Es cantar una canción de resolución, reconociendo los objetivos humanos comunes: agua limpia para beber, alimentos abundantes para la familia y buenos vecinos.

¿Cómo damos vueltas a esta rueda de la vida? Comenzamos con la voluntad de ser, afirmada en el primer aliento. Cuando el bebé nace, ya es consciente de que tiene un don especial: cuando sonríe, todo el mundo responde. En la voluntad de estar presentes ponemos en marcha muchas causas, muchos campos. Tenemos muchos futuros posibles, y elegimos en el camino el que será nuestra vida. Es nuestra elección. Muy a menudo oímos una idea confusa del "karma": que en esta vida podemos sufrir y en otra obtener los beneficios. En *este momento* recibimos beneficios y, en *este momento,* si cerramos nuestro corazón a la generosidad de la alegría, percibiremos sufrimiento. Es una elección sencilla: sintonizar con el flujo sagrado de la vida, reconocer en nuestra sintonía que la vida es un proceso de cambio y que cada uno de nosotros puede traer la paz a este mundo haciendo primero las paces en nuestro interior. Si exploramos nuestra propia consciencia, volvemos al fuego sagrado de la mente clara y a la consciencia de que la sabiduría es una corriente, siempre lavándose, siempre renovándose. La chispa inherente de la mente clara nunca se mancha. Los pensamientos y las acciones pueden ser impuros, pero el principio creativo de la vida es siempre sagrado.

La enfermedad es una ilusión. Que seamos naciones y pueblos separados también es una ilusión que espera ser desentrañada, porque ciertamente bebemos las mismas aguas, respiramos el mismo aire. A través de las fibras de nuestro pensamiento, a través de nuestros procesos de pensamiento, estamos tejiendo nuestra realidad. Cada uno de nosotros contribuye al mañana con su pensamiento, palabra y obra. Llegar a la paz con nosotros mismos, perdonar a nuestros familiares y a nosotros mismos por lo que debería haber sido, por lo que podría haber sido, y aceptar lo que somos, es un paso fundamental en el Camino de la Belleza. Desechar los patrones de apego y expectativas nos permite actuar en el ahora. Una vez que damos ese paso, caminamos siempre por la senda de la belleza.

Ver que nuestras acciones y esperanzas están dando forma al mañana es una práctica espiritual. Cuando era joven, los ancianos me visitaban en sueños y me pedían que hiciera determinadas tareas. La imaginación crea un mundo de sueños. Antes de irte a dormir, decide y afirma: "Recordaré todo lo que experimente en el sueño". Esto comienza a hacer más firmes los hilos de comunión de la mente individual y la mente que todos compartimos. Palabras sencillas, una afirmación: "Reconozco ese sagrado fluir de la vida e incluso mientras mi cuerpo descansa escucharé y entonaré la canción de la belleza, para que mis palabras sean siempre verdaderas y pueda responder a la sabiduría inherente de la gente". Así nos damos cuenta de que los pensamientos semilla de paz se manifiestan como buena voluntad en nuestras vidas.

Quienes trabajan en la tradición de la sanación pueden encontrarse con personas cuyos cuerpos expresan externamente la enfermedad. Corresponde al sanador mantener la forma de facilidad y equilibrio, buscando profundamente en su interior la perfección de la persona. ¿Cómo vemos? Con el corazón, con el ojo interior. A menudo, en nuestra juventud, escuchamos la voz de un compañero de juegos imaginario o la voz del viento. Es posible que en el proceso de educación hayamos prestado cada vez menos atención a esa sensación sutil y gozosa, hasta que se convirtió en un secreto oculto incluso para nosotros mismos. Ahora, como adultos, tenemos la oportunidad de explorar la sabiduría del niño que llevamos dentro, de mirar profundamente en nuestro interior, de escuchar la voz de la verdad dentro de nuestro corazón.

Vigilia

Para escuchar la voz de la sabiduría, primero hay que estabilizar la mente. En la tradición Tsalagi, el desarrollo de la estabilidad mental se denomina vigilia. La vigilia comienza cuando uno observa los fuegos danzantes durante un periodo de tiempo determinado, normalmente al aire libre. Se puede ayunar o tomar baños purificadores antes de reunir las siete maderas sagradas para encender el fuego. A continuación, se hace una ofrenda de *tsalu* (tabaco) al fuego y se dedica el esfuerzo de la vigilia a ayudar a todas las criaturas, ya caminen, se arrastren, naden o vuelen. Se da gracias por la oportunidad de vivir y se "pide visión" del propósito de la vida y de los medios para ayudar a la gente. La familia, el clan, los compañeros de trabajo y la nación se incluyen en el círculo de aquellos a los que benefician nuestras acciones. El proceso de mantener el fuego a pesar de los cambios climáticos requiere y desarrolla la determinación para tener éxito. Las actitudes perezosas se vuelven transparentes a nuestra vista, lo que permite la transformación. A medida que se establece un ritmo, el fuego arde con facilidad, lo que permite a la persona vigilante centrar la mente en las llamas. Muchas imágenes pueden surgir de la mente mientras uno se sienta y observa.

El fuego es una puerta a la sabiduría. Observando, uno puede ver más claramente los patrones de pensamiento que obstaculizan el éxito de las buenas relaciones. A medida que surgen pensamientos de arrogancia y miedo, como un tejedor uno tira de esos hilos de discordia y sustituye la arrogancia por la humildad. Observa lo pequeños que son los conceptos de uno mismo en relación con la inmensidad del cielo. Sustituye el miedo al éxito, el miedo a la vida, por el valor comprometido de triunfar en beneficio de los que amas. Si el amor no es evidente, cultiva el aprecio por el don de la vida. La mayor riqueza es la de las buenas relaciones con la familia, los amigos y los vecinos. Si dudas del amor, cultiva el amor por el niño que llevas dentro. De este modo se empieza a curar la ilusión de la separación.

No podemos vivir los unos sin los otros, y es muy difícil vivir sin amarse a uno mismo y a los demás. El primer paso en la curación planetaria es caminar hacia la belleza en el *thee* –para ver la belleza en tu propio corazón–, para perdonar esas ideas y corregir esas formas de pensamiento que oscurecen el verdadero fuego de la sabiduría en tu mente. ¿Cómo cambiar un pensamiento? ¿Cómo eliminar un conflicto de tu propio corazón? Siéntate un rato y observa. A esto lo llamamos la búsqueda de la visión. Podemos sentarnos durante muchos días, el tiempo que haga falta para que esa paz vuelva a nuestros corazones.

¿Cómo apartar la mente oscurecida, el reino de la duda, para que podamos recordar perfectamente la belleza de la creación? Dando gracias. Las oraciones tsalagi no piden nada, sino que dan gracias por lo que es. Vivimos, respiramos. Los desafíos de la enfermedad, la separación de los seres queridos, la frustración en el trabajo, son oportunidades para quemar los patrones mentales que oscurecen la belleza del fuego de la sabiduría. Así, el sol naciente es motivo suficiente para dar gracias porque ha llegado otro día. Veamos la belleza en nosotros mismos y en los demás. Cuando nos encontremos, mirémonos a los ojos, escuchemos el latido de nuestros corazones, hablemos lo mejor de nosotros mismos y de los demás, sepamos que todos estamos en proceso.

Podemos ver lo que hay que mejorar y estar dispuestos a hacer esos cambios. La idea de debilidad es una ilusión, la idea de que uno "no puede" es una ilusión. Juntos hemos tejido este sueño; juntos lo llevaremos a una resolución armoniosa. Intrínsecamente todo está bien, sólo oculto por el polvo de la ignorancia. Dejemos a un lado las fronteras de casta y clase y reconozcamos que todos somos seres humanos, y si queremos seguir siéndolo, debemos poner en común nuestras mentes y convertir nuestras invenciones en algo útil. Cuando consideremos una acción, que sea considerada por siete generaciones. Consideremos lo que significa si hablo con dureza o con suavidad en este momento. Pensemos en lo que significan nuestras palabras para todos aquellos con quienes nos cruzamos, porque las palabras tejen el mañana. Cuando sales molesto de casa para ir a tu trabajo, ese día se alteran tus relaciones con otras personas. Cuando reconoces tu hogar como un santuario y has hecho un lugar especial dentro de él para hacer oraciones de agradecimiento, entonces lo que encuentres fuera puede distraerte por un momento, pero siempre puedes volver de nuevo a la comprensión pacífica.

Está en el poder de los seres humanos hacer que los arroyos, los ríos, los océanos vuelvan a ser puros; está en el poder de nuestros corazones renovar este mismo planeta. La idea de naciones en guerra puede dejarse de lado si aceptamos el don de la vida como amor y sabemos que somos dignos de él. El cuerpo que se nos ha dado es una gran recompensa. Hemos venido del mar del Misterio para explorar las muchas facetas de ese Misterio, y todos regresamos a ese mar como el salmón regresa a su lugar de nacimiento. Cada uno de nosotros llevará consigo un gran mensaje: "Esto aprendí en la vida, esto aprendí en la Tierra: que cuando nos encontramos unos con otros debemos encontrarnos como amigos y parientes". Estos son mensajes que se llevan en la corriente de la mente, dando frutos en tiempos futuros. Uno puede experimentar la separación mientras está en la corriente de la vida. El río, al fluir sobre las rocas, puede ser salpicado y rociado, pero sigue siendo el río, volviendo al mar. Lo mismo ocurre con nosotros.

Somos los hijos de la luz, somos la voz de la creación, exclamada cuando el sonido se convirtió en luz. Hemos venido aquí a través de la ilusión de separación para explorar todas las maravillas de esta creación. A medida que exploramos nos reconocemos como cocreadores en este universo, nuestros pensamientos y acciones dan forma al mañana. Vemos dentro de nuestros corazones una corriente de sabiduría siempre consciente de la acción correcta.

La acción correcta es la que alivia el sufrimiento, no causa daño y no inspira a los demás un cuidado generoso. La acción correcta permite honrar el fuego de la mente clara con los demás sin necesidad de percibir a uno por encima o por debajo, más o menos que otro. La acción correcta percibe los ciclos de las relaciones y crea orden dentro de la propia mente, poniendo en marcha una acción disciplinada libre del deseo de dominar o ser dominado. La mente dedicada a la acción correcta percibe que somos los antepasados de los que aún no han nacido y considera los efectos del pensamiento, la palabra y la acción hasta siete generaciones: cada momento es un momento sagrado, preñado del mañana. Es mejor hablar con amabilidad, actuar con cuidado, no sea que tu mañana se llene de miedo.

Práctica espiritual

Es nuestro deber espiritual rezar por la mañana, rezar por la tarde, reunir a la gente con alegría, comer juntos, juntos ser personas felices. Muchos de nosotros hicimos estas cosas en el pasado. Podemos recordar cómo en nuestros años de crecimiento, cuando nuestros vecinos necesitaban ayuda, estábamos allí. Ahora estamos demasiado ocupados. Hemos olvidado que los inventos son creaciones de nuestra propia mente y han empezado a engullir cada uno de nuestros momentos. Debemos ser disciplinados y decir de nuevo: “Estas máquinas han salido de nuestras mentes; dirijámoslas con pensamiento claro". Examinemos con mucho cuidado la sabiduría del día y alimentemos aquellas ideas e invenciones cuyas raíces estén profundamente arraigadas en el suelo de la armonía. Recordemos que lo que cada uno de nosotros hace dará la vuelta a la rueda sagrada y nos tocará de nuevo. Como el guijarro en el arroyo hace muchas ondas, así hace cada palabra y pensamiento que mantenemos en nuestras mentes.

Este es el poder de la voz: afirmar que habrá paz. Mantengamos el pensamiento de la totalidad de nuestro planeta, honremos a los niños, a la generación futura. Así es como hacemos la paz. Cuando observamos a nuestro alrededor los acontecimientos del mundo, vemos que suceden muchas cosas que estimulan el miedo, el pensamiento de "ellos" y "nosotros". Pero no hay "ellos". Estamos todos juntos. Lo que sucede en el norte, lo que sucede en el sur, es sucediendo en cada uno de nosotros. En el Este sale el sol y me doy cuenta: "Yo soy el que soy. Soy un ser humano con un don, soy un ser humano con un propósito". El don puede estar oculto, pero se hará evidente. Ser amigo de una persona, inspirar claridad a un corazón, eso es un don especial. Con demasiada frecuencia podemos pensar que el don es otra cosa, algo que debemos obtener de fuera. El don está en cada uno de nosotros para darlo. Primero nos alineamos con la perfección en nosotros mismos, poniendo la mente, el cuerpo y las emociones en armonía con el principio creativo de la vida. Podemos hacerlo de muchas maneras, a través de la introspección, haciendo algo con nuestras manos, a través de la acción comunitaria. Cultivamos el pensamiento pacífico, y pronto reaccionamos cada vez menos a la idea forma de conflicto. Entonces surge la conciencia de que todos somos parientes en la Tierra.

Por la mañana canto una sencilla canción de agradecimiento, como me enseñaron mis abuelos. Canto para todos mis parientes, todos los que viven y respiran, incluso las piedras, pues los cristales están vivos y crecen igual que nosotros. A través de nuestra experiencia con la vida, a través de nuestras interacciones con los demás, aprendemos a dejar a un lado la ira, aprendemos formas de comunión, encontramos formas de resolución. La sagrada espiral de luz une a todos los seres. Mis abuelos decían: "Recuerda que vienes del lugar de las Siete Bailarinas, el sistema estelar de las Pléyades; de ahí viene nuestra nación". Así que, visualizando siete estrellas sobre mi cabeza y percibiendo los tres fuegos sagrados en lo más profundo de mi columna vertebral, me siento y escucho mientras cantan una canción muy sencilla. Que recuerde esa espiral sagrada de luz, Asga Ya Galunlati, Gran Espíritu que nos une a todos. A través de todas nuestras culturas, de todas nuestras religiones, hay un hilo, hay un árbol. Percibamos ese gran árbol, reconozcamos esa clara luz de la razón, el fuego de la sabiduría a través del cual todos podemos rastrear nuestras raíces hasta el Gran Árbol de la Paz.

De niña, ese fue un primer paso en el Camino de la Belleza. El mero hecho de aprender a cantar una canción matutina de agradecimiento, y sentarme en silencio y darme cuenta de que realmente hay luz moviéndose a través de este cuerpo, hizo que las palabras de mis abuelos cobraran más sentido en mi corazón. Comprendí que realmente hay luz moviéndose por cada uno de nuestros cuerpos mientras respiramos: tenemos mente, y ésta se transporta en la respiración. Entonces surgió otra pregunta al reconocer la luz: "¿Afecta realmente la mente a las plantas, a los cultivos, al medio ambiente? ¿Seré como mis antepasados, llamando a lo que se necesita sólo con una oración en el corazón?". Se plantó la semilla de que muchos entonarían una canción de paz y abundancia como hicieron los ancianos. Para los estándares de la vida en estos días parecería una vida pobre la que llevaban. Si querían agua, salían y la bombeaban; si querían mantequilla, la batían. Era bueno. Muchos de nosotros estamos buscando de nuevo formas sencillas de vivir, formas dignas que no nos esclavicen al trabajo asalariado para pagar cosas que realmente no necesitamos, haciéndonos cada vez más dependientes de una tecnología que contamina la Tierra. Está bien cortar nuestra propia leña, está bien hacer una hoguera al aire libre. Vivir sencillamente es ver sin ataduras. Nuestro estatus, nuestra posición, no está determinada por el trabajo que hacemos fuera, sino por el trabajo de nuestros corazones y por cómo ayudamos a los demás. El esfuerzo por reconocer y decir la verdad es el mayor trabajo que cualquiera de nosotros puede hacer. Es darnos cuenta del poder de nuestra mente clara y sacar lo mejor de todas las personas con las que caminamos por el sendero de la vida. Este es un regalo de dar y recibir. Entonces el corazón de uno siente que estallará con una sensación de amor y aprecio, libre de miedos confinantes.

Dedica tiempo a rezar con tus hijos por la mañana. Tiene mucho más poder para tu familia y tu planeta que todo tu ajetreado trabajo. El poder de nuestras voces sintonizadas con la acción correcta y la voluntad de hablar y vivir correctamente y de mantener nuestros corazones en un equilibrio gozoso: este es el camino de la armonía. Cada uno de nosotros busca la unión con la sabiduría sagrada. Comunión, comunicación, comunidad, palabras que llaman desde el anhelo de nuestros corazones al deseo de que permanezcamos juntos alrededor del círculo sagrado, de que honremos la verdad en nosotros mismos y en todas nuestras relaciones.

Diez Piedras Sagradas

Como ayuda pedagógica, mi bisabuelo Eli Ywahoo dibujaba un triángulo en el suelo y colocaba diez piedras en su interior. Decía: "El cuarzo es la voluntad. Esto nos recuerda el flujo sagrado. Esas piedras rojas, el coral petrificado, son para recordarte la sabiduría del amor. El amarillo del topacio es para recordarte la mente bien afinada, para que puedas hacer surgir activamente con tu pensamiento lo que es bueno para todas las personas en este momento y en las generaciones futuras." Estas son las piedras del triángulo sagrado, las tres llamas de la mente más pura.

A medida que ese triángulo se hace fuerte, reconoces la energía sagrada del cuadrado, y empiezas a echar raíces para un lugar sagrado para que la gente se reúna como familia y como amigos. La piedra que te recordará esto es el jaspe, jaspe amarillo y naranja. Esta piedra elimina la hinchazón y el dolor del cuerpo y nos recuerda que nuestro sentimiento de estar separados de la fuente de toda la naturaleza se supera en nuestra correcta relación con la familia y los amigos.

La quinta piedra es verde, jadeíta o esmeralda. Es la piedra a través de la cual logras el equilibrio desde el reino de la forma ideal hasta el momento presente. A través del conocimiento, a través de la práctica, encontrarás las medicinas que mejor fortalecen a las personas. La quinta piedra representa la práctica.

El cuarzo rosa es la sexta piedra, que muestra el corazón abierto, el corazón que da y recibe. Con el tiempo, la gente recordará el poder sagrado de esa piedra para fortalecer el corazón que ha sido vencido por el dolor. (Las medicinas se elaboran con estas piedras de forma cuidadosa, algunas preparaciones tardan doce años en completarse).

Mirar para descubrir la gran belleza hace evidentes los oscurecimientos. Es entonces cuando invocas la energía de la séptima piedra, la amatista, piedra de la transformación. Ese sutil cuarzo púrpura acelera muy rápidamente el proceso de transformación en nosotros mismos, y lo que era un obstáculo se convierte en el corazón del fuego de la sabiduría.

Mirando en nuestro interior, invocamos la sabiduría nacarada de la octava piedra, la simple perla del agua dulce, para que nos recuerde nuestra perfección y nuestras múltiples capas, y la luz que siempre se refleja. Tenemos un reconocimiento, un recuerdo de la luz de la que brotamos, y un respeto por todo dentro del sueño de la Tierra. A medida que recordamos más y más la luz y nos vemos unos a otros en interacción como co-creadores, entonces llegamos a la sabiduría del ópalo. El ópalo es la novena piedra, una piedra de la mente universal, el fuego despierto de la mente que precipita los pensamientos que revelan la acción iluminada. Una puerta puede abrirse en nuestra naturaleza a medida que nuestra aura refleja esa luz opalescente.

Y la décima piedra, se está formando dentro de cada uno de nosotros. Es algo así como el lapislázuli, pero translúcido. Es nuestra voluntad alineada con la voluntad del Creador y el propósito de este planeta la que manifestará esta piedra en la Tierra. La Tierra siempre está produciendo nuevos elementos, que salen a la superficie a medida que transmutamos y transformamos. Esta piedra del conocimiento se desplegará en nuestros corazones como una flor del conocimiento. Debemos invocar la belleza. Debemos reconocer que la Tierra misma es portadora de la forma y que todos compartimos la mente de ese ser. Podríamos decir que este es nuestro jardín planetario, y dentro de este jardín desarrollamos una mente planetaria.

Diez piedras sagradas, diez espejos del fuego de la sabiduría interior.

Hay un mensaje en estas piedras, hay un mensaje en nuestros corazones. La simetría de estas estructuras cristalinas apunta a la simetría de este universo. Como en la música, todo en la creación está en movimiento, y su flujo es una canción de júbilo. Ahora estamos en el proceso de cambiar de una clave a otra. La gente está despertando ahora a la canción de la alegría inherente, a la apreciación de la vida, reconociendo que en este momento la canción puede resonar plenamente. El sonido del pensamiento humano y la danza del planeta están cambiando. Estamos entrando en la tonalidad de Re, la única tonalidad que es recíproca de sí misma, que vuelve sobre sí misma. Es una nota sintonizada con la voluntad sagrada, y gira siempre alrededor del círculo sagrado. Muchas de las canciones que has aprendido en las iglesias y en las ceremonias sagradas están en la tonalidad de Re. Está fortaleciendo en ti la voluntad de hacer el bien.

En estos tiempos el cristal es el eje de nuestra rueda de comunicaciones, amplificando muchos pensamientos, alimentando el deseo, llamando a la acción. Los cristales activan los "botones" de los sistemas de armamento, y los sonidos del deseo se amplifican a través de los anuncios que cantan: "Compra esto, necesitas aquello". Y, sin embargo, son las redes de cristales las que hacen evidente la difícil situación de nuestro vecino al otro lado del mundo, el canto de los cristales en la radio y la televisión las que transmiten que todos los humanos compartimos las mismas preocupaciones, el mismo planeta. Destrucción o paz: tú eliges qué mensaje se amplifica. Reconoce los pensamientos que surgen en tu mente. Elimina los pensamientos de codicia e ira del jardín de tu mente. Cultiva lo que es beneficioso y generoso. El corazón de cristal de la Tierra canta: "Ayúdame a renovar las olas y la atmósfera". Puedes ayudar purificando tu pensamiento, palabra y obra.

El cristal es un ser vivo, que vibra más rápido que la velocidad de la luz. No es un sólido; es sonido, éter, concretizado. El cristal es un ser consciente que ha adoptado una forma particular para hacer resonar el sonido básico de la creación. El cristal de cuarzo transparente es uno de los misterios más profundos de la práctica del pueblo Tsalagi. Con el cuarzo se camina en todas las dimensiones. También es una clave para la curación, amplificando el tono adecuado para que el cuerpo pueda realizar su resonancia con el sonido de la creación.

MEDITACIÓN CON CRISTALES

En un lugar tranquilo, siéntate con un cristal de cuarzo amigo transparente. Puedes hacer un sencillo altar con el cristal en el centro, una vela delante y cuencos con agua fresca y harina de maíz a ambos lados, que sean recordatorios de la pureza y generosidad de tu mente natural. Con una ofrenda de humo e incienso, dedica tus oraciones por el bien de la Tierra y de todos los seres. Sentado de forma relajada sobre un cojín (o en una silla con ambos pies en el suelo), con la columna vertebral erguida, respirando plena y naturalmente, invoca la luz cristalina de la mente pura para que te infunda a ti y a todos los seres un claro conocimiento de la totalidad y el propósito y para que irradie por todo el planeta la hermosa luz de la paz. Lee, salmodia o canta esta meditación en voz alta y luego medita en silencio.

El cristal de cuarzo claro emite un sonido de cuarzo claro.
Las dimensiones se encuentran, los ejes giran.
Ser vivo, pensamiento consciente
Canta una canción de cristal
más rápido que la velocidad de la luz.
Un líquido que se mueve y parece inmóvil,
Dióxido de sílice, matrimonio de formas.

El cristal amplifica
la canción que es.

El cristal es un ser vivo,
un amigo en la Rueda de la Vida.
Siempre cantando la canción sagrada,
mostrarte significa transformarte.

Luz de luna llena, luz de luna nueva,
tiempos de dedicación.
Baila la luz en espiral.
Luz de luna nueva, luz de luna llena,
dedica la piedra sagrada de canto,
dedica tu propósito,
para tener una mente clara.

¿Has oído
el pulso de la Tierra?
Inhala, exhala
Sueños de paz.

Ha, ha, ha
Ho ho ho
[Repite cuatro veces.]

Baila, baila, baila,
la canción de cristal
Esta noche.
Da gracias, da gracias
por el don de la vida.

Ha, ha, ha Ho ho ho
[Repite tres veces.]

Baila la danza sagrada de la espiral,
canta una canción sagrada esta noche.

La energía baila desde el norte
reflejando la sabiduría cristalina interior.
Cara larga de cristal
alineada con el norte,
ahí ves la cara que llevabas
antes, antes,
y siempre.
¡Ho!

Reza para reconocer la energía creativa que se mueve por tu cuerpo mientras cantas y pasas el cristal por el humo del incienso. Canta esta canción especial y siente la espiral de la creación surgiendo y descendiendo por tu cuerpo. Contempla el cristal, acércalo a tu corazón y siente la energía que fluye entre vosotros.

Es bueno colocar el cristal en un lugar especial en casa, un área donde puedas sentarte cada día y ofrecer oraciones e incienso de cedro y observar el proceso de tu propia mente. Aquietar la mente es muy importante, para que puedas conocerte de verdad. Un santuario, un espacio de santuario es un punto de atracción para la energía curativa que necesita el planeta. Cada uno de nosotros que hace un templo en su corazón y en su casa está contribuyendo al bienestar del planeta al generar un campo de ecuanimidad. A la antigua usanza, sobre el altar se colocan estas cosas: maíz; el cristal sagrado; una bolsa con aromas que te resulten agradables, como salvia o rosas secas; un cuenco de agua para recordar la corriente que nos une a todos; y un poco de sal para recordar la bendición de la Tierra. Parece poca cosa, pero si te fijas en tus tradiciones de antaño, cada madre tenía un santuario en el hogar, cada casa tenía su propio santuario especial. Tal vez en este momento tu corazón esté pidiendo una renovación de la tradición sagrada en tu vida familiar. Crea un lugar donde puedas sentarte y escuchar el silencio, donde puedas estudiar las palabras de sabiduría enseñadas en tu familia de origen. Las buenas semillas necesitan un jardín donde crecer.

Cuando estableces una conexión con el cristal, se desarrolla un campo de resonancia, se despierta un ciclo de comunicación entre tu mente y la mente del cristal. Es la energía de la apercepción, que permite percibir, desentrañar y volver a tejer patrones de pensamiento. La luz viaja en ondas y partículas, al igual que la energía de la mente. El cristal de cuarzo es único en el sentido de que recibirá un paquete de energía, y dentro del cristal ese paquete se convertirá en dos. Las células de la red etérica curativa que interpenetra toda forma tienen seis lados, como el cristal de cuarzo. Un paquete de energía que viene a través de tu cuerpo en tu proceso de pensamiento, en tu acción, se mueve alrededor de esta red, y cuando golpea cada esquina del hexágono, también se convierte en dos. Así que el ser humano también es un generador, un amplificador. Nuestro potencial es ilimitado.

El puente del arco iris

Somos el arco iris, cada uno de nosotros. Cuando hablamos de "reconstruir el puente del arco iris", es para volver a poner en armonía los hemisferios izquierdo y derecho del cerebro, para renovar el flujo de nuestra mente intuitiva y la mente que ha aprendido a través de la acción repetida. El cuerpo sabe lo que es bueno para él, sabe que debe inhalar y exhalar. Es nuestro cerebro medio el que supervisa estas funciones. Cuando aceptamos la sabiduría innata de nuestro cerebro medio, integramos la sabiduría de la mente trina, los hemisferios derecho e izquierdo y el sistema límbico funcionando juntos en armonía.

Mi bisabuelo me dijo: "Cuando ves el arco iris es una indicación de que el espíritu santo es fuerte en los cuerpos de la gente como resultado de ceremonias hechas correctamente". Si no hubiera arco iris después de la ceremonia, significaría que, de alguna manera, la conexión entre la izquierda y la derecha, la madre y el padre, la luna y el sol no estaba completa en nosotros. Podemos completarla honrando la belleza de nuestra naturaleza materna si llevamos un cuerpo de hombre y el poder de nuestra naturaleza paterna si llevamos un cuerpo de mujer. Todo lo que somos, cada forma, tiene dentro la energía de la madre y del padre, la semilla del arco iris.

En esta nueva era, en este cambio de claves, somos nosotros quienes determinamos el futuro. A medida que aprendamos a trabajar como familias, como amigos, como grupos, unidos por la ley sagrada, renovaremos este planeta y sus aguas. Los elementos creativos de la vida no se han vuelto impuros. Están oscurecidos por nuestro pensamiento impuro, y nuestro pensamiento puede muy fácilmente hacer la transición. Esta es la pregunta para cada uno de nosotros ahora: ¿Eres uno con la creación? ¿Quieres venir de nuevo a la corriente sagrada? ¿Quieres permanecer en el Camino de la Belleza? Sí o no. No podemos decir "tal vez". Como decía mi abuela: "O estás embarazada o no lo estás". Y cada uno de nosotros está embarazado de un mundo nuevo. Cada uno de nosotros lleva la semilla de una unidad planetaria y de una gran paz que no se ha visto en miles y miles de años. La semilla de esa paz es un niño dentro de todos nosotros.

Para alimentar esa semilla de paz debemos alimentarnos unos a otros. Volver a reunirnos como amigos, sentarnos, rezar, ofrecernos comida unos a otros, de este modo devolvemos algo a la Tierra. En tu ajetreada vida, en las ciudades, puede que te preguntes cómo puedes devolver algo a la Tierra. Recuerda los ríos de energía dentro de tu propio cuerpo. Los meridianos sagrados que transportan la energía sutil a través de tu cuerpo también resuenan con la energía de este planeta. La Tierra también tiene meridianos, flujos de energía sagrados. Algunos de estos lugares los conocemos como lugares sagrados; otros los sentimos por un momento y decimos: "Oh, ¿es éste un punto de energía?". ¿Qué es el flujo sagrado? ¿Cómo lo reconocemos? Alrededor de la Tierra hay una rejilla de rayos a través de la cual fluye la energía luminosa de la inspiración, acelerando la semilla para que crezca la vida, haciendo brotar las aguas de la Tierra. La red de rayos es el sistema nervioso de la Tierra, y nuestros pensamientos afectan a la red de rayos. Nuestros pensamientos, lo que sentimos por nosotros mismos y por los demás, se recogen en la red que rodea el planeta. A medida que avancemos en el proceso de resolución, el último miedo, ese último guardián del umbral, cederá y se manifestará la Gran Paz.

Llenamos cada área en la que vivimos con formas de nuestros pensamientos. A veces un pensamiento se separa y uno se vuelve temeroso. Hace mucho tiempo que decidimos vivir en comunidades para poder reunir fácilmente los alimentos y cuidarnos los unos a los otros. En ese proceso de desarrollo comunitario también desarrollamos la mente territorial. A medida que la tribu se hacía más grande, esta mente territorial a veces sentía escasez. Esa forma de pensamiento de escasez aún perdura en este planeta. Debemos reconocer la abundancia en nuestros corazones para que la última ilusión, esa separación más temerosa de la abundante sabiduría del amor, pueda ser apartada.

Disciplina la mente para que veas lo mejor. La duda es probablemente el mayor azote de la naturaleza humana. Dudar del orden divino de las cosas es negar la dignidad de la humanidad. Un primer paso es mirar hacia dentro y extraer la forma de pensamiento de la duda. Date cuenta de lo que puedes estar seguro: inhalas, exhalas. Nuestras acciones son las semillas del mañana. La mente teje un cuadro, uno de tantos en el gran tapiz de la vida. Inhala, exhala, el sol sale y se pone, de eso no hay duda.

Da y recibirás. Comparte una sonrisa; da limosna y palabras amables. A medida que crece nuestra propia generosidad, descubrimos que nuestra familia recibe lo necesario para seguir creciendo. Comienza en nuestra mente, comienza en nuestro pensamiento. Ten la disciplina de decir cada día: "Me doy cuenta cada vez más de la luz de la sabiduría. Soy luz, cultivo pensamientos de amor y armonía". Algo sucede a tu alrededor. Cuando comiences el proceso de afirmación, todo te pondrá a prueba. Los niños que tan bien se portaban se volverán locos cuando te sientes a meditar; todo el mundo querrá hablar contigo por teléfono. Tú escucha y ama y vuelve a la calma. Con el tiempo, las distracciones disminuirán. Nuestra familia, nuestros amigos, reflejan nuestra vida interior. Si vemos incertidumbre a nuestro alrededor, es para recordarnos que debemos cultivar la certeza. Debemos volver a lo único de lo que podemos estar seguros: el aliento de la vida, que inhalamos y exhalamos. Explorando la respiración y su movimiento a través del cuerpo podemos permanecer centrados cuando suceden muchas cosas a nuestro alrededor que pueden distraernos de la tranquilidad. Podemos estar seguros de esto: vivimos en el presente, en el momento. Nuestros pensamientos se hacen realidad. Si piensas "hambre", comes.

Siempre estamos comunicándonos, de corazón a corazón, de mente a mente. Existe un lenguaje universal que todos los seres comprenden. Incluso estas palabras en la página son sólo una onda portadora para la comunicación más profunda que ocurre dentro de nosotros mismos. Reconocer nuestro propio pensamiento y responsabilizarnos de las formas de pensamiento que creamos, ver lo que proyectamos y lo que recibimos y hacer una elección que discrimine, esto es lo más importante.

Sois los antepasados de los que aún no han nacido. Sois el camino de una gran paz. Que observéis la naturaleza de la mente, cultivéis la generosidad y la alegría, y hagáis realidad la paz en la Tierra. Que reconozcáis el poder de la inteligencia activa integrada con la sabiduría del amor y la siempre presente voluntad de ser, ese bellísimo triángulo de la creación. Cuando uno se sienta y aquieta la mente, se revelan medios sutiles de conocimiento en la mente, en la luz, en las estrellas sobre la cabeza. Hay una forma de saber que atraviesa todos los reinos: estar plenamente presente en el momento, para que lo que está arriba se manifieste abajo. Esa es nuestra elección.

¿Cómo hacer esta elección cuando uno tiene tantas responsabilidades en el mundo? ¿Cómo volver a vivir como seres humanos verdaderamente dignos? Dios también está en el mercado. Todo forma parte del flujo sagrado. Ver nuestro trabajo como una oración y una oportunidad para hacer brotar un destello de verdad es un gran regalo. Saber que incluso el mundo ajetreado es un mundo sagrado es todo un cambio de actitud. Y a medida que pasen los años, quizás el corazón nos diga a muchos de nosotros que es hora de volver a la tierra, o de hacer más fuerte y sagrado el flujo de la vida en cualquier negocio en el que estemos trabajando. Mientras estemos atentos y no reaccionemos a la forma de pensamiento de la limitación, lo que sea que estemos haciendo es sagrado. Ser consciente en el momento, reconociendo el pasado y el futuro en el momento, es estar firmemente arraigado en el ahora. Este es nuestro don y nuestra recompensa como seres humanos: tener la oportunidad de vivir como individuos y compartir la evolución del planeta.

En este tiempo nuestro sol continúa realizando una iniciación de gran significado. Para muchos de los nativos de esta tierra ha significado un gran renacimiento de nuestras danzas solares. El sol que alimenta y sostiene este planeta está pasando por una iniciación que nos abrirá la puerta para comunicarnos con otros en otros mundos a medida que reconocemos el sol de la realidad en nosotros mismos. Así que nuestro proceso de pensamiento y nuestra afirmación de nuestra belleza son importantes para la Tierra y para todo nuestro sistema solar. Los guardianes de las llaves de la logia de Júpiter y otros planetas, los antiguos observadores del cielo indígenas lanzaron una gran canción de angustia, llamando a muchos de los curanderos de la Tierra: "¿Vais a hacer algo con este planeta? El experimento no es muy bueno". Esta conversación comenzó durante la aparición del cometa Schuman Levy y antes de que chocara con Júpiter. Lo que se estaba haciendo aquí en la Tierra estaba contaminando todo el sistema solar. Júpiter estaba molesto porque la ira procedente de la Tierra estaba interfiriendo en el bellísimo flujo de energía entre él y su luna más importante, Iona. La gente se sentaba en kivas, casas e iglesias, rezaba y escuchaba. ¿Cómo mantendrá la gente la forma? ¿Creemos en el futuro de la humanidad? ¿Estamos dispuestos a sostener una forma de pensamiento de paz y bienestar continuado, o tenemos que decir a esos seres que Experimentar la Tierra fue un error?

El movimiento de desarme demuestra que la gente es capaz de invocar la buena medicina. Cultivar la buena naturaleza esencial. Afirma que la paz puede prevalecer a través de la resolución complementaria. Confía en que volveremos como familia humana, como seres de luz, a vivir en armonía. Tú marcas la diferencia. Te pido que, con el poder de tu voz, afirmes la paz en ti mismo y la belleza en los demás. Así es como la hermosa canción de la Tierra alegrará a todo el universo.

Meditación sobre la intención clara

Sentado cómodamente, con la columna vertebral erguida, inspirando, espirando, permite que los pensamientos se ralenticen, que la mente se aquiete. Visualízate rodeado de luz, recibiendo la luz del cielo a través de la coronilla, la energía de la Tierra a través de la base de la columna. Sé consciente de estas dos espirales de luz, una fluyendo hacia arriba, otra fluyendo hacia abajo, bailando en la columna vertebral. Mantén el movimiento interior mientras te sientas. Sintoniza con la fuerza primordial de la vida, la voluntad de ser, la causa de que vivas en este tiempo. Voluntad, nacida del vacío, simbolizada por el huevo o el círculo. Observa la corriente siempre fluyendo de la conciencia, luz que da nacimiento al sonido y a la manifestación. La sintonización con la luz de la mente clara conduce al pensamiento y a la acción en armonía con la voluntad divina, permitiéndonos moldear nuestra vida en una relación correcta con los demás y con nuestro planeta. Observa que en un universo de abundancia no hay escasez. Dedica tu pensamiento y tu acción a la paz. A medida que nuestro sistema solar se mueve hacia una vibración más elevada, los seres humanos tomarán conciencia de la unidad planetaria. Percibe dentro de ti el cordón de plata que te conecta con la mente despierta, la iluminación una semilla dentro de ti esperando su glorioso florecimiento.

Etapa de culminación: La luz se absorbe en tu ser, y una visión de la pacífica Tierra reside en tu corazón. La luz rosa se expande desde tu corazón, alcanzando todos los reinos, con pensamientos de compasión hacia todos los seres. Mantén la ecuanimidad. Entonces la mente se aquieta.

Pasa el día con pensamientos pacíficos, haciendo cosas buenas.

ᏓᎪᏃᎯᏟ

Da go no hi li

Volando en esta dirección

ᏓᏳᎩᏲᎯᏂ

Da yu gi yo hi ni

La luz del día

ᏗᏰᏏᏗᏏᎩ

Di ye(s) i di si gi

Les despierta

ᎦᎷᎩ

Ga? lu gi

Ella viene

ᏬᎭᏟ ᏗᏰᏏᏗᏏᎩ

Wo ha li Di ye si di si gi

El Águila les despierta

3

RENOVACIÓN DEL ARO SAGRADO

Sin fundamento espiritual no puede haber sociedad. Sin práctica espiritual reina la confusión. Incluso la oración más suave envía vibraciones de oración que se mueven por el aire, igual que las cuerdas de la guitarra agitan la canción del piano. Invocar la voz y cantar con alegría y armonía, dejar que la belleza fluya en nuestros corazones, es algo de lo que han hablado todos nuestros mayores, diciéndonos: "Recemos juntos, hagamos cosas juntos". La gente se reúne para rezar no sólo por razones sociales, hay un poder real en las voces unidas. Es el poder de la naturaleza humana que vuelve a tejer la sagrada red de luz, reconociendo a toda la comunidad. Todo lo que vemos es un reflejo de la conciencia y para ver es necesario descorrer los velos de los ojos, apartar las ilusiones que nos limitan en el tiempo y el espacio, las ilusiones que dicen que estamos separados. No estamos separados. Estamos todos juntos. Cuando unimos nuestros corazones en la oración, en el canto, en la danza sagrada, al plantar cosas juntos, estamos devolviendo algo a la Tierra, plantando semillas de buena causa.

Las cualidades de la risa, la alegría y la tristeza y nuestros pensamientos y acciones tejen el tapiz de la vida. La práctica espiritual transforma las ideas de conflicto y desarrolla la percepción de nosotros mismos y del universo como energías, tonos, aspectos complementarios que buscan el equilibrio y la resolución. Hay una canción que surge en nuestros corazones como comunidad de seres humanos que comparten y cocrean un entorno. La canción es de paz planetaria, de cooperación planetaria. Nos llama a cada uno de nosotros a transformar las emociones conflictivas, a revelar la beatitud inherente. Habla lo mejor de ti mismo y de los demás, reconoce el proceso y el cambio, y afirma el poder curativo del pensamiento pacífico. Mantén la forma de la paz. Date cuenta de que nuestro pensamiento y nuestra acción dan forma al mañana. Cada uno contribuye al resultado de una resolución pacífica. Nuestros corazones y el corazón de la Tierra son uno.

Las ideas flotan en la atmósfera, se convierten en tendencias. Las ideas de "compra esto, compra aquello" flotan como anuncios en las olas de la era de los medios de comunicación. Tales pensamientos alimentan patrones de conducta y sistemas de creencias culturales como "Esto es bueno" o "Más es mejor". Uno elige con cuál de las tendencias fluye. ¿Seguirás la tendencia de la "salud holística" y te convertirás en sanador? ¿Fluirá con la tendencia del "M.B.A." y se convertirá en banquero? Cada persona debe elegir cuidadosamente su respuesta a las expectativas culturales. La ola mediática puede propugnar: "estar delgado está de moda", mientras tus genes cantan: "quienes tienen curvas sobreviven". El practicante sabio elige actualizar aquellos pensamientos que aclaran y ennoblecen todas nuestras relaciones. A medida que las melodías de la vida se enhebran a través de nuestras acciones, cada persona va tejiendo el tapiz que se convertirá en nuestro mañana. Afirma los sonidos y los sobretonos en una resolución armoniosa.

Los patrones de pensamiento habituales se convierten en tu realidad. Aunque los pensamientos se expresen internamente, no dejan de crear una fuerza que busca fructificar. Las oraciones y los mantras sagrados domestican la mente sustituyendo los patrones de pensamiento destructivos o limitantes por otros que apaciguan los rasgos negativos y afirman el bien inherente. Quien piensa constantemente "no puedo", en realidad está cantando el mantra del fracaso. Quien domestica la mente con un mantra de oración –como las oraciones para ayudar a su familia y a la Tierra– crea una nueva realidad. Así, la luz de la comprensión clara transforma los patrones de conflicto, mediante el desarrollo de la ecuanimidad, la no reacción ante esto o aquello, ya que la reacción crea una carga de atracción y repulsión, ondas en el tranquilo estanque de la mente. Saber que todas nuestras relaciones son aspectos de la mente y que nuestros pensamientos siempre están contribuyendo a las formas que nos rodean. Dentro de cada ser está la semilla de la unidad plena de nuestra familia; la apertura de esa gran flor de la sabiduría del corazón es un momento de capitulación en la inmensidad de la mente. Cuando afirmamos el amor y el perdón como una corriente dentro de nuestros corazones, liberamos en nuestros cuerpos una gran energía, y el flujo sagrado dentro de nosotros fluye más fácilmente, más plenamente. En esa corriente de perdón vemos que continuamos en un proceso y que tenemos elección. Nuestras palabras, nuestras acciones, nuestra propia respiración dan forma a la fibra de nuestra realidad. Las piedras del arroyo forman parte del sueño.

Todo lo que tiene forma es vibración. La energía se mueve a lo largo de un eje, una línea de energía de mayor flujo y de menor resistencia. La energía dentro de la estructura cristalina fluye como un generador; para manifestar la forma inicial elige un camino de menor resistencia a través de la espiral. Nuestros pensamientos cantan en la atmósfera. Nuestra vida misma es aplicación; no hay separación entre la teoría y la práctica. Al mirarte a ti mismo, estás reconociendo una vibración de vida. Eliminar algunas de las formas de pensamiento que obstruyen es un resultado de la meditación. Observa el efecto de tu conciencia en la corriente de la vida. Elige manifestar pensamientos sanos.

La forma, el movimiento de la estructura atómica dentro del cristal es conciencia, y los átomos de conciencia se mueven dentro de nosotros. Estamos en relación con todo lo que ocurre en este universo. Uno puede comprometerse a sostener la canción, la vibración, para que la corriente de la iluminación se agite en todo ser. La elección es muy importante. El cristal en su proceso de crecimiento elige en ciertos puntos si alargar o truncar su forma; el octaedro también puede convertirse en un cubo. La forma en que el cristal se alinea determina cómo se moverá la luz a través de él. Lo mismo ocurre con nosotros.

Así pues, el Pacificador debe comprender la vibración y darse cuenta de que la vida es un ciclo, un proceso. La sintonización con la intersección de los ciclos individuales con los ciclos más amplios de la Rueda Medicinal aporta armonía. Hay armonía en tu corazón; es un regalo para compartir con todo el universo. La sabiduría surge al observar los patrones repetidos de la mente y la acción, al desechar lo que es inapropiado. La sabiduría se desarrolla como la perla: se desarrolla dentro de la ostra o el mejillón como una irritación, y rodea eso con una estructura cristalina en capas muy hermosa.

Comprender el proceso, los ciclos y las pautas es reconocer la belleza del momento en que se desarrolla. Es estar presente. ¿Cuál es el pensamiento que se sitúa más allá del presente, que construye fortificaciones de la mente y el corazón? Básicamente, es un pensamiento de miedo. Sin embargo, en nuestra verdadera naturaleza sólo hay dos miedos reales: el miedo a los ruidos repentinos y el miedo a las caídas. Todos los demás miedos son alimentados por la mente.

Hemos superado las creencias de la infancia y hemos llegado a una etapa de nuestras vidas en la que es hora de saber quiénes somos y cómo somos en relación con otras cosas, de ser conscientes de nuestra elección. El destino es una cuestión de nuestro pensamiento. La vida se desarrolla en el mundo que nos rodea y nuestra interacción forma parte de ese desarrollo. Así que la situación del mundo no *nos sucede a* nosotros; las situaciones son el resultado de nuestro pensamiento y acción colectiva.

Es importante comprender el proceso de equilibrarnos. La primera etapa es conocer a la madre y al padre en nuestro corazón, porque todo lo que tiene forma, para mantener su patrón, busca el equilibrio de la madre y el padre. Y luego hay una tercera cualidad generada a la que la gente suele referirse como el Niño, o naturaleza de sabiduría. Lo importante es que seamos conscientes de la energía de la sabiduría y de su flujo en nuestra propia conciencia, que hagamos las paces con nosotros mismos, aceptemos la sabiduría del pasado y sepamos que el futuro existe en nuestros corazones en este momento. Muchos de nosotros tenemos grandes secretos almacenados en nuestros corazones, en nuestros músculos, en nuestras mentes. Es hora de liberar esos secretos, de ser todo lo que somos. Algunos secretos pueden oscurecer la conciencia del propósito de tu vida.

Es un concepto común en la filosofía de los nativos americanos que todos tenemos un propósito, un deber espiritual. La religión de los pueblos indígenas enseña que tenemos una relación espiritual y una responsabilidad con todo nuestro entorno. La relación espiritual percibe un pensamiento de acción claro, de personas que se comunican, que actúan juntas en armonía. Para crear los medios por los que eso pueda ocurrir, se llevó a cabo durante generaciones todo un sistema de ceremonias y ciclos estacionales de relación. Mis parientes dicen que hace más de 133.000 años que estamos aquí, el período de tiempo del desarrollo de la mente humana en esta tierra. Ha habido cuatro creaciones antes de ésta, y ahora estamos en la Quinta Creación, el Quinto Mundo. La Quinta Creación, como el quinto tono en la música, es la oportunidad de entrar en otro reino. Ahora podemos llegar al Camino de la Belleza, el camino de la acción correcta, de la buena relación, de la intención clara. Esa es una elección que hacemos mientras este quinto ciclo canta.

Hacer esa elección es honrarte a ti mismo y honrar y respetar todos los aspectos de este mundo en el que vivimos, porque a través de este mundo se nos da la oportunidad de realizar el Gran Misterio, del que todos descendemos. Reconocer ese Misterio es reconocerse a uno mismo al compás de las estaciones, en sintonía con la voz del sol y los ciclos de la luna. Hoy en día estos ritmos se denominan biorritmos; a través de ellos interactuamos con la Tierra y con todo el universo.

A través de los centros energéticos de nuestro propio cuerpo y de los meridianos que transportan la energía elemental, estamos en comunión con la Tierra y las estrellas. Nuestros pensamientos, nuestras acciones están contribuyendo a la vitalidad creativa, o tal vez están reteniendo algo al no conectar plenamente con la Tierra, debido al egoísmo. Así que uno emprende una búsqueda de la visión para estar seguro de que realmente está haciendo el trabajo para el que ha venido aquí; para comprender la semilla que le plantó en este tiempo y lugar; para comprender la energía sagrada y la guía angelical que está a nuestro lado, las fuerzas protectoras de la vida, los ángeles protectores de la vida. Ellos también son elementos del fuego mental.

La harina de maíz es el don de la vida. Viene de la Madre Maíz, decimos. El maíz crece según nuestro pensamiento y nuestras acciones. Si no lo cuidamos, si no lo entresacamos y regamos en los momentos adecuados, entonces no crece tan bien. Lo mismo ocurre con nuestras relaciones como individuos en una familia, con nuestros compañeros de trabajo, nuestros amigos. Cada uno de nosotros debe sembrar buenas semillas. Debemos plantar un jardín en el que podamos honrarnos y respetarnos unos a otros y reconocernos moviéndonos al ritmo de esta Tierra. Esto lo sabemos todos. Es el ideal.

A ese reino ideal lo llamamos Galunlati. En este tiempo de purificación a veces olvidamos el cómo, los medios para manifestar el ideal. Primero, afirma que hay un camino de belleza, muy diligentemente pon tus pies en ese camino, y con gran energía, a través de la práctica de la buena voz, habla de lo que es bueno, reconoce lo que es y lo que puede estar en proceso de cambio. Cuando hables de algo que necesita corrección, deja que la energía que pones sobre ello con tu voz sea gratuita, para que las cosas puedan llegar a un equilibrio y a una resolución. Esto es una práctica, es algo que cada uno de nosotros puede hacer. Practicando una voz de compasión, activando la sabiduría que discrimina, podemos hablar unos con otros en el momento y darnos cuenta de cómo trabajar juntos. Básicamente, como seres humanos deseamos sobrevivir y deseamos comunicarnos unos con otros. Todos estamos llegando a conocer de un modo más profundo la naturaleza de la verdadera comunicación. Se dice que habrá un tiempo en el que todos en este planeta hablarán un idioma y ese idioma será de pocas palabras y muchas visiones. Esa es una semilla que está germinando en nuestros corazones incluso ahora.

La cosmología, el sistema de comprensión del que surgen estas enseñanzas, es muy antiguo. En esta época, muchos sienten curiosidad por comprender estas cosas. Y es bueno que después de la quinta generación de mucho oscurecimiento y amargura y separación de nosotros mismos como pueblo sobre la tierra, nos reunamos de nuevo como seres humanos dignos y busquemos los medios por los que podamos manifestar la paz en esta gran tierra. Vivimos juntos en América del Norte. Vivimos juntos en el planeta Tierra. Vivimos juntos en esta galaxia.

¿Cuál es el propósito de que estemos aquí? Los antiguos dicen que es experimentar y realizar el Gran Misterio. Ese es el propósito. Y la semilla de ese Misterio y esa sabiduría está siempre en nosotros. El Misterio nos lleva alrededor del círculo, la Rueda Medicinal. En el Norte vemos la lección especial de nuestras acciones. Nos quedamos quietos, como se congelan los lagos; comprendemos un cierto equilibrio de la mente, un equilibrio suave. A medida que nos movemos hacia el Este está la luz del sol de nuestra iluminación, la realización, "Oh, soy una persona pensando, que está sentada aquí ahora". En el Sur encontramos las semillas de nuestras acciones, vemos los suaves brotes de su fructificación. Y también nos damos cuenta de que llevamos a nuestras espaldas la tradición, los pensamientos de nuestros antepasados, cosas que una y otra vez han dado cohesión al propio mundo en que vivimos. Al igual que el agua gotea y forma un cañón, así lo hacen los patrones de un pueblo. En Occidente arde el fuego transformador, puerta de entrada a la luz clara, o a su elección de volver hasta que todo el pueblo se dé cuenta del Misterio. Y a medida que nos hacemos más sabios, volvemos al centro en nuestros meandros sagrados.

Cualquiera que sea tu tradición, cualquiera que haya sido tu práctica para ver la claridad de tu mente, lo que sea que te haya aquietado, rastrea las raíces de eso, porque al rastrear esas raíces ves que sólo hay una verdad, una sabiduría. Y aquí la gente de la Isla de la Tortuga dice: "Juntos, al rastrear nuestras raíces hasta el Gran Árbol de la Paz, hacemos entero el aro sagrado, y el fuego sagrado volverá a ser una luz en cada corazón". Ver que eso sucede es una idea, y esa idea se manifiesta cuando cada uno de nosotros hace una ofrenda de nuestra ignorancia sobre ese fuego de transformación. La ignorancia es pesada, ¿por qué aferrarse a ella? Puede arrojarse a la llama.

Vete, vete, ¡oh pensamientos de duda!
¡Vete, vete! Que haya paz en todo el mundo.

¿Cómo hacer fuerte la voz y cómo mantenerla mientras caminas por el mundo con muchas cosas que hacer? Tal vez haya un atasco, un cierto recordatorio claro de oscurecimiento. "Hay que mantener la calma, vigilar. ¿He hecho yo que esto suceda, he provocado este atasco? Bueno, estoy aquí en esta carretera. ¿Puedo culpar a las farolas? ¿Puedo culpar a los equipos de reparación de carreteras? No, estoy aquí sentado en esta carretera. Es mejor que observe y piense mientras conduzco y miro hacia delante. Mejor que recuerde que estoy en la carretera porque así lo elijo". Ese es un gran paso; entonces ya no estás abdicando de la responsabilidad de manifestar en tu propia vida lo que es correcto, lo que es bueno para ti y para la gente que está contigo.

Así que aquí estamos, sentados en el mundo; vemos a la gente jugando a muchos juegos con misiles muy grandes, estamos pensando en la paz en nuestros corazones. ¿Cómo se encuentra todo esto? El ideal de nuestra vida como seres humanos planetarios, ¿cómo vamos a manifestarlo en esta época de gran acumulación de armas a lo largo de las fronteras aquí y allá? Debemos examinar las fronteras de nuestras mentes. Debemos denunciar los actos que son crueles. Debemos mantenernos firmes y fuertes y decir que no aceptaremos el miedo ni la agresión. Ser un Pacificador no es ser un blando o un cobarde. Es hablar muy claro y defender lo que sabes que es correcto. Mantener las formas. Si estamos en contra de algo, seguimos discutiendo. Cuando nos reconocemos como pacificadores, mantenemos la paz en nuestros corazones y buscamos formas de comunicarla en un proceso de grupo.

¿Por qué vamos a la guerra? Porque alguien piensa que no hay bastante, que no es suficiente. Es la ilusión de la escasez. "No hay suficiente petróleo", eso no es así. No necesitamos tomarlo de la Tierra, y lo sabemos. Así que sabes que no quieres extraer más petróleo de la Tierra y no deseas verte atrapado en el juego que se ha convertido en las guerras en torno al petróleo. ¿Qué haces como individuo?

Cortar leña. Siempre hay algo que podemos hacer. Como familia humana, ¿qué debemos hacer? Nos reunimos en grupos, rezamos, invitamos a las personas a actuar correctamente y examinamos con mucho cuidado los posibles futuros que generan esas acciones. ¿Hemos llegado a una resolución? ¿Nos conocemos como familia planetaria? Tu voz marca la diferencia. Cada uno de nosotros debe enviar luz y una voz fuerte para decir: "Podemos vivir en paz, somos fuertes en nuestra conciencia de un universo abundante". Cuando se conoce la abundancia, ¿entonces qué hay que discutir?

Tener el don de un cuerpo, estar vivo en este tiempo es, de hecho, una oportunidad para co-crear, para dar a luz a una familia de seres humanos dignos. A través de una relación correcta con los demás, a través de acciones que traigan el bien para la gente, a través de una inteligencia clara vemos lo que está abierto ante nosotros y elegimos sabiamente cuál es el mejor camino: la paz. Volvemos al Camino de la Belleza caminando en la belleza dentro de nosotros mismos y honrando y respetando esa semilla de belleza dentro de los demás. Así hacemos surgir la sabiduría de la familia planetaria. Así es ahora, en este momento. Cuando mi abuelo me decía estas cosas, yo me preguntaba: "¿Eso significa que ya estuvimos aquí antes?". Y él decía: "Estábamos aquí antes, pero estamos aquí ahora y antes y después, todo está ocurriendo ahora". Estar atento aquí y ahora, eso es lo que se pide. Eso es estar en el Camino de la Belleza.

Caminemos con claridad por el Sendero de la Belleza. Hay muchas señales en el camino. ¿Qué dicen? "Cenagal de pensamientos dudosos". No camines por ese camino. Míralo por lo que es, y sabe que está tejido por el pensamiento. Si sientes dudas, sólo debes saber que mientras estás sentado estás respirando, inhalando y exhalando. Puedes estar seguro de ello. Ten certeza. Date cuenta de que tu voz es un tesoro y un poderoso co-creador. Aprendamos a hablar correctamente los unos de los otros; invoquemos la belleza de los demás. Afirmemos la fuerza vital creativa que llevamos dentro. Ten valor para decir la verdad.

En esta familia de seres humanos muchos se han hecho oír. Muchos están encontrando maneras de compartir habilidades, plantando jardines juntos, de buena voluntad y buena semilla, respeto por nosotros mismos y por los demás. Muchos han recordado la sabiduría de los ancianos y saben que la vieja verdad, la nueva verdad, la verdad es algo que se percibe en el interior. Juntos podemos experimentar la experiencia de movernos a través de los pensamientos, de movernos a través de la duda, de llegar a conocernos como seres humanos. Los que practican y rezan juntos se convierten en familia de una misma mente. Así ponemos en marcha una canción común, una esperanza, un sueño dentro de este gran sueño de la vida. El sueño del Pacificador, que hace surgir la luz que siempre está ahí, reavivando el fuego sagrado. Uno de los otros nombres de los Tsalagi, el pueblo Cherokee, es Gente de Un Fuego. Un fuego dio origen a todo, y ese fuego era una luz, era un sonido. Así que, a partir de esos sonidos decimos, todo sucede, a partir de esos sonidos, a través del fuego azul de la voluntad. Podemos meditar, contemplar y comunicarnos con estas energías en nuestro interior. No es sólo una idea, es vivir de verdad. Así como el aire se mueve en nuestro pecho, así como la sangre se mueve por nuestro cuerpo, así también lo hace el fuego sagrado de la voluntad. La voluntad de ser nos une en el sueño de la humanidad. Hemos venido aquí juntos, y siempre esa voluntad de continuar es fuerte hasta que hayamos aprendido plenamente las lecciones de descubrir la paz.

Para llegar a las orillas de nuestro conocimiento, decimos que se necesita una canoa para llegar al otro lado. Es bueno tener un medio de transporte, un medio para viajar y que ese medio de transporte sea una práctica espiritual compartida. Es afirmar el poder de nuestra voz, de nuestra acción. Es reconocer que lo que está sucediendo simplemente está sucediendo tal y como es, y que nuestro pensamiento está en relación con ello y lo convoca. Reavivamos y volvemos a encender la sabiduría de la relación pacífica, de la relación correcta, en nuestros corazones, unos con otros, para que la relación correcta pueda resonar como una forma en todo este planeta.

¿Qué es una forma de pensamiento? Es una idea. Ayer pensé en la gente que necesita comida, por lo que hoy planto un jardín. Hay reinos de ideas: Galunlati es el reino de la forma ideal donde nuestros potenciales danzan en la luz. Comenzamos a manifestar estos ideales a través de la inspiración, la inhalación del flujo de la Tierra y del Cielo, reuniéndose en nuestros corazones.

Muy a menudo nuestro movimiento por la vida se basa en las expectativas de otra persona, en la visión de otra persona. Sin embargo, existe un propósito y un patrón innatos para el nacimiento de cada uno, una armonía particular mantenida por cada individuo para que la familia pueda manifestar su unidad. La Tierra pide que los seres humanos se den cuenta de que los osos, las ballenas, los coyotes, los árboles, las hormigas, todas estas criaturas son nuestros parientes. Tenemos el deber para con nosotros mismos y para con el futuro, de convivir correctamente con todos nuestros parientes y preservar la vida en lugar de empujarla a la extinción. El medio ambiente responde a nuestros pensamientos y sentimientos. Los seres humanos debemos ser conscientes de cómo nuestro pensamiento, palabra y obra afectan al medio ambiente. Una persona llena de dudas y enfado puede marchitar las flores y el entusiasmo de otra es tal que las flores cortadas duran semanas.

Al igual que la semilla sigue las leyes sagradas para crecer, lo mismo ocurre con el fuego sagrado de la mente clara. Venimos aquí como niños, enteros y sabiendo. El cuerpo está sintiendo, vibrando a la nota de nuestro propósito. Luego, como niños, escuchamos y oímos a la gente decir: "No puedes, eres demasiado pequeño". Así que uno puede cerrarse un poco. Este tubo sagrado que nos conecta con todo lo que es se hace más pequeño, represado por el corazón que teme y se niega a ver la belleza de la propia naturaleza. ¿De dónde viene el bloqueo? De la vergüenza: "Oh, ¿acaso nací con pecado?". No lo creo. Culpa: "Oh, mamá se ha hecho daño, habré sido yo". Te sorprendería saber cuántas de estas viejas cantinelas siguen dando vueltas en tu mente, aunque ya seas adulto. Quizá los nombres hayan cambiado; quizá ahora sea un marido, un jefe u otra persona. Pero sigues sintiendo vergüenza, culpa y responsabilidad. Estos sentimientos surgen de emociones conflictivas, que no reflejan la pureza que eres tú. El rescoldo de la luz verdadera aún brilla, espera reavivarse.

Magnetizar, realizar la visión de paz

Comprender el Misterio,
observar la mente.
Acallando el miedo, la mente se mueve clara.
Canta una canción de ecuanimidad
despierta en la serenidad.
Afirma tu voz
y elección.
Magnetiza un sueño potente:
El mundo en llamas,
paz iluminada.

La mente confusa se pacifica mediante la práctica regular para aclarar las emociones y estabilizar la mente. La energía de la purificación es el poder del sonido y el canto, y la irrupción en el cuerpo de la luz del arco iris procedente de las estrellas. Mediante la energía del sahumerio, ofrendas de oración de cedro sagrado o salvia, purificamos nuestro entorno y atmósfera de pensamientos habituales de conflicto y letargo. En la tradición Tsalagi, los conceptos de pacificar, purificar, magnetizar y actualizar son los cuatro postes de la cabaña medicinal. En estas páginas se ha hablado mucho de las energías de pacificación y purificación. Miramos ahora al cuarto pilar de la manifestación –magnetizar la visión de paz– para que podamos manifestar el cuerpo de la acción iluminada a través de la afirmación y la armonía con la ley sagrada y con el propósito individual de cada uno.

Para manifestar la relación correcta, energizamos la visión y atraemos resultados positivos a través de la magnetización. Este es el principio de vivificar una visión sagrada para el beneficio de todos los seres a través del canto, la visión clara y la acción correcta. Tu cuerpo es una retorta alquímica. Codificados en su interior, los patrones genéticos determinan tu forma y te predisponen a ciertos patrones de actitud, creencia y comportamiento, tal y como han sido moldeados por tu familia de origen. El practicante sabio en el camino hacia la acción iluminada crea armonía a través de la práctica disciplinada.

La magnetización es un principio de atracción: mediante nuestros patrones de pensamiento atraemos a nuestro círculo vital aquello que aparece. Mediante la generación del poder del sonido, el poder de la oración y la relación armoniosa con la ley sagrada, podemos atraer lo que beneficiará a todos. Nuestros días surgen de las acciones de nuestra mente, seamos o no conscientes de los patrones de atracción y repulsión. Así que corresponde a cada ser humano que desee vivir de forma sagrada mantener una práctica espiritual y un marco moral y ético de vida.

Toda forma física –la mesa que vemos, el árbol, la montaña– fue primero un pensamiento. Algunos pensamientos se originan en la mente de Dios, otros en la mente de las personas. Todo pensamiento está unido en el aro sagrado, en que somos uno en la creación. Ya sea que nos refiramos a la inclusividad de la mente como Gran Espíritu, mente-Buda, mente-Cristo, Alá, o por otro nombre, esencialmente hay una verdad subyacente a nuestros intentos de describir lo que es indescriptible. El teléfono fue una idea: un inventor la manifestó como forma, y hoy nos llamamos unos a otros en todo el mundo. Ese mismo pensamiento que trae la comunicación del teléfono, la mente misma, es el medio por el cual podemos descubrir la luz clara.

La magnetización es un principio por el cual uno cultiva conscientemente pensamientos de paz, armonía, buena relación para uno mismo, la familia, el clan, la nación, el planeta entero. La magnetización aparece de muchas formas. Seamos o no conscientes de ello, las formas en que pensamos y hablamos de nosotros mismos atraen resultados y se convierten en profecías autocumplidas.

Se dice en la tradición Tsalagi que en los seis primeros años de vida el niño está completamente formado y te mostrará la persona en la que se convertirá. Muchos adultos todavía pueden estar motivados por esos patrones tempranos establecidos en la infancia. Es un sabio practicante quien cambia cuidadosamente la forma de pensamiento del hábito y establece un camino para la certeza a través de la comprensión de su propia naturaleza, tirando de los hilos de los patrones tempranos y volviéndolos a tejer en una hermosa vestimenta.

El medio para percibir la naturaleza de tu propia mente es observar tus pensamientos y acciones y establecer la intención de ser la mejor persona que puedas ser, para beneficiar a todos. Así estableces una mente dedicada a la percepción de la verdad. La dedicación es necesaria, porque a menudo hay palancas inconscientes que accionas cuando te enfrentas a la oportunidad de dejar atrás tu manta de seguridad, algún viejo apego. A veces la manta de seguridad es la frase "No puedo", o puede ser "Bueno, de todas formas, no le gusto a nadie". Invariablemente, cada uno escribe su propio guion, ¡con la ayuda de sus familiares! Por lo tanto, una fuerte determinación y fe revelan energía para cumplir.

La práctica de la meditación con visualización y cánticos crea un estanque tranquilo en el que se refleja tu naturaleza. Cuando empiezas a practicar, muchos pensamientos y emociones corren por el estanque. A medida que continúas, las emociones corren cada vez menos, la mente se vuelve más transparente, los patrones de comportamiento se hacen evidentes. Cuando surja el pensamiento, observa. No hace falta que reacciones. Observar tu proceso mental es el principio de la comprensión. Continúa visualizando y cantando. Luego, comienza a clarificar los canales dentro del cuerpo, para que el fuego sagrado de la sabiduría se manifieste en tus acciones. (Las visualizaciones y la meditación de la práctica del Rayo de Sol, basada en las enseñanzas del linaje Ywahoo, también tienen un efecto fisiológico, ya que liberan hormonas que alivian el estrés y el dolor, reducen la presión sanguínea y proporcionan otros beneficios saludables). Los patrones de pensamiento, palabra y acción se hacen evidentes a medida que continúas practicando el canto y la visualización. Con diligencia y certeza, se desenredan los hábitos discordantes.

Hablarnos con claridad de intenciones y propósitos y desarrollar la voz de la conciliación nos prepara para el gran trabajo de magnetizar una visión de paz. El sonido también purifica, la luz que afluye purifica, haciendo evidentes y transformando pensamientos y patrones que habían sido obstáculos. Rezar en voz alta, dando las gracias y afirmando los dones recibidos, renueva el cuerpo y la mente. Tomar el bastón de tu destino en las manos es alinear la columna vertebral y la respiración con los pulsos del cielo y de la Tierra: inhalar y exhalar, dando y recibiendo la mente de agradecimiento y generosidad.

Una práctica fundamental de los principios de magnetización incluye la afirmación y el altruismo, el deseo de ayudar a uno mismo y a los demás a superar el sufrimiento. Podemos hacer un ayuno de negatividad, observando las formas en que hablamos de nosotros mismos y de los demás. Cuando te oigas decir: "Me muero por hacer eso", corrige a la afirmación positiva: "Vivo para hacer eso". Considera cuidadosamente la elección de palabras al describirte a ti mismo y a los demás. Para que las palabras se conviertan en realidades, no hables de los defectos percibidos de los demás. En lugar de eso, considera que tú y los demás estáis en un proceso de convertiros en seres iluminados y afirma que las semillas de la iluminación están ahí.

Para comenzar el proceso de afirmación positiva, da las gracias por el don de la vida en el cuerpo humano. Cuando tengas claro que ha llegado el momento de cambiar un determinado patrón, después de dar las gracias mírate la cara en el espejo y afirma: "Hoy manifestaré una mente en paz". Repite esto tres veces y afirma también que realizarás tres tareas específicas en ese día. Al realizarlas, crearás una carga de energía luminosa que iluminará los recovecos de tu mente. Cuanto más practiques y mayor sea el esfuerzo, más fuerte será esta fuerza. A medida que te conviertes en un cuidador comprometido de la Tierra y de los demás, tu afirmación de beneficiar a la gente y a la tierra para las generaciones futuras se convierte en un almacén de energía que incluso sacude las energías de la agresión, la avaricia, la lujuria y la envidia. Cuando creas esta fuerza de energía de oración, recordando siempre dar gracias e invocar en ti y en los demás lo que es beneficioso, esta energía transforma las formas de pensamiento de confusión incluso en el medio ambiente. Se dice en la tradición Tsalagi que sólo un pequeño número de personas con una mente y un propósito plenamente sintonizados con los principios sagrados, pueden transformar el mundo y precipitar y manifestar lo que se necesita para aliviar el sufrimiento y beneficiar a todos los seres.

La comunicación de corazón a corazón, de mente a mente, reconociendo la fibra sagrada que nos une a todos en esta corriente, es otra práctica fundamental de magnetización. El jardinero que cuida y respeta las plantas obtiene la mayor cosecha. La nación que deja de lado a sus agricultores manifiesta sequía y escasez. Nuestras acciones individuales y colectivas se manifiestan en nuestro entorno.

En resumen, la magnetización requiere una intención clara, una visión clara alineada con la voluntad sagrada, la Ley del universo, sabiduría compasiva, voz de afirmación. La diligencia de la práctica crea la fuerza, atrayendo y manifestando una meta de acción iluminada.

Algunas personas han sufrido graves daños en la infancia, mientras que otras han tenido la suerte de una infancia muy feliz. La facilidad o la dureza de los primeros años pueden crear un hábito. Una persona puede tener cicatrices y tener miedo a amar; otra, debido a los primeros años de facilidad, puede no sentir motivación para expandir conciencia de generosidad. Algunas personas sienten que han cerrado el acceso a la luz pura que hay en su interior cuando entraron en la escuela o cuando ocurrieron acontecimientos concretos en sus vidas. Uno puede transformar y reformar las ideas de sí mismo y los patrones de relación. Por ejemplo, tal vez alguien fue de casa de acogida en casa de acogida y nunca se sintió del todo parte del círculo vital. Ese patrón puede manifestarse en la vida adulta en forma de incapacidad para entablar relaciones comprometidas o para desarrollar el potencial creativo. El antídoto consiste en comunicarse con los recuerdos almacenados del niño interior, reconocer la fuerza y la capacidad de haber sobrevivido y salido adelante y abrir una puerta a las relaciones amorosas en el presente.

La energía del corazón amoroso, la energía del corazón generoso atrae a su campo lo que es bueno. A través de las corrientes de energía que se mueven alrededor del corazón, el principio de la fuerza vital nos permite encarnar. Los pensamientos, los sentimientos que manifestamos en esta vida son un patrón recogido con cualidades de atracción y repulsión. Atraemos hacia nosotros a aquellas personas y situaciones que nos permiten cumplir nuestra visión y expectativas vitales. Al despertar el compromiso de vivir de manera sagrada, atraemos hacia nosotros la información, la comprensión, las enseñanzas que nos ayudarán a realizar nuestros dones en beneficio de todos.

En el pasado uno encontraba la redención a través de un salvador, a través de un gran maestro. Estos tiempos nos llaman a cada uno de nosotros a manifestarnos plenamente alineados con el concepto de salvador y redentor. Redimamos a través de la claridad de palabra, de propósito y de acción, a través de una vida armoniosa y respetuosa con las generaciones futuras.

Las tradiciones sagradas de cada época, de cada nación, de cada grupo, surgen del deseo de la sociedad de comprender, de codificar el misterio de la vida. Las enseñanzas sagradas de los nativos, de los budistas, de los cristianos, de los judíos y de los musulmanes tienen su origen, en última instancia, en la experiencia directa del Misterio. El Pálido, Buda, Cristo, Moisés, Mahoma, todos ellos experimentaron directamente las verdades, y sus enseñanzas se encontraron con la conciencia en evolución de las sociedades en las que crecieron. La familia en la que nacemos y su religión reflejan una estrella en el misterioso cielo. Diferentes personas tienen diferentes necesidades espirituales, y podemos coexistir en la medida en que estemos atentos a la ética básica, los modales y la moralidad, códigos evolucionados a partir de la experiencia del Misterio de las personas y el deseo de una relación hermosa.

Uno puede acercarse al estudio con el celo de un converso y luego desecharlo rápidamente. Los practicantes sabios prueban y evalúan las enseñanzas de la época y buscan comprender la naturaleza de su *propia* mente, para determinar cuidadosamente su potente práctica espiritual. Estas enseñanzas deben permitirte ser el mejor ser humano que puedas llegar a ser y ayudarte a comprender las causas de tu nacimiento y a recuperar las joyas de tu familia.

Cuando los nativos americanos cantan para que llueva, la lluvia viene, porque esos cantantes han tomado la decisión de que ellos, el agua, el aire y la Tierra son uno. La canción se canta para que todos los seres puedan beneficiarse de las suaves lluvias. La pequeña canción de cada uno –"me gusta, no me gusta", hábitos de pensamiento– crea disonancia con la gran canción. Hoy estamos llamados a cantar una canción de unidad. La canción del júbilo cósmico renueva a todos los seres.

¿Qué es la creación? ¿Es algo que está fuera de ti o tú formas parte de la creación? La creación, el Misterio -en algonquino, la lengua raíz de los tsalagi, es Ywahoo, el "Gran Misterio", más allá de la forma de las palabras. No hay palabra para "Dios"; lo llamamos Gran Misterio, por su falta de forma. Y reconocemos que se ha producido una construcción creadora. Los tres Fuegos Mayores de Arriba expresan este Misterio en forma, y nosotros mismos somos una expresión del Misterio. En algunos de los antiguos himnos Tsalagi se hace referencia al Creador como Aquel Que Hace el Aliento. En otros cantos como el Amo de la Vida y de la Muerte. Sin embargo, de niños, cuando preguntábamos a nuestros mayores: "¿Qué es Dios? ¿Es diferente del Dios cristiano?", nos respondían: "Lo que se llama Dios es Aqteshna Ana, que significa 'El rocío está sobre la hierba'. Y no hay más que Una Mente que subyace al sueño".

Observa atentamente la naturaleza de tu mente; mira atentamente en tu corazón. ¿Puedes percibir en tus pensamientos las semillas de tu realidad? Considera cuidadosamente la cosecha futura, tu mañana, el mañana de tus hijos y piensa en la belleza. Toda nuestra gente dice que no podemos seguir así. Todos los ancianos del planeta dicen que la Tierra está sufriendo porque nos hemos olvidado de responsabilizarnos de la vida. Pensamos que otro tiene la culpa, que otro es el agresor, que otro es la víctima. No es así. En la mente surge, y en la mente se resuelve. En la mente estamos relacionados con todo.

Cuando renunciamos a nuestra energía creativa, cualquiera que sea nuestra pesadilla se convertirá en nuestra realidad. Nuestra naturaleza humana sabe lo que es verdad. Todos hemos sentido el fuego sagrado de la verdad y, en algún momento de nuestras vidas, nos hemos comprometido a defenderla. A todos se nos pregunta: "¿Sí o no? ¿Estás en el arroyo o intentas abrazar las rocas?". No podemos decir "Tal vez" o "Estoy trabajando en ello, y mañana estará todo bien". En *este momento todo está bien*, cuando cultivamos semillas de buena causa, cuando recordamos la belleza que hay en el otro, cuando recordamos que la vida es inhalación y exhalación. Todo va y también viene, estamos soñando este sueño juntos, que no tiene principio ni fin.

A través de la vitalidad de la mente que busca conocer, nuestras vidas se han encendido. Todos los aspectos de nuestra vida siguen este mismo principio. Cualquier cosa que veamos a nuestro alrededor, sea alegre o triste, de alguna manera las semillas de su manifestación han sido arrojadas al mar de la experiencia por los propios sentimientos, acciones y pensamientos.

Recordemos las oraciones que nos han llegado a través de nuestras familias. Si piensas que la religión de tu familia no es importante, es sólo porque aún no has buscado realmente la esencia de la verdad en ella. Todos podemos rastrear nuestras raíces hasta el Gran Árbol de la Paz. Muchas raíces, muchas naciones, muchas religiones, todas en una Tierra. Y la raíz de ese Árbol sagrado de la Paz está también dentro de nuestro cerebro; el Árbol de la Vida y la espiral del ADN son símbolos para recordarnos la continuidad. Por tu pensamiento y deseo serás traído aquí una y otra vez hasta que despiertes a la luz sagrada dentro de ti y de cada ser.

Así que no rezamos sólo por nosotros. Lo que rezamos es para que todos recuperen la mente iluminada. Rezamos para que todos vuelvan a percibir la belleza de lo que es. No es algo que esté ahí fuera, muy lejos. Está en el corazón. En la forma Tsalagi de rezar no estamos pidiendo algo, todo lo que necesitamos ya está aquí en abundancia. Cuando rezamos, damos gracias por lo que es y afirmamos nuestra intención de manifestar lo que es bueno para todos. Así que en la oración hay un recordatorio para la acción: oración y acción son lo mismo. ¿De qué sirve saber cómo cultivar maíz cuando tus vecinos se mueren de hambre y tú no compartes ese conocimiento? ¿De qué sirve recibir el don de tu abuela sin vivirlo y compartirlo?

Que comencemos de nuevo a honrar las prácticas sagradas de nuestros antepasados. Velas, chimenea, fuego, altar, cruz, estrella, media luna, triángulo... todos los símbolos sagrados son puertas a la mente amada. Hay un mensaje secreto dado en la oración. Cuando recitas el Salmo Veintitrés estás conectando con todos los que han comprendido la realidad a través de la tradición que expresa ese salmo. Cuando alguien canta una canción sagrada, es tu abuela recordándote lo que es. La ceremonia de la mayoría de edad, el canto que surge del corazón del joven, le conecta a uno con todos sus antepasados.

Comprender no es tan importante como ser, porque la comprensión en sí misma implica una separación, alguien que comprende y algo que es comprendido. El conocimiento está dentro de ti, el flujo de la respiración. Todos los antiguos nos han transmitido este mensaje. Puede que se haya codificado y dogmatizado, pero el núcleo de la verdad única sigue ahí.

Rezar juntos es un comienzo, pero la Tierra nos sigue pidiendo más. Nos pide que nos cojamos de las manos y que cultivemos jardines juntos, que dejemos de lado la idea de "mi" jardín y "tu" jardín. Es "nuestro" jardín. Mira a algunas de las personas mayores que viven a tu alrededor. Hagan lo que hagan o dejen de hacer, ya han hecho más que tú y tienen algo que decir. Cuando la sociedad decae, cuando la cultura agoniza, se falta al respeto a los mayores y olvidamos cómo dar o recibir. Hay cosas que se pueden *vivir,* no sólo rezar y pensar. Cortar leña para algún anciano y llevársela. Y a la señora que vive sola, que no puede moverse sin su andador, ir a visitarla de vez en cuando, preguntarle si necesita algo de la tienda. Estas cosas las hemos olvidado, y ese olvido es la enfermedad del tiempo. A todos se nos ha dado una dirección muy querida en cuanto a lo que es la vida correcta, la acción correcta, y sin embargo se ha llegado a un punto ahora en el que muchos incluso dudan de que la familia sea algo a preservar. La familia es el círculo de la humanidad. Todo es nuestro pariente. No podemos dejar de lado la idea de la madre y el padre y la familia extensa porque esa nota se convierte en dos, se convierte en tres, se convierte en cuatro. La familia se convierte en el clan y en la nación y en todo el planeta.

Hay seres por todas partes que están observando la Tierra para ver si podemos cumplir el plan de amor y paz en este planeta. Los curanderos, la gente santa, piden tiempo para que broten las buenas semillas. "Estamos trabajando en ello", dicen. "La gente está despertando. Prometemos corregirnos". La Madre está diciendo: "No sé, habéis tenido tantas advertencias, tantas oportunidades. ¿Cuándo lo veréis?" Y la gente está diciendo: "Todavía estamos tratando". Así que veámoslo ahora. ¿Vivirá la gente realmente en paz y respetándose unos a otros? ¿Estás dispuesto a reservar un poco de tiempo cada semana para compartir con otras personas? ¿Están dispuestos a reservar un tiempo para meditar y rezar juntos? Esa es la base de la comunidad. Todo está relacionado. La Madre Tierra no puede renovarse sin nuestra renovación; la contaminación de la atmósfera no se transmutará hasta que se transforme la contaminación de la mente. Y la transformación viene de dejar a un lado la idea de "ellos" y "nosotros" y comprender que todos somos seres humanos aquí juntos. Somos nosotros quienes tenemos la capacidad y la responsabilidad de renovar la vida aquí en la Tierra.

No es tan fácil ser un ser humano. Muchos caminan y corren, piensan y hablan, tienen el cuerpo de un ser humano; pero aún queda un eco hambriento, un ser confuso. ¿Qué es eso? Es querer. Es vivir para mañana. "Mañana será mejor, mañana sabré más". Pero *ahora es lo que está* sucediendo. Aquí estamos en el momento. Estar presente. Comprende los patrones de discordia. Purificar, reformar el pensamiento y la acción contemplando lo realizado. La transformación es un proceso sutil. Es fácil resbalar, fácil pensar: "Está mejorando". Ese es de nuevo el espíritu hambriento; siempre habla en términos de más o menos. Eso es confusión, sacarnos del momento. Sólo ve lo que es. Comprométete con la acción correcta.

Todo lo que hay que aprender está en el corazón. Toda la creación es un pensamiento del que tú formas parte. La sabiduría está en tu corazón; mira en tu interior. Mi familia me enseñó que venimos de las estrellas. Tierra y estrellas: la espiral no tiene ni arriba ni abajo, ni dentro ni fuera. Las energías de la Tierra y de los cielos se unen dentro de nosotros todo el tiempo, continuamente en movimiento, y dentro de ese movimiento está la quietud absoluta. Mi abuelo decía: "Siéntate y escucha las estrellas. Siente las estrellas sobre tu cabeza. ¿Qué son? Explóralas. Escucha".

Te invito ahora a explorar y, en esa exploración, a reconocer la claridad mental. Reteje con la luz esos espacios donde la emoción y la mente pueden haberse separado, reteje donde alguna sutil distorsión puede haber oscurecido tu visión del fuego de la sabiduría en tu propia naturaleza. Ven de nuevo al círculo de tu conocimiento. Exploremos los muchos reinos del Uno.

Meditación[26]

Sentado con comodidad, la columna erguida, respirando con naturalidad, ampliamente, deja que la mente se aquiete. Inspira, espira. Siente o visualiza una espiral de luz descendiendo desde el cielo a través de la coronilla, una segunda espiral ascendiendo desde la Tierra a través de la base de la columna . Dos espirales de luz sagrada, madre y padre, cielo y Tierra, encontrándose en tu corazón, danzando en tu columna vertebral. Siente en *el sacro*, la base de la columna vertebral, un triángulo dorado dentro del cual arden los Fuegos Mayores. Arriba, tres fuegos sagrados de manifestación: fuego azul de la voluntad, fuego rojo de la compasión, fuego amarillo de la inteligencia activa. La energía asciende en espiral desde la Tierra a través del sacro hasta el centro *del ombligo, un* profundo anillo verde bosque justo debajo del ombligo, recibiendo de la Tierra cinco ríos de color y sonido que alimentan cinco sistemas

26 Esta meditación deriva de la práctica de meditación del linaje Ywahoo, enseñada por Eli Ywahoo, que es la práctica fundamental de la Sociedad de Meditación Sunray y de los Guardianes de la Paz Sunray en todo el mundo. La Meditación Básica también está disponible en cinta y videocasete, con instrucciones de Dhyani Ywahoo. Para más información, véase el Apéndice C.

de órganos. El canto *A-E-I-O-U* surge del ombligo, resonando profundamente dentro de tu columna vertebral, alineando tu intención de ser y tu estar aquí en la Tierra en este tiempo. La luz ascendente ilumina el centro *del plexo solar*, cuadrado azul lleno del sol naranja brillante de la conciencia solar. Canta *Ha-ha-ha-haa,* diafragma expulsando el miedo, la ira, la vergüenza, la culpa, uno con la corriente de luz clara. En el centro *del corazón*, ve dos triángulos, uno apuntando hacia arriba y otro hacia abajo, los vértices se encuentran. Al unirse, surge una luz rosa profunda que llena tu cuerpo y te rodea con su resplandor de sabiduría compasiva. Inspira, espira, percibe la energía de la ecuanimidad. Canta el sonido *Ah*, irradia la luz rosada del amor-sabiduría. El centro de *la garganta* recibe la luz espiral ascendente, el túnel azul índigo profundo iluminado por una sola estrella, centro de expresión y manifestación. Deja que el sonido *Ooo se* convierta en uno con el vórtice azul de la canción de la Creación. Siempre en movimiento, la luz entra en el triángulo dorado del centro de *la frente, el* ojo de la sabiduría de la mente despierta. Canta *Eee* mientras la coronilla se abre para recibir la luz de las estrellas.

Sobre la cabeza, siete estrellas, una sobre otra, puertas de la conciencia. Desde las estrellas, la luz en cascada del arco iris llena tu mente y tu cuerpo, infundiéndote vitalidad y pureza. Inspira, espira, atrae la luminosidad a través de cada átomo.

Ahora, desde tu corazón, envía ondas de luz rosa a tu familia, amigos, compañeros de trabajo, comunidad, bañando todas las relaciones con el suave resplandor del cuidado compasivo. Inspira, atrae esa luz rosa de vuelta a tu corazón. Descansa en la quietud.

Al finalizar la meditación, atrae la energía de la luz hacia tu columna vertebral. Las espirales ascendentes y descendentes se fusionan. Levántate, en paz y vibrando con la luz, dando gracias por el regalo de la mente pura, el fuego de la sabiduría interior. Todo está bien.

Cada uno de nosotros tiene una canción en su corazón. A través del pensamiento, a través de la acción, cada uno está creando vibración en la atmósfera. Cuando pensamos en los átomos danzantes que construyen y sostienen las formas de vida, podemos vernos a nosotros mismos para siempre en la danza. Todo es vibración. Nuestra acción resuena en muchas dimensiones, y de ese modo nuestros pensamientos y acciones vuelven a nosotros. Podemos llamarlo karma o destino; vivimos el resultado de nuestros pensamientos y sus diversos matices interactuando con otros pensamientos. Al igual que un guijarro de intención que se deja caer en un estanque tranquilo ondula en todas direcciones, la apariencia y los fenómenos de nuestra vida y de nuestro mundo son ondas en la superficie serena de la mente universal.

Mientras el mundo gira, aprendemos de los Adawees, sabios protectores de las direcciones, guardianes de las puertas de la mente, que dan forma a lo informe. Su sabiduría se expresa a través de las cinco sabidurías: la sabiduría de la esfera de la existencia, que reconoce la unidad fundamental de las cosas a pesar de las diferencias en el aspecto externo: la sabiduría que hace que las obras tengan éxito, la que distingue las particularidades, la que iguala, la sabiduría da a conocer factores comunes; la sabiduría del espejo, la sabiduría que refleja las cosas tal como son.

Reconocemos las cinco sabidurías en la corriente que siempre fluye dentro de nosotros, percibida en términos de la Rueda Medicinal y las direcciones sagradas y en relación con los cinco sistemas de órganos y los cinco elementos. A medida que tenemos una percepción clara de cómo nuestras mentes expresan la sabiduría y de cómo la aplicamos, tenemos más opciones sobre cómo honramos el movimiento de la vida en nuestro interior.

En las aguas heladas del Norte, la sabiduría especular refleja nuestra acción, sus causas y sus ondulaciones en la corriente del tiempo, la mente y las relaciones. Guardián del Este, Nutawa, Luz del Sol Naciente, brilla la sabiduría de la inspiración, la existencia; uno se da cuenta de que está vivo, su don se hace evidente. Desde el Sur, las abuelas hacen danzar sus cestos de semillas de buena causa, generación, sabiduría para tener éxito, haciendo que las cosas fructifiquen. En Occidente comprendemos los patrones, la sabiduría de lo particular, mientras la Osa Mayor danza sobre la ignorancia:

"Transforma, transmuta, haz surgir lo beneficioso en la danza espiral de la vida". En el centro, el eje de donde surge toda experiencia está la sabiduría que iguala.

Siempre debemos dar la vuelta al círculo para encontrar la armonía en nosotros mismos. En realidad, nunca se pierde; sólo tenemos que aceptarla y dejarnos resonar con todo el universo. Esa resonancia es la afirmación de la unidad. Nuestra conciencia está dando forma a lo que nos rodea. Nos hemos convocado unos a otros como familia de la humanidad y nuestro deber como seres humanos es ver la belleza, cantar, estar alegres, trabajar la tierra y compartir la abundancia. ¿Has aprendido alguna gran sabiduría? Transmítala. ¿Tienes un don con el sonido, tienes un don con las hierbas? Compártelo. Es el tejido de los matices de la conciencia, de nuestras mentes, lo que repara el tapiz sagrado de la vida. Cada uno de nosotros y todos nosotros debemos volver a hacer que el tejido esté completo y el tejido comienza en el corazón, realizando la unidad interior. Es sencillo y requiere una profunda disciplina, porque este cuerpo es el instrumento y tus pensamientos son el músico.

El pueblo Tsalagi dice que nosotros, juntos, hacemos un mundo. Nuestros pensamientos y nuestras interacciones dan forma a las fuerzas elementales de la vida. Con el pensamiento y la acción correctas, especialmente la comprensión de nuestro propósito, que es nuestro regalo en este tiempo, podemos traer abundancia y una gran paz a través de la comprensión pacífica en nosotros mismos y reavivar el sagrado Fuego de la Sabiduría. Ese fuego arde dentro de cada uno de nosotros, esa semilla de claridad siempre está ahí. Quizás se ha oscurecido por los pensamientos y las relaciones. Cuando olvidamos ver la continuidad de un pensamiento que comenzamos, o quizás cuando no hemos llevado a cabo completamente nuestro plan para realizar y comprender la vida, pueden surgir obstáculos y obstrucciones en la corriente de la mente y aparecer en muchas dimensiones. Uno puede ver un camino claro y generar la fuerza vital para andar con mucho cuidado y seguridad por el camino. La duda es algo a lo que hay que dar la espalda. Es una oportunidad para explorar en profundidad. Cuando encuentres dudas en ti mismo, mira y comprende la corriente de tu pensamiento. Vemos que cada uno de nosotros está co-creando la realidad a través de tres fuegos creativos: el fuego de la voluntad; el fuego del amor, la sabiduría o la compasión; y el fuego de la inteligencia activa, construyendo la mente. Estos son fuegos de verdad siempre ardiendo en tu columna vertebral.

La belleza y la verdad son conceptos que se llevan en la mente natural. Los pueblos indígenas que hemos vivido y caminado sobre esta parte de la Tierra durante mucho tiempo y que compartimos una cosmovisión circular, una cosmología circular, nos reconocemos como cuidadores. Eso es lo que tienen que decir los pueblos indígenas de esta parte del mundo, ese es el deber especial. Ha llegado el momento de que todos reconozcamos nuestra sabiduría de cuidadores, de que cuidemos nuestras palabras y nuestras acciones, para que produzcan lo que es bueno. Debemos cuidar nuestros recursos, para que estén disponibles para nuestros hijos de siete generaciones en el futuro.

Todos podemos cuidarnos hablando con voz firme, afirmando que somos seres humanos vivos y que elegimos vivir en armonía. Como los salmones que han ido río abajo y se han adentrado en el océano, nosotros también volvemos a nuestros lugares de desove. Buscamos conocer la fuente de donde hemos venido. ¿Cuál fue el primer pensamiento que te hizo nacer?

Para los Tsalagi, los Siete Danzantes, se dice que el sistema estelar de las Pléyades es nuestro hogar. A través de esas siete ruedas de energía, esas puertas, el mundo tal y como lo conocemos se ha manifestado. Así que el siete es un número significativo y esas estrellas giratorias también se relacionan con energías dentro de nosotros mismos. Son puertas a través de nuestra mente, de nuestro corazón. Alineado en la acción correcta, uno es capaz de conocer y ver las cosas como son sin pensar en "qué pasaría si, tal vez" -consciente en el ahora. Esta es una práctica de la mente, toda una visión del mundo que permite que la mente de la relación se desarrolle y se manifieste. Asumamos la responsabilidad de los pensamientos que hemos creado y realicemos en nuestros corazones la resolución significativa, el fuego encendido de nuestra verdadera comunicación, el amor.

¿Cómo vamos a hacerlo? El cómo es lo más importante. Todos formamos parte de un círculo; somos energías que se reúnen, y podemos elegir cómo continúa esa energía. Afirmando la vida, reconociendo y respondiendo a las energías que conducen a una relación correcta con la Tierra y entre nosotros, manifestamos la belleza. ¿Qué es una relación correcta con la Tierra? Viviendo en la ciudad, a veces uno se olvida. Es honrar el ciclo de las estaciones, saber que cuando florecen los frutos de primavera tienes mucho que agradecer. Tus oraciones y tu agradecimiento tienen mucho que ver con el regreso de la cosecha. Todos sembramos semillas y todos somos jardineros. Son los pensamientos que ponemos en la Tierra los que dan lugar a la calidad de nuestra vida cotidiana. Ser consciente de esos pensamientos forma parte del despertar a un sueño, una práctica que se enseñó a muchos jóvenes en esta tierra. Tal vez, en tu corazón o en tu infancia recuerdes algún aprendizaje similar. Los ancianos enseñaron que es responsabilidad de cada individuo despertar en el sueño.

El primer paso para despertar en sueños es aclarar el objetivo de la mente antes de dormir. Así me lo enseñó mi abuelo:

Cuando te prepares para la noche, antes de acostarte, haz ofrendas de cedro o enebro, invoca la luz de la mente clara para que se manifieste en tu sueño como una acción en beneficio del pueblo y aclara tu espacio para dormir con el incienso sagrado y tu oración. Túmbate en la cama, descansa y repasa el día transcurrido. ¿Has actuado en el día con tu verdadera luz de sabiduría? Reconócelo y di: "Oh, esto continuará". Y si ves en la visión general del día que de alguna manera no te relacionaste completamente, di: "Ah, ese es un error que corregiré en mi manera de relacionarme", y ve ese momento, esa interacción llevada a una resolución armoniosa. Así, en el ahora nos encontramos correctos. Luego afirma cuatro veces: "Recordaré mis sueños esta noche", y al despertar por la mañana anota en tu diario tus recuerdos del sueño de esa noche. Así se fortalecen los hilos que unen tu mente individual con la mente universal.

Hemos visto errores a lo largo del tiempo. Hemos visto que ciertos métodos de educación, en lugar de mejorar el intelecto, han provocado en muchos sentidos un cierre de la mente, un embotamiento de la mente. Volvemos a algo muy básico: experimentar y comprender a través de nuestros ojos, a través de la lente de nuestra mente y nuestro ser. Todos respondemos a los símbolos que nos rodean, y los símbolos que creamos deben crearse con cuidado.

Aquí está de nuevo la responsabilidad de la intención clara. Comienza al despertar. Se convierte en tu práctica diaria, al despertar, ofrecer una oración, dar gracias por la luz que brilla, la luz de la mente pura dentro de ti, y la semilla de la acción correcta. Así, de forma sencilla, nosotros como seres humanos damos forma a nuestro destino y a nuestro mañana. Tejemos un tapiz de luz con nuestros pensamientos y nuestras acciones. Tejer un tapiz con comprensión y claridad, esa es nuestra práctica. En cada momento, ser consciente, saber en este momento que estás respondiendo desde este momento y no reaccionar desde el pasado, estar aquí ahora: ese es el reto, que el adulto pueda manifestarse verdaderamente como adulto. Esa es la práctica de conocer tu propia mente.

Estas enseñanzas surgen ahora gracias a las palabras, oraciones y esperanzas de mis abuelos y ancianos, que han visto cambiar las cosas de muchas maneras y que también mostraron una comprensión y una paz con la vida de lo más bellas. Juré que hablaría de las lecciones que me habían enseñado, que llevaría los "hatillos de sabiduría" que me habían transmitido. ¿Qué es llevar un "hatillo de sabiduría sagrada"? Es llevar en el corazón el pensamiento de que como seres humanos podemos vivir en paz, que podemos dejar de lado la noción de escasez y volver a la realización de la abundancia y la paz. Esos pensamientos que llevamos dan forma a nuestro destino con ellos. Es hora de que pensemos en grandes jardines y cosas por el estilo. La lluvia abundante puede ser el agua del perdón, muy necesaria en este tiempo para que podamos trabajar juntos como grupos y familias. Es importante dejar a un lado los errores de comunicación que se han producido a lo largo de los años y saber que podemos, sin apego y sin una carga que nos haga volver una y otra vez al mismo tipo de comportamiento, hacer el perdón en nuestra mente. Podemos establecer una forma de pensamiento para que no tengamos que volver a actuar de una manera que cause dolor o la visión de separación. Cada uno de nosotros es necesario para el círculo.

Hay muchas maneras de empezar a manifestar la paz. Comienza justo en este momento con la percepción de la luz y el propósito dentro de la propia vida. Nuestras mentes danzan y dan forma a la fibra de la vida. Ver el propósito que uno tiene, esa nota especial, es un momento muy importante en la visión. ¿Cuál es nuestro propósito, cuál es el don que aportamos? ¿Qué importancia tiene nuestra voz en la danza cósmica que se está desarrollando? Tu voz es una cuerda en un arpa; tus pensamientos son los matices que continúan y continúan. Estamos tejiendo un tapiz de vida. A medida que reconocemos el flujo, el ciclo, el ritmo dentro de nosotros mismos, llegamos a saber que hay ciclos de luna, de mente, de energía etérica siempre pulsando, siempre cambiando, siempre renovándose. Así es como estamos siempre transmutando. Ese es el poder, la renovación de la fibra misma de la vida, cuando uno decide en el corazón hacer las paces consigo mismo. El perdón es el bálsamo, el gel calmante, para que uno reconozca la sabiduría y la capacidad del amor, la compasión que aparta el miedo y la ira, la compasión que reconoce la belleza, sosteniendo la forma de nuestra iluminación planetaria.

Somos los días, somos las noches y somos las estrellas que iluminan las salas estrelladas. Somos seres sagrados. Recordar esta verdad es sentir el sol y la luna dentro de nuestro propio cuerpo como espirales danzantes, grandes misterios de la mente que se despliegan. Es sentirnos sostenidos por la Tierra y sosteniendo a la Tierra a través del pulso de cinco principios, cinco tonos, cinco ríos de color y sonido que pasan por el ombligo. Del vacío surgió un sonido, y ese sonido es la intención, la voluntad de ser. La intención pone en movimiento la sabiduría del saber, sabiduría que se ve a sí misma como amor. El amor reconoce la voluntad y la intención y sabe que la actualización llega a través de la inteligencia activa, la mente activa. El triángulo sagrado da nacimiento a la forma: triángulo sagrado, en todas las culturas el símbolo de la manifestación.

Sonido sagrado, cinco sonidos que surgen del vacío. Esos cinco sonidos sagrados tienen la capacidad de conectar los hemisferios izquierdo y derecho de nuestro cerebro, y tienen una capacidad curativa, porque cada sistema de órganos del cuerpo resuena con un tono particular que se mueve en un ciclo, una escala pentatónica. La naturaleza humana se relaciona con un ciclo de cinco, la música de todos los pueblos antiguos tiene una escala pentatónica. La escala pentatónica es simétrica, igual que la belleza de nuestra naturaleza tiene una forma ordenada. Hay una cierta fuerza en esos intervalos de la que no podemos hablar, pero que podemos oír. Nuestros cuerpos y nuestras mentes responden. Somos la música, somos el sonido, porque todo es vibración, y la vibración es conciencia. Mira el sonido. Escucha la luz. Date cuenta de lo que somos: en constante cambio, en constante movimiento. Y dentro de ese movimiento hay una quietud perfecta.

El sonido de la Tierra es un pulso dentro de nosotros, y podemos alinear ese pulso a través de la danza y del canto. Hay un canto muy antiguo, llamado el Canto de la Tierra, que surgió en lo que ahora es el Estado de Nueva York: trata de los Paumonkees, una gran nación india de hace mucho tiempo. Hace algunos años llegué a esa zona con un indio de América Central. Algo nos llamó con mucha fuerza, atrayendo el corazón y todo el ser hacia cierto lugar en el bosque, más allá de un prado. Allí vimos un fuego, una luz que caminaba alrededor. Entonces oímos la canción. Era una Madre del Clan de los Ciervos que caminaba por la tierra, que mantenía un ciclo de oración y canto porque tenía el conocimiento y la responsabilidad de generar el bien. En su corazón sabe que su canción matutina trae alegría al mundo, que mantiene la salida del sol, igual que nosotros sabemos que las danzas de los Hopi mantienen intacto el planeta. La canción, el movimiento, el pensamiento, todo es uno. En este momento, nuestra tarea como seres humanos es darnos cuenta de la canción sagrada y del papel que desempeñamos en esta danza, y estar atentos al flujo, *ser* lo que somos.

El movimiento, el sonido, están en ti mismo, eres tú mismo. Recibimos energía a través de la parte superior de la cabeza, a través de la base de la columna vertebral, espirales ascendentes y descendentes de energía, moviéndose dentro de nosotros y en espiral a nuestro alrededor en corrientes contrarias. Siente la luz, siente el sonido moviéndose a través de ti mientras cantas una sencilla oración desde tu corazón.

Siente la respiración, siente la conciencia expandiéndose, perdónate a ti mismo, reconoce la luz de ti mismo. Sé consciente de las espirales de energía que se mueven por la columna vertebral. Deja que el corazón se abra. Deja que la respiración fluya, que el diafragma esté lleno y libre en su movimiento. Siente la energía de la Tierra subiendo por la columna vertebral, la energía del cielo bajando en espiral por la parte superior de la cabeza, reuniéndose en el corazón y expandiéndose, irradiando hacia fuera. Simplemente reconoce ese poder de amor que eres tú mismo y el universo en uno. Comprendiendo el corazón de ti mismo, hay conocimiento de todas las cosas, porque el amor y la sabiduría son una energía que fluye, una corriente de conciencia en la que todos nadamos. Ser un "Entrado en la corriente" es ser uno con el flujo, libre de emociones conflictivas de separación.

Escucha el sonido sagrado. Permite que se manifieste la perfección, el patrón de alegría y armonía en el cuerpo. Acepta la luz de ti mismo. Sin vergüenza, sin culpa, sólo observando la mente. Con el tiempo, la mente se aquieta. Todos los pensamientos y planes surgen, simplemente déjalos venir, porque la inhibición es la negación de lo que es. Simplemente seamos quienes somos. Reconoce que todos esos pensamientos están fluyendo y se aquietarán. Asumir la responsabilidad de los pensamientos. Si uno piensa: "No puedo" o "No lo haré" o "Mi vida está llena de desesperación", entonces esa vibración se convierte en realidad. Afirma el verdadero conocimiento del corazón: "Mi vida está llena de alegría", sabiendo que la familia de la vida se mueve en armonía y correcta relación, que de la primera luz surgieron dos, y luego tres. Esa luz azul-blanca de la voluntad dio a luz una luz roja, una luz rosa de amor y sabiduría. Y el amor-sabiduría, explorándose a sí mismo, dio nacimiento a la luz dorada de la inteligencia activa. Del Uno nacieron los Tres, del sonido sagrado.

Del Uno hemos venido y al Uno estamos volviendo. Sólo dentro del cuerpo único en el que estás sentado en este momento, hay muchos seres, tus células y tu potencial. Estar en contacto con todos esos seres, y expresar armoniosamente la sabiduría de los muchos dentro del Uno, eso es estar integrado, eso es resplandecer en gloria.

En esta exploración profunda y compasiva de todo lo que somos se produce un proceso alquímico. Hay una transformación de la energía: los electrones empiezan a girar de forma diferente. Y la mente reconoce que es continua. El tiempo es un río, sin principio ni fin. Elegimos en nuestro pensamiento crear ciertas formas y patrones. En este momento te invito a concentrarte, a explorar las formas que hay dentro de tu cuerpo físico, sintiendo las tres cualidades de la mente, infundidas por el poder de la voluntad, la luz de lo que es, y el equilibrio del vacío, cero, como revelan los órganos huecos. Escucha lo que hay en tu interior; reconoce la sabiduría que eres. Invoca una transformación dentro del cuerpo, dentro de la mente, un cambio del giro de los electrones, para que puedas volver a la armonía con lo que eres, quemando los conceptos de "ellos" y "nosotros", revelando la unión de la mente.

A través de la respiración la Tierra y el cielo se encuentran; a través de la respiración sentimos el equilibrio de madre-padre en nuestro interior. Recordar esta unión es una forma importantísima de renovar la Tierra y nuestros corazones. El ser humano tiene muchas facetas, muchos mundos dentro de la luz. Primero es un pensamiento, una idea de seres humanos que viven en armonía; luego es una experiencia real y un reto en tu vida encontrarte y reconocer, desde la profundidad de tu naturaleza, las muchas facetas de la luz cristalina, verte a ti mismo y a cada persona que conoces como una faceta en un cristal maravilloso. ¿Cómo cantar tu canción? ¿Cómo mantener la forma de que somos seres de luz, seres planetarios, seres universales, capaces de vivir en armonía? ¿Cómo mantener la forma de seres abundantes capaces de convocar todo lo que se necesita para la gente? Dentro de nuestros corazones y mentes, dentro de la luz de la imaginación, empezamos a ver el camino de la resolución. Lo primero es hacer las paces con nosotros mismos y con todos los que conocemos. Romper los diques helados del orgullo, dejar fluir las aguas del perdón. Siéntete seguro de ti mismo en el camino de la exploración, buscando energéticamente realizar la iluminación plena en beneficio de todos los seres. Saber que la ira, el dolor, la vergüenza, la culpa son sólo formas de pensamiento, ondas en el lago tranquilo. Hay una cualidad de ti mismo que puede detener la formación de esas formas de pensamiento, vaciando el apego a las ideas de conflicto, separación, escasez. Esos pensamientos surgen. ¿Eres estos pensamientos?

Propósito de vida

¿Cómo establecer las prioridades en tu vida, para hacer un orden correcto? La primera prioridad en la vida es ser fiel al principio creativo que hay en ti mismo: reconocer que tienes el don de la vida y ser un cuidador de ese don. La segunda es la responsabilidad hacia tus padres, tu familia y tus amigos: ver lo mejor en ellos. Invocar lo mejor de los demás, comprender tu propósito especial y la razón de tu vida, y no dar lo que sabes hasta estar seguro de que crecerá, eso es importante.

¿Cómo estar seguro de tu propósito? Fíjate en lo que te viene con facilidad. ¿Cuáles son los dones que más fácilmente se manifiestan en tu vida en este momento presente? ¿Cuáles son las áreas en las que te sientes llamado a trabajar? ¿Existen las habilidades o no? ¿Cuándo sientes el flujo de energía más claro? ¿En qué parte de la Tierra te sientes cómodo? A medida que analizamos esa energía, a medida que analizamos la sensación de plenitud y relajación en el corazón y la sensación de sentirnos fuertes o débiles, somos más capaces de determinar con claridad cuáles son nuestras habilidades particulares y qué áreas debemos desarrollar más en esta vida.

A veces tenemos cuatro o cinco propósitos en una vida. Algunas personas florecen rápidamente y realizan muchos logros. Otras son como alguna orquídea muy rara, que se desarrolla y florece lentamente, casi en secreto, y luego, años y años después, cuando la gente ha olvidado que la semilla fue plantada allí, florece. Así que no necesitamos preocuparnos por cuándo o cómo nos reconocemos para complacer a los demás. Comprendemos nuestra verdadera entidad de acuerdo con nuestro propósito de vida y el desarrollo de nuestra propia visión y las acumulaciones de fuerza de pensamiento que nos rodean de esta y otras vidas. La persona sabia va al meollo de la cuestión, examinando el corazón de su propia naturaleza. Primera responsabilidad: conocerse a sí mismo, comprender su propia mente. El conocimiento de uno mismo es el conocimiento de la voluntad, la clara intención de ser, viendo sus hilos mientras teje todos los aspectos de la vida. Y es responsabilidad de cada uno comprender a su familia, a sus parientes. Comprender a tu familia es reconocer la energía lunar y solar dentro de ti, lo positivo, lo negativo, la madre, el padre, y cómo en el centro de tu columna vertebral hay vacío y el potencial del cuerpo de sabiduría infantil que surge. También es muy importante tu relación con tus compañeros de trabajo y tu clan, y la tierra en la que vives, y la nación. Así que en realidad es bastante simple. Comienza contigo y con la Creación.

A medida que afinas tu concentración mental en manifestar tu potencial de forma creativa y armoniosa, se produce la reciprocidad del universo diciendo: "Eso es bueno". Para el joven estudiante universitario, es la beca inesperada; para la persona de negocios, puede ser la gente diciendo: "Quiero ese producto". El universo está respondiendo siempre a nuestra pregunta: "Esto es bueno, esto es correcto", o quizás: "Espera a eso". Así que no tomamos una decisión solos. Tomamos nuestra decisión en relación con el mundo que nos rodea. ¿Cómo beneficia al mundo mi deber como individuo, cómo benefician al mundo mis dones como individuo? ¿Cómo está volviendo? ¿Puedo escribir algo que ayude a la gente?

A veces somos conscientes de nuestros dones y nos preguntamos qué necesitaremos para sacarlos a la luz. ¿Cómo apartar lo que oscurece nuestro gran potencial? Esto es muy importante. Aquí puedes recurrir al poder creativo del ritual. Haz un lugar especial, una zona de santuario, un lugar de oración, un lugar de estudio, observando tu propia naturaleza y todo el mundo desde ese lugar. Haz ofrendas de salvia y hierba dulce o incienso y mirra, lo que sea bueno para ti, para aclarar el espacio. En el ojo de la mente, en el ojo del corazón, rodea el área con luz, para que puedas tener una dirección clara, una conexión clara con la semilla de tu mente perfecta. Luego observa si hay ciertas actitudes mentales que se interponen en el camino. A veces la gente tiene miedo al éxito; ese es un miedo común. ¿Cómo superar este miedo al éxito, a lograr tu objetivo? En realidad, eso es pereza, porque sabes que puedes lograrlo, pero surgen todos esos pequeños "si" y "qué".

¿Cómo superar esos "si" y "no"? ¿Cómo es que hemos perdido el poder sobre nosotros mismos? ¿Cómo es que hemos perdido la paz esencial que hay dentro de cada uno de nosotros? ¿Cuáles son las actitudes y los pensamientos que nos impiden ver con claridad lo que somos? En la forma de entender de los nativos americanos, la primera ilusión a la que nos enfrentamos es la ilusión del orgullo, de lo superior y lo inferior. En el círculo todas las cosas están relacionadas, ni arriba ni abajo. Nada está solo, todo está junto. Estamos en la familia de la vida. Cada uno de nosotros lleva esa chispa de voluntad, esa chispa de mente clara. Cada uno de nosotros tiene un propósito especial y una razón para estar aquí en este tiempo. Para descubrir ese propósito sagrado realizamos una búsqueda de visión, un viaje interior. En un viaje al Templo del Entendimiento podemos clarificar nuestra comprensión y llegar a un verdadero conocimiento de nuestro don y propósito en este tiempo.

El Templo del Entendimiento está dentro de nosotros y a nuestro alrededor. Dentro de este templo hay una gran biblioteca donde se guardan los registros de todas las cosas. La biblioteca es una sala de estudio para todos y cada uno de nosotros, en la que hemos almacenado todos los programas de nuestra expresión en esta vida y en las otras vidas que coexisten. Al mirar, primero quieres afirmar el propósito de estar aquí, hacer el bien, y luego mirar los patrones de vida que te han estado moviendo a través de esta vida, para ver si están en armonía con tu propósito primario en esta vida. Si no lo están, hay un fuego que siempre arde y nunca echa humo, allí dentro del templo. Este fuego es donde los viejos patrones deben ser arrojados mientras escribimos un nuevo modelo de conciencia, una afirmación muy clara de nuestro propósito. Si sentimos miedo en nosotros mismos de encontrarnos con nuestras cualidades divinas y el poder de nuestro ser, la fuerza creativa, queremos tomar ese guion y quemarlo y escribir uno nuevo, que diga: "Seré todo lo que debo ser y manifestaré todos mis dones". También es bueno observar las relaciones, ver cómo compartimos con otras personas. ¿Dónde están los puntos de menor resistencia y de comunicación más clara? Afirma esos puentes, esas fibras de vida. Y las obstrucciones, las actitudes y los patrones de relación que se interponen en el camino para que manifiestes plenamente tu potencial, deben ser derribados, liberados, ofrecidos al fuego.

Básicamente, hay siete clases de seres humanos, así lo han dicho los Tsalagi. Está la persona que se mueve a lo largo de la línea de la voluntad; puede ser el guardián del tiempo, el tamborilero. Está el Pacificador, el Jefe Blanco que nunca derrama sangre, que es la persona del camino compasivo, la que siempre busca traer la paz y apartar la ira a través de la oración y las acciones generosas. Está el que construye a través de la visión, el que ve a lo largo de la luz dorada de la mente clara y produce con la mano, la palabra y la acción lo que es beneficioso para todos. Luego están los constructores de lugares hermosos, que llevan el sueño a una formación sólida en beneficio de todos y que tienen una forma de comprender y comunicarse a lo largo de toda la corriente de la mente del clan, la mente del grupo. Y están los científicos, los que se han fijado en los detalles, los que han observado muy atentamente para ver: "Oh, esto y esto juntos tienen un cierto efecto sobre el entorno, esto y esto juntos producen la sabiduría de la biorresonancia; el hombre de la montaña tiene pensamientos elevados y el hombre de la orilla tiene la sabiduría de las olas". Esta es la ciencia de la biorresonancia, ver la sabiduría particular dentro de cada uno y reconocer que todo es uno. Y está la persona que comprende la sabiduría del corazón, la que se dedica al ideal, a hacer surgir para beneficio de todos los seres lo que es bueno. Esta persona no se preocupa por la ciencia, ni por el cómo, sino sólo por el ser y el hacer, una devoción completa en beneficio de todas las personas. Luego está el agitador, el transformador, el creador de fuerza vital. Es el que sacude las viejas formas de pensamiento, apartando lo que debe apartarse. Esa es la persona que lleva la amatista; esa es la persona que brilla con la llama violeta.

Cada uno de nosotros, en algún momento de nuestra vida, está irradiando y resonando según esos diferentes rayos. Cuando llegamos a la integración completa, tomamos una decisión: ¿Continuaremos nuestro trabajo sólo para nuestra propia iluminación, o continuaremos trabajando en beneficio de todos los seres? ¿Continuaremos en la Tierra, o nos convertiremos en la semilla de una vida futura, de un planeta futuro? Estas islas en tiempos de confusión, estos seres que deciden hacer una estación de paso para la mente en expansión, son maestros muy maravillosos. Mi maestra, mi abuela Nellie, se ha convertido en un planeta, pues su corazón era tan grande y sus oraciones eran puras. Siempre traía gente a casa para comer con ella, y a veces sus hijos y otros decían: "¿Por qué haces esto?". Y ella miraba, sonreía y decía: "¿Tienes suficiente, querido?". Nos recordaba la abundancia del universo y el poder de la compasión. El don de dar es el don de recibir. Así que su camino fue llevarla más allá de este tiempo para crear un lugar de descanso para aquellas mentes que se han expandido más allá del aprendizaje de la Tierra. Y otros deciden permanecer en la Tierra hasta que la última persona, el último ser, reconozca y comprenda el Misterio de la vida.

Sé consciente del poder de la mente, recuerda que todos estamos en proceso, desplegándonos, y permítete conocer la libertad del sufrimiento de la duda. Podemos elegir, tejer, sostener la forma y bailarla. Luego llega el momento en que se recuerda esto en cada uno de nosotros. Somos seres humanos. Podemos vivir en armonía y dignidad. Podemos hacer la paz, nos empoderamos para ser pacíficos. Es una afirmación, una esperanza, una visión. Por la fuerza de su sonido, es una realidad.

Que nuestros corazones reconozcan siempre la luz clara de la mente. Afirmemos nuestra integridad como seres humanos. Afirmemos el modo de resolución complementaria en nosotros mismos y en todas nuestras relaciones. Honremos la luz de la mente clara en cada persona con la que nos encontremos. El Camino de la Belleza, la Gran Paz, es el encuentro con nosotros mismos, la percepción de nuestras mentes y el cese de aquellas ondas y formas de pensamiento que crean discordia. Sembremos la semilla de la paz en todas nuestras acciones, pensamientos y palabras. Renovemos el aro sagrado.

Ꮂ ᎭᏳᏯᎭᏂᏩ

He! ha yu ya ha ni wa - Yo ho!

ᏥᏚᏱᏁᎭᏚᏯᏅ

Tsi(s) tu yi ne ha(n) du ya un - Yo ho!

En Tsistuyi fuisteis concebidos - Yo ho!

ᏆᏩᎯᏁᏂᏚᏯᏅ

Ku wa hi ne he(n) du ya un - Yo ho!

En Kuwahi fuisteis concebidos - Yo ho!

ᎤᏯᏰᏁᎭᏚᏯᏅ

U ya(h) ye ne ha(n) du ya un - Yo ho!

En Uyahye fuisteis concebidos - Yo ho!

ᎦᏖᏩᏁᎭᏚᏯᏅ

Ga te(g) wa ne ha(n) du ya un - Yo ho!

En Gategwa fuisteis concebidos - Yo ho!

4

LA FAMILIA DE LA HUMANIDAD

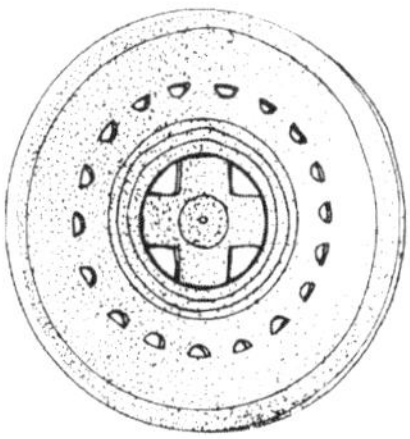

Que la clara luz de la mente despierta se manifieste. Que cada persona cante una afirmación de la belleza inherente. Que la mente que une a todos los seres sea reconocida como el fundamento de nuestra existencia compartida en la familia de la humanidad.

En la tradición tsalagi, el concepto de "todos mis parientes" comienza y termina muchas oraciones. Cada persona es vista como un pariente en el esquema de las cosas. Dado que nadie ha nacido recientemente del vacío, cada persona, a través de la energía de atracción y repulsión, busca a sus padres como puerta de nacimiento. Todas las criaturas comparten las relaciones de la vida en la Tierra. La relación entre los miembros de una familia establece los cimientos de una comunidad sana, ya que las familias forman barrios, pueblos, tribus y naciones. Las pautas de las relaciones individuales resuenan en todos los niveles de la existencia. El agricultor se relaciona con la tierra y los alimentos, el niño se relaciona con quienes le cuidan y el cazador se relaciona con lo que caza. Las cualidades mentales de cada individuo se pulen y refinan mediante códigos familiares y tribales o de clase de comportamiento ético, moral y "beneficioso". Tales códigos subyacen a la perspectiva del individuo.

La visión del agricultor percibe dónde plantar con mayor eficacia; el cazador ve el botín de lo cazado.

Una visión compartida del mundo da lugar a prácticas espirituales para mantener la armonía dentro de las familias, las tribus y las naciones. A través de relatos de enseñanza oral y métodos de actuación, los miembros de la comunidad se impregnan de la mentalidad cultural de esa banda. La visión común surge de la observación de los ciclos de la naturaleza. Las posiciones del sol y las estrellas dejan claro cuál es el mejor momento para la siembra y la ceremonia. A nivel familiar, es evidente que los niños nacidos en primavera tienen más posibilidades de sobrevivir. Los individuos que viven juntos, celebrando los ciclos de la vida, se dan cuenta de que ciertos comportamientos son más beneficiosos que otros para mantener la armonía del grupo. Esos comportamientos beneficiosos se convierten en la norma, expresada como responsabilidades espirituales y éticas. Las personas que demuestran sensibilidad para la comprensión y la comunicación sutiles son llamadas maestros espirituales; en el pasado, estas personas se convertían en candidatos al sacerdocio.[27]

Los tsalagi eran tradicionalmente agricultores y cazadores que vivían en relación inmediata con la tierra y las criaturas. El concepto de reciprocidad se expresaba y se expresa en ofrendas a la Tierra antes de la siembra y la cosecha, y en oraciones de agradecimiento y disculpa a los animales de caza. La idea de ofrecer agradecimiento y disculpas surge de una cosmovisión espiritual que ve todo en relación. Al mostrar agradecimiento por los seres comidos, ya sea carne, grano, fruta o verdura, se cuidan las semillas que quedan para futuros jardines; los huesos se convierten en herramientas o abono. No se desperdicia nada.

Así, un concepto básico de relación impregna todos los aspectos de la vida tsalagi. Los individuos se relacionan de corazón a corazón

27 La formación sacerdotal para los de sangre tsalagi sigue las líneas tradicionales. Sunray Meditation Society, una sociedad espiritual fundada por Dhyani Ywahoo y basada en las enseñanzas del linaje Ywahoo, forma a sus ministros con métodos tradicionales y modernos apropiados para quienes no tienen ascendencia nativa.

consigo mismos y con los demás, con la nación y con el planeta. De hecho, cada uno está relacionado con el universo entero. Todo está relacionado en este sueño de la vida.

La Tierra está viva y canta, llamándonos a recordar nuestro lugar sagrado y nuestra danza en esta vida. Nos llama a reconocer que todos caminamos alrededor de la rueda sagrada, que sea cual sea la tradición de la que procedemos, todos podemos rastrear nuestras raíces hasta el Gran Árbol de la Paz.

Hagamos de nosotros mismos una familia fuerte de la humanidad honrando y respetando claramente el don sagrado de la vida, manifestando la sabiduría de la compasión y cultivando la inteligencia activa para construir instrumentos de paz.

El fuego perfeccionado de la sabiduría arde dentro de cada persona. Tal vez sea sólo una brasa que espera el compromiso energético de uno para realizar la verdad. Aun así, la semilla de la sabiduría, de la mente perfeccionada, está ahí. Para que la semilla germine, deben caer las aguas de la compasión por uno mismo y por los demás. Considera cómo tu claridad mental puede ayudar a los demás. Al comprender tu propia mente, observa que tus preocupaciones diarias por la comida, la seguridad y la amistad son similares a las de otros seres. Considera lo que puedes hacer por los demás, adquiriendo así conocimiento de tu potencial y desarrollando medios para hacer surgir lo que es beneficioso. Al cultivar el cuidado y la preocupación por todos los seres, uno gana comprensión y puede transformar los patrones de discordia en su propia continuidad mental. La vida es un don precioso que hay que compartir. A través de una relación generosa, uno ve reflejada la naturaleza de la mente. Para los Tsalagi, la mayor riqueza es la amistad.

Todo ser humano tiene la obligación de devolver a este planeta y a todas nuestras relaciones el sonido de la belleza, el poder de la oración, el sentido de la armonía. Del vacío surgió un sonido y ese sonido fue luz, dando lugar a tres fuegos sagrados de construcción de la forma, tres Fuegos Mayores de lo Alto. La Voluntad sagrada, nuestro ímpetu de ser, nuestra intención manifiesta en nuestra acción y las causas de nuestro continuar. La sabiduría es una corriente siempre fluyendo, un sentido de nuestra unidad con todos los seres, una comprensión de que lo que se arrastra, camina, vuela o nada es algo relativo a cada uno de nosotros. Al reconocer esa corriente en nosotros mismos, surge un sentimiento de asombro y respeto por la vida tal y como se manifiesta en cada parte de la corriente. Sabiduría discriminativa, comprensión, intelecto, finamente afilados, reflejando la única Luz Clara. Responsabilízate de tus pensamientos; cultiva semillas de buenos mañanas. Es necesario hacerlo ahora.

Al reconocer la simetría sagrada del universo, observamos que los deseos y pensamientos que nacen del corazón producen resultados particulares. Un corazón lleno de ira provoca conflictos, pero un corazón lleno de alegría inspira acciones alegres. El deseo de manifestar una mente pacificadora nos encamina hacia la resolución de conflictos. La fe en que "se hará" aviva las llamas de la perspicacia. En ese momento en el que te alineas con la fe, con un sentido de la verdad, se produce un flujo de energía que no sólo atraviesa tu propio ser, sino que también toca el corazón de la Tierra.

La Madre Tierra nos sigue alimentando a través de un cordón umbilical invisible. De su seno surgen cinco cualidades de energía que entran en nuestros ombligos como energía sonora para cada sistema de órganos. En Norteamérica, la nota musical A alimenta el hígado, permitiendo que nuestras intenciones arraiguen en la forma. La nota C alimenta el corazón y el intestino delgado, enviando ondas de calor para germinar semillas de buenas relaciones. Las ideas y la transformación son agitadas por la nota D que fluye hacia el bazo y el estómago, mientras que los riñones reciben la nota G, fortaleciendo la sagrada voluntad de ser. La nota E alimenta los pulmones, y la mente conoce, reconoce, la serenidad en el flujo.

Cinco corrientes que fluyen por el ombligo, corrientes que nutren el cuerpo, expresión de la mente. Al igual que la nota pulsada en la cuerda del instrumento hace surgir sobretonos que generan múltiples armonías, así también el ser humano pone en movimiento campos de gran resonancia. Es el ser físico, el ser mental, el que se inscribe en el campo, y todo se despliega a través de la vibración. La intención, el pensamiento, es una vibración cuyos matices pueden percibirse en la forma física. Una forma de ver claramente esta relación es en la alineación de los sistemas de órganos a través del sonido; esto puede provocar cambios en todo el ser. Por ejemplo, la respuesta de relajación corporal a una música determinada puede expresarse mediante una respiración más profunda.

El hígado, en la curación Tsalagi, está relacionado con el elemento de la madera. Son las raíces de tu conciencia en forma física. El hígado alimenta el alma, a través de la asimilación y la síntesis. Su mayor poder está en la síntesis de la experiencia. Esa experiencia vuelve a la corriente de toda tu naturaleza integrada a través de la eliminación de obstrucciones en el sistema nervioso, especialmente en los tres canales principales de la columna vertebral. Estos canales son los tres fuegos de los que hablamos: voluntad, compasión e inteligencia activa.

El corazón recibe el espíritu. El espíritu se refiere a ese proceso mental individual que elige encarnarse, aprender, llevar la sabiduría particular a la fuente de su naturaleza. En términos de función física, el espíritu puede describirse como el aspecto individualizado de la mente. El corazón también alimenta el intestino delgado, los procesos de digestión y construcción. Todos estos están relacionados con el elemento fuego.

El bazo se relaciona con las ideas y la transformación, rompiendo lo viejo y construyendo de nuevo lo nuevo, en relación con los factores sanguíneos. También tiene un corolario en términos de nuestra conciencia. Es un órgano cuya naturaleza sutil, cuya contrapartida etérica, está muy implicada en el proceso de transformación, al igual que las glándulas suprarrenales. El bazo tiene la misma carga, mientras que el hígado y el corazón tienen una carga más positiva. El bazo es elemento Tierra y también tiene fuego. Al igual que en la música una nota contiene todo el sonido: dentro del yin está el yang, dentro del yang está el yin; dentro del norte está el sur, dentro del sur está el norte. Siempre existen esos contrapuntos en las simetrías internas. En determinados momentos del ciclo humano se invierten, las resonancias cambian. Eso está relacionado con los biorritmos de cada uno. Ser consciente de estos cambios y moverse en armonía con ellos es también estar más cómodo caminando por el Sendero de la Belleza. Todo vuelve a nuestra intención, nuestra acción, nuestra relación; vemos ese ciclo de reciprocidad, ese ciclo de renovación, continuo con nuestro pensamiento. Así nos potenciamos y trabajamos los ecos significativos de la armonía en nuestro entorno. Nuestra capacidad creativa e intuitiva también se ve potenciada por la conciencia de los ciclos.

Los pulmones tienen una carga femenina o negativa-receptiva. La energía femenina se expande hacia el exterior. La mejor percepción de estos principios del yin y el yang, el sol y la luna, como factores cohesivos en el universo, es percibir las espirales ascendentes y descendentes de energía luminosa en la columna vertebral y las ondas expansivas del corazón. Los pulmones se relacionan con el pensamiento del lóbulo frontal a través del elemento del metal. Gran parte de nuestro proceso de transformación, especialmente a nivel emocional, se produce a través de los pulmones y del puente o puerta de energía que hay detrás del corazón. El cuerpo necesita un cierto equilibrio para que la energía fluya, para que las puertas se abran. Hay varias puertas de este tipo en el cuerpo: la columna lumbar, justo encima del sacro y detrás del ombligo; el plexo solar; detrás del corazón; detrás de la garganta (primera vértebra cervical); y en la médula (séptima vértebra cervical). Son lugares de la columna vertebral donde la energía suele acumularse y oscurecerse hasta que se producen ciertos cambios de conciencia, postura, respiración. Los fuegos que atraviesan estas puertas son los fuegos de la voluntad, del amor-sabiduría y de la inteligencia activa.

En esta época, el hígado trabaja al máximo de su capacidad y más allá en el proceso de asimilación de la gran cantidad de información de que dispone el ser humano y en la transformación de los contaminantes. También hay una gran cantidad de contaminación mental que el hígado trata de descomponer. En tiempos de estrés, el hígado se ve obligado a equilibrar nuestros excesos. Podemos ayudar conscientemente a este proceso haciendo más completa la relación del sol y la luna en nosotros mismos, y de los pies con la tierra, y disolviendo aquellos patrones de pensamiento y hábitos que añaden estrés al cuerpo físico.

El sonido es el mayor sanador de la medicina Tsalagi. A través de los tonos del canto medicinal, se recuerda a los órganos físicos su tono óptimo. A través de la comprensión del sonido, uno entiende el misterio de la formación no formada. A través de tus patrones de pensamiento y habla, determinas tu mañana.

Ciertos sonidos también dan información sobre el estado de los sistemas orgánicos. El sonido de un grito transmitirá que hay desequilibrio en el hígado. Cuando la voz de una persona se eleva involuntariamente, se vuelve fuerte, esto sugiere que hay una acumulación de bilis, que es la duda sobre uno mismo, la negación de uno mismo. Hay muchas relaciones recíprocas del pensamiento con los sistemas de órganos y el funcionamiento de toda la persona. Tal vez el movimiento de la bilis esté obstruido por algún pensamiento de ira que no recibió expresión. ¿Qué se puede hacer como amigo, como sanador, para que la persona se dé cuenta de ello? Se puede enviar sonido y luz directamente a esa parte del cuerpo. El sonido para el hígado, la nota A, puede romper cualquier piedra que pueda estar obstruyendo el conducto biliar.

El sonido para el corazón es *Ah,* el sonido de la risa. El sonido para el bazo es cantar. Cantar transforma, incluso cantar suavemente para uno mismo es transformador. Los pulmones, lloran, se lavan. Luego está el gemido de los riñones.

Los orificios o puertas del cuerpo que se relacionan con los sistemas de órganos incluyen los ojos para el hígado; las orejas para el corazón; la nariz para el bazo; la boca para los pulmones; y la uretra para los riñones. Y en relación con las partes del cuerpo alimentadas por los sistemas de órganos: el hígado alimenta los ligamentos y los músculos; el corazón alimenta las arterias; el bazo alimenta los músculos; los pulmones alimentan la piel y el cabello; los riñones alimentan los huesos. De este modo, la intención de uno está arraigada en el cuerpo del "ahora".

Al igual que nuestros sistemas orgánicos se sustentan en la compasión de la Madre Tierra, ella se sustenta en nuestros cuidados. Devolver a la Tierra el aprecio y el cuidado de sus aguas, montañas y atmósfera es responsabilidad de los niños. Esa es nuestra canción en este tiempo.

La voz de la creación canta su canción. Reconozcamos su poder. Pongamos nuestros corazones y nuestras mentes en un lugar de afirmación. Vemos muchas cosas que suceden en la nación y en el mundo en este momento, acontecimientos que surgen de una idea de separación. Mantengamos en nuestros corazones el sentido de lo sagrado y la afirmación de que cada uno de nosotros es un ser sagrado. Hacer la paz en nuestros corazones es comenzar el proceso de desarme. A medida que derribamos las fortificaciones de nuestros propios corazones y mentes, empezamos a comunicarnos plenamente con todos nuestros parientes.

En Tsalagi, el agua es *ama,* conciencia, como "mama", y cuando despertamos a las propiedades limpiadoras del agua, entonces podemos lavar los obstáculos a la buena relación con uno mismo, otros, la Tierra. El primer paso es pacificar aquellos pensamientos, acciones y sentimientos que pueden oscurecer nuestro sentido de la relación o nuestro poder para ver con claridad y actuar con responsabilidad. La pacificación de las emociones de confusión se hace perdonándose a uno mismo y a los demás por lo que podría haber sido o debería haber sido, y permitiendo que la carga de emociones no expresadas se lleve en la mente-agua del perdón. Pacificar las emociones no significa negarlas o reprimirlas. Las emociones pueden ser un medio de comprensión.

La pacificación de las emociones requiere la comunicación con las corrientes subterráneas de los sentimientos dentro de la propia vida. Observando las emociones y los patrones de su surgimiento, uno puede responder sin dejarse llevar. Las emociones de miedo, ira, envidia, se ven como ondas en la corriente, causadas por vientos de confusión. La mente dedicada a acciones beneficiosas calma los vientos de confusión.

Entre los tsalagi, cuando los niños discutían sobre un objeto, éste se retiraba y se les animaba a observar el cielo. Los ancianos recordaban a los niños que centrar la atención en un objeto y tratar de poseerlo lo sacaba a uno del círculo de la armonía. A continuación, se invitaba a los niños a relacionar la gran plenitud de su experiencia con la inmensidad del cielo. "Mirad las nubes. ¿Qué veis? ¿Puedes ver a los seres del cielo?". Así se ponía la atención en una apertura tan grande que no se tenía ningún deseo de poseerla. Si esa enseñanza no quedaba clara para los niños, entonces se les recordaba a algún ser egoísta que, por querer poseer, perdió lo que tenía en la mano. A los que habían discutido se les pedía que ayudaran en alguna tarea, que sustituyeran los pensamientos de querer por pensamientos de dar. Esto daba a los niños un sentido de propósito.

Desarrollar la visualización nos permite invocar la luz de la visión clara para percibir el patrón de la acción correcta y nuestro propósito individual en la vida. Cuando uno se da cuenta del propósito de su vida, magnetiza esa visión para que pueda realizarse en beneficio de la familia, el clan, la nación, el planeta y todos los seres.

Cada tradición sagrada describe estos tiempos que estamos viviendo como una oportunidad para la transformación. Cada persona forma parte del Camino de la Belleza que conduce a la paz. Lo que la gente espera es una semilla que busca germinar dentro de nuestros corazones. Muchas personas esperan que se reavive el fuego sagrado de la paz. Algunos dirán que esperan a un determinado salvador, mesías o pacificador, pero todos esperan la paz. No podemos pensar que la nación esté fuera de nosotros o que el planeta esté lejos. Somos uno en este sueño.

Primeros pasos en nuestra propia purificación: Afirmar que somos luz y verdad y honrar eso en nosotros mismos. Afirmar la belleza y relacionarnos con el ideal de paz en nuestras relaciones humanas. Equilibrar en nosotros las corrientes solar y lunar, las energías materna y paterna. En la tradición del pueblo indio de esta tierra, "líder espiritual" es una forma de describir a alguien que expresa esa plenitud de corazón. Esa persona sabe que es madre y padre de todas las cosas, que da a luz un sueño en beneficio de todos los seres.

Cada uno de nosotros tiene este don potencial: hacer surgir el pensamiento de la armonía, llevar el maíz a su máximo crecimiento, hacer crecer el árbol frutal en el desierto. El poder de la mente humana, expresado a través de la acción compasiva y el servicio, es un fuego sagrado que renovará a cada uno de nosotros y está renovando a todos en este tiempo. Podemos escuchar la voz de la Tierra cuando se estremece y canta su canción expresando su cansancio. Nos está llamando la atención, para que estemos alerta, para que reconozcamos que ahora es el momento de transformar el pensamiento y la acción egoístas en un cuidado compasivo. ¿Queremos un mundo de paz y armonía? ¿Estamos dispuestos a crear esa paz en nuestro interior? ¿La invocaremos? Tú eliges. Tu pensamiento y tus acciones marcan la diferencia.

Voluntad, fuerza primordial de la vida, intención de ser; el círculo, óvalo, huevo, símbolo del Uno, el vacío fecundo. De ese vacío surgió algo y al reconocerse realizó el amor-sabiduría, arroyo siempre fluyente. Así surge el dos, separado del Uno al observarse a sí mismo: dualidad, "progenitor de la inteligencia", simbolizada por dos rayos paralelos de potencial luminoso. Como individuo que viene al mundo, primero aprendes a dominar el cuerpo sagrado, este templo construido por tus pensamientos. A medida que adquieres comprensión de ti mismo, el corazón conoce la necesidad de la amistad, y eso también se encuentra. El significado del yin y el yang, madre y padre, se revela en la danza de la vida, semillas de la familia que echan raíces en el Sur, jardín de renovación y acción. Así, el dos da origen a la relación en la familia, el tres, lo informe se manifiesta en la inteligencia activa: triángulo sagrado, puerta de entrada a la comprensión del entretejido de todas las cosas. En el triángulo se tiene la oportunidad de ver, de ser, de experimentar la vida. (Véase el Apéndice A, "La familia de la vida").

Todos somos creadores. El mero hecho de llamarnos juntos –como familia, como amigos, como compañeros de trabajo– es una creación que surge de la mente y el ser de cada uno. Hemos elegido estar juntos. La conciencia de elección y relación es medicina para nosotros en este momento. Que sepamos que podemos trabajar unos con otros, ver lo mejor de cada uno y mantener con diligencia y energía la idea de la verdad. Podemos mantener en nuestros ojos, dentro del sonido de nuestra voz, el concepto de resolución armoniosa. Esto es una práctica. Sé feliz. Recuerda, es nuestro deber sagrado dejar que esa energía de felicidad fluya de nuestros corazones, en lugar de entristecer las flores que nos rodean. Esto es lo que siempre nos han enseñado nuestros ancianos Tsalagi. Seamos como el nenúfar que flota en las aguas de la experiencia, enraizado en el barro y, sin embargo, siempre abierto al sol y a la clara luz de la realidad. Al principio es disciplina, luego un estado mental continuo, un reconocimiento de que es y de que uno simplemente es.

En estos tiempos se habla mucho de servicio. ¿Cómo servimos al bien? Como una abuela amorosa que cultiva lo mejor de sus nietos, guiándolos a todos hacia la sabiduría y la destreza, para que manifiesten su potencial. Tu don sagrado, ya sea el del sonido poético, o el de crear imágenes que traigan paz a las mentes de otras personas, o el de sentarte quieto, pensando pensamientos pacíficos, ese don debe ser expresado y compartido. La sabiduría de la danza sagrada, el movimiento de nuestras manos y nuestra mirada, devuelven a la Tierra un flujo sagrado. Del mismo modo que la energía de la vida se mueve a través de las vías fluviales sagradas, los meridianos de nuestros cuerpos, también se mueve a través de este planeta. Así nos comunicamos, dando y recibiendo la abundancia.

La enfermedad proviene de pensamientos de separación y conflicto, ideas de que puede que no haya suficiente o que uno no sea digno de recibir la abundancia de este universo. De la ilusión de escasez surge el miedo a compartir o a hacer lo que es necesario y beneficioso. La escasez es una ilusión, la alienación es un pensamiento. Un corazón egoísta es un corazón gravemente herido. Ese corazón se cura dando regalos, primero a mano propia, y luego compartiendo con los demás. Cuando se cultiva la generosidad, el Lago Mágico de la Sabiduría se hace evidente.

Hacia la luz, ven a la luz. Deja que la clara luz de la realidad brille sobre un prado dentro del ojo de la mente, una visión que calme la mente como la salvia sagrada, varita de dulce fragancia. Tan dulce, la fragancia de la vida.

Érase una vez un apuesto joven lleno de gracia y con una voz que encantaba a las estrellas. En un instante, sus seres queridos desaparecieron de la Tierra. Sin su familia, se sintió despojado y solo. Sintió que la vida también debía terminar para él. Cuando se iba a clavar un cuchillo en el corazón, un oso se acercó y le dijo: "*¡Ho yoho yoho!*

¿Por qué haces eso?" El joven se sorprendió de que a otro le importara, había olvidado que no estaba solo. El oso preguntó: "¿A quién pertenece ese cuerpo?". El joven dudó. El oso respondió por él: "Es una túnica que te ha prestado el Creador para que experimentes la vida. Puesto que te ha sido prestada y es difícil de conseguir, será mejor que no la destruyas".[28]

Este cuerpo es una oportunidad. No te pertenece sólo a ti, sino a todos aquellos con los que interactúas. Es un regalo, dado y ganado a través de tus acciones, para expresar la belleza de la Creación en este tiempo.

¿Cómo disciplinar la mente para que deje de aferrarse a su miedo a la muerte, a la vejez, a la condición humana? ¿Cómo ver la alegría, la preciosa oportunidad? Es una cuestión de elección, de práctica. ¿De qué estamos seguros en esta vida? Inhalas y exhalas, de eso estás seguro. Cuando todo lo demás parezca dudoso, céntrate en la belleza de la respiración y recibe su enseñanza del círculo, dando y recibiendo, todo en relación. La respiración sagrada, el sonido sagrado, un camino. Igual que el sonido de la oración es un hilo que teje la estabilidad mental, el manto de la mente clara, también lo es la afirmación: "Soy luz, soy amor". Afirmar la energía creativa en nuestras vidas es un mantra, una sanación de la mente.

Siente la sabiduría de tus ancestros, que veas la causa: tus padres antes, tu deseo de estar con ellos, de aprender a su alrededor; y el presente, lo que eres. Sólo por un momento reaviva ese fuego sagrado dentro de tu corazón. Que sea una visión, que sea un pensamiento. Vuelve a sentir esa luz dentro de tu corazón. Acepta las bendiciones de la creación. Acepta los dones que eres tú mismo. La espiral sagrada, su luz dando nacimiento a la forma, rodeándonos. Ni dentro ni fuera, ni arriba ni abajo, sólo el pulso de la energía de la vida dentro de nosotros mismos.

28 Se trata de un cuento didáctico tsalagi moderno basado en hechos reales.

Ese fuego, ¿está encendido? ¿Es esa luz de amor y transformación una imagen en tu corazón? La imaginación da forma al mañana. Lo que ahora es una idea será entonces una realidad. ¿Ves, tal vez, algunas limitaciones de pensamiento, algunas formas de ideas que se interponen en el camino de la plena expresión de tu ser sagrado? Colócalas en ese fuego de transformación. ¿Dudas de tu capacidad de ser? Arroja esa duda al fuego. ¿Buscas el perdón? ¿Hay alguien a quien deseabas expresar la belleza, y las palabras o las acciones no fueron suficientes? El perdón también es una corriente. Todos somos siempre puros y seremos perdonados a medida que nos perdonemos a nosotros mismos y volvamos de nuevo a ese fuego sagrado del hogar, el fuego del corazón. Perdonémonos a nosotros mismos y a los demás nuestras transgresiones en el mundo de la ignorancia.

Oh Agua Sagrada, vengo de nuevo a tus orillas,
veo la corriente de sabiduría que fluye sin cesar.
Oh Agua Sagrada, entro en ti, deja que te lave
esos pesados pensamientos que me mantienen
desde tu mar de ecuanimidad.

Oh Creador, nuestros ojos se aclaran,
la luz sagrada de la Sabiduría brilla en nuestros corazones.
Veamos, seamos
lo que somos.
Que todos los seres se den cuenta
de la Armonía y Unidad.

Una simple oración para que cada uno pueda entender y ver la belleza afirmada en su vida y en su acción. Y que aquellos que son nuestros líderes en el gobierno escuchen el sonido sagrado y actúen con responsabilidad para que los niños de siete generaciones a partir de ahora tengan una tierra por la que caminar, agua que beber y montañas que ver.

Al despertar, todos los pueblos del pasado rezaban y daban gracias al sol. En este mundo tan ajetreado, esto se ha olvidado. Es muy auspicioso para el presente y para el futuro reconocer la energía del agradecimiento. Una oración de agradecimiento te pone en armonía durante el día, para que siempre resuenes con una canción de armonía. Recorrer el Camino de la Belleza requiere un ser muy valiente y compasivo: lo bastante valiente para apartar la ignorancia y lo bastante compasivo para abarcarla, para hacer surgir la luz y la belleza de los demás. Todos los seres son sagrados. Este es un ideal que todos nuestros pueblos defienden.

El ritual es clave para la curación de la familia. Una familia que reza unida tiene un entendimiento, una comunión, que ayuda a mantener el tejido mismo de este planeta. Para que las plantas crezcan, para que el agua fluya, para que el viento respire, cada uno de nosotros debe saber que lleva una semilla sagrada de verdad y cuidarla. Plantar cuidadosamente semillas de buenas causas, de buenas relaciones, para que los jardines de buenos resultados puedan florecer de verdad. Ayudando activamente a la familia y a los vecinos, expresando generosidad para con todos, renovamos el círculo de las buenas relaciones. Y tanto si se está solo como en familia, siempre se es miembro de la familia de la vida, la familia de la humanidad.

En la tradición Tsalagi, la Ceremonia Anual de la Amistad es una medicina muy grande, en la que se reúnen personas de todo el planeta para renovar los lazos tribales y ofrecer al fuego sagrado las obstrucciones y limitaciones de la mente que puedan haberse generado a través de un discurso o una acción poco claros. Así nos renovamos siempre en el círculo sagrado; así no estamos separados unos de otros.

La separación es una ilusión que causa malestar y desconfianza, incluso hacia la voz sagrada que llevamos dentro. Centrar la mente y tonificar el ser en la voz de la verdad interior, nadar en la corriente de la sabiduría, es un logro que uno se gana mediante la acción, mediante el reconocimiento de su deber sagrado y haciendo lo que hay que hacer. Cada uno de nosotros tiene el deber sagrado de mantener esta forma de seres vivos, un planeta viviente. Algunos tenemos un deber como sanadores, otros como voces que agitan la forma. Incluso los jóvenes y los ancianos tienen ciertos dones. El que no está de acuerdo contigo está sirviendo a un propósito sagrado al mostrarte la limitación de la forma. Esa persona puede ser un "contrario", un "ser trueno", alguien que inspira una comprensión más profunda. El trueno es inspiración, electricidad, y también es el flujo sagrado de energía que rodea este planeta, uniéndonos a cada uno de nosotros en una red de rayos que se mueve alrededor de nuestra madre, la Tierra. Esta red de rayos se ve afectada por nuestro pensamiento y nuestra acción. Si frenamos el flujo de luz en nuestro propio ser, no sólo se ocluye nuestra propia forma física en sus meridianos y sus ríos de vida, sino que nuestra madre, la Tierra, también sufre. Nuestros barrios sufren. Las plantas no crecen tan bien cuando el corazón está cerrado.

La filosofía Tsalagi, *Elo*, cuenta cómo en las migraciones originales de los pueblos de la tierra de Elohi Mona, a cada tribu o raza se le asignó la responsabilidad particular de mantener determinadas zonas de la Tierra. A través de la oración y el ritual se mantiene la estabilidad de la forma física. En este tiempo la acción correcta está siendo llamada a todos, para renovar el aro sagrado. A medida que se mantienen las ceremonias sagradas y se bailan las danzas, las corrientes lunares y solares dentro del individuo resuenan claramente con las energías lunares y solares del planeta. A medida que los individuos mantienen actitudes de alienación e ideas de dominación sobre el orden natural de las cosas y sobre los demás, se produce una obstrucción del flujo entre el individuo, el grupo y la corriente electromagnética de la Tierra, perturbando así el flujo del viento y del rayo, que trae la lluvia dadora de vida y las propiedades germinativas a la semilla. De ahí que cada uno esté llamado a hacer una elección: con la corriente o no. Sin equívocos.

Elegir, todos podemos elegir. Ahora elegimos entre el mundo de las invenciones y el mundo de lo que es. Cada uno de nosotros está siendo puesto a prueba, como huevos que se sostienen a la luz para ver si los pollos están creciendo bien. Tenemos la oportunidad de ver aquellas formas de pensamiento que no conducen a nuestra integridad y dejarlas ir. El pensamiento no eres tú; no es más que una forma de idea. Reconócete a ti mismo como una corriente que conduce al mar de la ecuanimidad. Honra la sabiduría sagrada de tu familia y de toda relación.

Del tres surge el cuatro, la plaza, el barrio, la familia extensa y la energía de la curación. En el pasado, cuando estábamos más cerca de la tierra, cultivábamos juntos los alimentos y cuidábamos juntos a los ancianos. Así se transmitía la sabiduría sagrada. Una sensación de desarraigo aparece cuando no tenemos para escuchar la voz de los ancianos. Honremos la sabiduría de nuestros mayores para que los niños puedan reconocer el poder del pasado en la creación del momento, del mismo modo que reconocemos que nuestro pensamiento está dando forma a este mundo y que somos antepasados de los que aún están por nacer. Es tan sencillo como pensar que tu vecindario es hermoso, que tu familia es un todo, y llevar activamente ese pensamiento a la manifestación a través de tus palabras y acciones. Eso es mantener la forma de la belleza.

Recorrer el Camino de la Belleza es volver a poner en armonía los hemisferios izquierdo y derecho del cerebro y el mesencéfalo, honrar la danza sagrada, el movimiento sagrado, el poder de la voz y la respiración como vehículos que expresan la belleza de lo que es. Que nuestros ojos empiecen a darse cuenta del poder de una mirada y se miren unos a otros con amor y respeto, para sacar lo mejor de cada uno. Recorramos juntos nuestro Camino de la Belleza y comprendamos el poder sagrado de la comunidad. Aquellos con los que vas a la escuela, son tu familia; os habéis llamado los unos a los otros. Las personas con las que trabajas también son tus parientes. Y las criaturas con las que vives en también son parientes. Nuestro deber sagrado para con los demás es construir la comunidad sobre los cimientos de la acción correcta, sobre los cimientos de la verdad sagrada.

¿Cuál es la verdad sagrada? Que estamos aquí juntos en el momento, en la oportunidad de darnos cuenta de la maravilla de toda la creación. Y como los salmones que nadan río arriba, nosotros también regresamos a la fuente de nuestro ser. En este momento, ese retorno es un proceso de grupo. Ya no es la época en la que uno puede alcanzarlo solo. Ahora el corazón llama a la compasión, al servicio y al crecimiento en un proceso grupal. ¿Cómo hacer ese alineamiento, cómo reconocernos en la familia de la vida? Reconoce a la madre y al padre en tu interior y llega a la paz con esos elementos. Conocer el poder creativo de tu mente y estar dispuesto a darle a la mente una forma armoniosa dentro de la cual operar. Esta es la importancia de la práctica sagrada de la oración y de una forma diaria de meditación. A continuación, date cuenta del don de la educación, el poder del conocimiento, y comparte esa sabiduría con los demás. Así construimos una comunidad fuerte, una nación fuerte, un planeta fuerte, y volvemos a despertar el pensamiento de nuestros parientes universales. Somos el Camino de la Belleza. El Pacificador que todos los pueblos esperan es una semilla dentro de cada uno de nosotros. Mantengamos la forma de la paz haciendo la paz interior dejando que la mente se aquiete. Esos pensamientos que sientes que son incorrectos, déjalos ir. No son tú. Lo que verdaderamente eres tú es siempre bello y siempre en la corriente.

Ven, Santa Madre.
Ven, Santo Padre.
Oh ven, Santo Niño.

Biorresonancia: Nuestros corazones y el corazón de la Tierra son uno

Alrededor del planeta Tierra, los parabrisas se mueven en dos envolturas –externa, solar; interna, lunar– de acuerdo con el movimiento de las mareas y las placas tectónicas, que provocan fluctuaciones en el campo magnético terrestre. La corriente lunar, que se mueve dentro de la columna vertebral, corresponde al parabrisas lunar sobre la Tierra, y la corriente solar de la columna vertebral corresponde al parabrisas solar externo. En la simbología de los nativos americanos, la esvástica en sentido contrario a las agujas del reloj representa estas corrientes planetarias sagradas, las fuerzas creativas del universo que se encuentran dentro de nosotros y sobre este planeta.

Al igual que hay capas de electrones alrededor de un cristal activado, existe una red eléctrica alrededor de la Tierra. El cristal se activa por el sonido, el calor, el movimiento y la presión para generar a lo largo de su eje un campo de energía de cinco pies cúbicos por libra de masa de cristal. La primera capa que sale de la superficie del cristal corresponde al campo electromagnético de la Tierra. Luego está la red del sistema de tormentas eléctricas, conocida como la red del rayo: vías coordinadas por las que se desplazan las tormentas, acelerando el proceso de germinación de las semillas mediante la fijación del nitrógeno y la lluvia. La red del rayo corresponde a la transmisión de energía del sistema nervioso. El Ave del Trueno es el transportador de la aspiración a la acción iluminada.

Irradiando hacia el exterior desde la matriz cristalina hay envolturas sutiles de energía (mundos). Las corrientes lunar y solar (espirales descendentes y ascendentes) de las placas de viento corresponden a dichas corrientes dentro de la columna vertebral. La matriz cristalina emite el pulso básico, la voluntad de ser, codificada en forma de ADN, actualizando y manteniendo la relación básica del potencial de forma.

Los procesos terrestres, humanos y solares están entrelazados a través de esta red vibratoria. De ahí que la Tierra y los seres humanos estén siempre en una relación biorresonante recíproca. Las mentes despiertas perciben claramente la relación de las vías energéticas de la mente individual y el entorno. A través de una intención clara que irradia a través de la matriz de la mente, el curandero precipita mentalmente la lluvia necesaria. Así es como generamos individual y colectivamente las causas y los efectos en nuestras vidas.

Las mesetas del Colorado y del Tíbet son canales de corrientes lunares y solares. Los relámpagos y las corrientes de viento son altamente energéticos en estos lugares. Dado que en estas zonas se concentra la fuerza vital estabilizadora de las espirales ascendentes y descendentes, son puntos de poder que generan iones negativos, purifican la atmósfera y fortalecen el proceso de pensamiento a todos los niveles. Como en el cuerpo humano existen meridianos, vías de energía, las líneas ley de energía de la Tierra interactúan con las de los seres vivos. En los puntos de conexión de las vías energéticas existen puntos de acupresión y lugares sagrados de la Tierra o "puntos de poder". Las corrientes ascendentes y descendentes cruzan los flujos de viento este-oeste, generando la esvástica o coordenadas cruzadas del espacio, para que la idea se fusione como forma.

Existen muchos lugares sagrados como puntos de cruce de la danza energética. La Mesa Negra de la meseta Hopi, las Colinas Negras y otras zonas son vías de energía lunar. La Meseta Tibetana, las Montañas de la Serpiente Arco Iris de Australia y otras son puntos focales de energía solar. Estas zonas son muy sensibles a la oración y la meditación como impulso para manifestar una mayor fuerza vital distribuida por toda la red energética. Esto es motivo de cuidado en la gestión de la tierra. Los templos de Oaxaca, el Cañón del Chaco, el Monte del Templo y la Cúpula de la Roca en Jerusalén, la Kaaba de la Meca, Stonehenge y muchas otras zonas son puntos donde convergen las energías lunar y solar con el viento del este del "Ser Como Es" y los vientos del oeste de la transformación. Los puntos convergentes de las energías planetarias han sido puntos focales de convergencia de la civilización debido al aumento de la energía de lo no manifestado que se hace real.

En esta novena y última etapa de purificación, los patrones del viento están cambiando enormemente. Esto es una expresión de confusión en la mente planetaria, la mente grupal de todos los seres de este planeta.

Los rituales sagrados de los pueblos nativos americanos y de otros pueblos de todo el mundo se derivan de instrucciones originales de la Fuente de todo ser para mantener la integridad de la forma. Por ejemplo, al pueblo Tsalagi, tras una larga migración desde las estrellas a lo que se conocía como Elohi Mona, a través de América del Sur y Central, descendiendo en espiral hasta el sureste de lo que hoy son los Estados Unidos, se le dio la responsabilidad de la custodia de las Montañas Humeantes. Al pueblo Salish de las regiones costeras del noroeste se le dio la responsabilidad de los ríos y las costas de allí, para mantener limpios los rituales, para que los vientos resonaran a lo largo del plan ideal. Las costas orientales se entregaron a la responsabilidad de los micmacs y los wampanoags y otros, los que saludan al amanecer. Cada grupo es responsable de generar armonía para el entorno local y planetario.

El Ideal es un tono primario generado por la matriz de cristal situada en el centro del universo. El lugar de este cristal también se conoce como Galunlati, el séptimo cielo, el reino de la forma ideal. El cristal, que vibra a 786.000 pulsaciones por milisegundo, no es ni sólido ni no sólido; sus vibraciones se producen más rápido que la velocidad de la luz. Del vacío surgió el sonido, la mente cristalizada que precipita lo que todos soñamos. La rejilla cristalina dentro de la Tierra y la semilla de mente clara dentro del individuo resuenan con ese tono primario, que es la voluntad de ser. A través de ese cristal primario y su intención de ser, surgieron los matices de la sabiduría para ver las cosas como son, y la inteligencia activa y constructora-tres fuegos creativos a través de los cuales el Ideal se precipita en la forma.

Las corrientes de viento fluyen de acuerdo con las pulsaciones emitidas por el cristal de cuarzo dentro de la Tierra, del mismo modo que los electrones fluyen alrededor del núcleo de un átomo. Las corrientes de viento se ven perturbadas por la extracción de uranio y carbón (que suele "tapar" el uranio); esos minerales funcionan como transformadores o alternadores de la energía cristalina, y su extracción modifica el flujo de energía cristalina en toda la Tierra.

El rayo: un rayo que se convierte en dos, la sabiduría observándose a sí misma, reconociendo el potencial de muchos y la igualdad de todos, y que su fuente es ella misma. La energía del rayo, la energía de la inspiración y la estimulación del crecimiento de las semillas es la sabiduría compasiva en su percepción de sí misma que estimula el proceso de fijación del nitrógeno en la Tierra. Cuando un rayo golpea la Tierra, se libera nitrógeno en el suelo, lo que permite el crecimiento de las semillas; eso dicen mis mayores.

Los agujeros de respiración de la Tierra armonizan la energía de las corrientes madre-padre, lunar y solar, para que haya vida en esta Tierra. La Meseta del Colorado, en particular la zona de Mesa Negra es el canal energético de la energía madre, lunar, renovada a través de los agujeros de respiración de esa zona. La Meseta Tibetana es el canal de la energía solar, energía padre, renovando y clarificando estas tensiones a través de la Tierra y la gente. Periódicamente, los parabrisas alrededor de estas dos mesetas invierten sus posiciones, muy parecido al ciclo del biorritmo dentro del ser humano. A través de la práctica correcta, aclarando la corriente de las corrientes lunar-solar en nosotros mismos, la relación correcta se manifiesta sobre la Tierra.

Los practicantes de las enseñanzas sagradas que se transmiten hoy a través del linaje Ywahoo de la Nación Tsalagi aprenden una danza sagrada, la Danza de las Direcciones, basada en ejercicios y danzas enseñados por Eli Ywahoo, Eonah Fisher y Nellie Ywahoo. El propósito de la danza es mantener despejados los canales dentro del cuerpo, para que puedan resonar con la tierra misma. Cuando se mira hacia el norte magnético, se clarifica la orientación mental y se sintoniza el giro de los electrones del átomo del propio cuerpo en el ángulo para la expresión óptima de la energía. Una prueba de la propia realización es la capacidad de generar luz desde el cuerpo, a través de la clara alineación de la propia mente con el campo magnético de la Tierra y del sistema solar. Hay etapas sucesivas de realización, de alineación con los puntos focales de la mente: con la Tierra, luego con el sol y después más allá. El propósito: generar luz, generar el bien para todos los que comparten este sueño. La práctica en todos sus aspectos clarifica la corriente, para que el potencial de la acción iluminada se manifieste en todos los mundos.

Pensemos en los agujeros que respiran alrededor de Hopi y en las montañas que respiran de la meseta tibetana. Estos lugares han mantenido durante mucho tiempo el equilibrio de nuestro planeta. Cuando los vientos lunares están sobre Hopi, la energía del sol está sobre la Meseta Tibetana, y en doce horas se invierte. En lo más profundo de la tierra hay cavernas y túneles y caminos por los que viaja esta energía sagrada. La Tierra inhala y exhala igual que nosotros; la energía vital sagrada se mueve dentro de su cuerpo como lo hace en el nuestro. Y desde la mente de la escasez, la codicia y la dominación, gran parte de este cuerpo sagrado de nuestra Madre Tierra está siendo canibalizado y destruido, a través de la ignorancia de la minería sin consideración por el futuro, agotando los recursos de la Tierra y contaminando sus aguas.

Ahora mismo, en Hopi y en la más sagrada Mesa Negra, se están extrayendo grandes cantidades de agua de debajo de la Tierra para mover carbón con el que encender grandes letreros en Reno, Los Ángeles y otras ciudades. La electricidad utilizada por un letrero de casino en un día podría mantener a una pequeña ciudad con electricidad durante casi un año. Las zonas de las que se están extrayendo las aguas y los minerales pueden estar designadas por el gobierno de Estados Unidos como "zonas de sacrificio nacional", pero no es el pueblo el que ha tomado estas decisiones. Es la abdicación de responsabilidad por parte de todos los pueblos de este hemisferio lo que ha permitido que unas pocas grandes empresas decidan –y que las decisiones sean promulgadas por el gobierno– que una determinada zona puede ser designada "zona de sacrificio nacional." ¿Qué estamos sacrificando? Estamos sacrificando el futuro. A medida que se agotan esos acuíferos, la energía eléctrica de los rayos no tiene a dónde acudir. La actividad del rayo es el pulso, igual que el sistema nervioso es el pulso que anima tu cuerpo. Así, a medida que estos acuíferos se van agotando, hay cada vez menos energía para el crecimiento, para la vida. También hay efectos más sutiles de los rayos.

Por ignorancia y codicia, buscando controlar la luz, buscando controlar el poder, la tecnología de la humanidad está destruyendo el poder básico de nuestro planeta. Los inventos surgieron para ayudar a los humanos. Ahora los inventos atropellan a los humanos. Y esto ha surgido a través de un punto de vista falso. Hemos mirado y sentido: "Oh, la Tierra está aquí para darnos", y es cierto; toda la Creación es una oportunidad para conocer la belleza de lo que es. Sin embargo, algo se nos ha olvidado: el retorno, la reciprocidad, el hecho de que la Tierra es un ser vivo. Dentro de nuestro propio cuerpo físico fluye la energía de la vida. A través de la parte superior de la cabeza y las plantas de los pies, la base de la columna vertebral y la parte posterior de las rodillas, damos y devolvemos energía a la Tierra y a los cielos. Cuando el corazón se ha oscurecido con la duda, con la ira y la codicia, con la avidez de poder, pensando que es algo fuera de nosotros mismos, entonces la energía no está volviendo al universo, entonces nuestra respiración no se ha completado.

Tenemos poco tiempo para transformar el pensamiento incorrecto, el desequilibrio mental y aprender de nuevo a vivir con dignidad como seres humanos, porque los elementos de la vida en nosotros mismos se han distorsionado. Muchos seres humanos padecen enfermedades del cuerpo y de la mente que son consecuencia directa de la desarmonía con la corriente de la vida. ¿Cómo se alinea uno con la corriente de la vida? A través de la oración, a través de la acción correcta. Es un retorno, un agradecimiento. Cuando permitimos que nuestros corazones den y reciban en agradecimiento, se produce una expansión de la energía biofísica (a veces denominada aura) que se puede medir científicamente. Esa fuerza se extiende y devuelve al entorno la energía que se ha dado.

Siempre estamos en una relación recíproca, también, con las direcciones sagradas y sus guardianes, los Adawees, esos grandes seres angelicales. Desde el Norte realizamos la sabiduría a través de la acción y comprendemos, en la quietud de un día claro, la libertad y la disposición a actuar. Atentos y conscientes, con la intención voluntaria de estar en el momento. Desde el Este surge Ama Agheya, la Mujer del Agua portadora del don del conocimiento, el viento del Este, que inspira a la mente a ver: "Yo soy el que soy". Y del Sur surgen las semillas de la renovación, el poder de la juventud y el poder sagrado de la reconstrucción. A medida que avanzamos hacia el Oeste descubrimos que llevamos con nosotros, incluso en nuestra juventud, el gran y bendito peso de nuestros abuelos sobre nuestras espaldas. Miramos hacia el Oeste y vemos la Osa Mayor, y nos damos cuenta de que hemos venido y de que podemos marcharnos, aunque hay algo que dar y que devolver. En ese momento uno puede tomar la decisión de transformarse y transmutarse, como en la cualidad sagrada del cristal de amatista; uno transmuta la conciencia y decide: "Caminaré alrededor de este círculo de la vida para la belleza y la iluminación de todos los seres."

Dice un proverbio indio que es rico el que tiene una familia numerosa y muy pobre el que no tiene familia ni amigos. En este tiempo ha ocurrido algo que ha roto los hilos de la conexión, pues muchas personas sufren en soledad y buscan una buena relación consigo mismas y con los demás. Cultiva amistades espirituales con quienes demuestren actuar correctamente, y considera a tus compañeros de trabajo como a los miembros de tu clan. ¿Qué es rezar? Levantarse por la mañana y dar gracias al sol. Quemar hierba dulce, salvia y cedro, hacer ofrendas de tabaco para reconocer la belleza de lo que es, para que siempre seamos claros en esa reflexión, para que seamos firmes y no nos precipitemos, para que seamos verdaderos en nuestro conocimiento. Y al mediodía, cuando el sol esté en lo alto, da las gracias a todos los que te han precedido y han llenado tu vida, han llenado tu cuerpo con la energía necesaria para ser. Y cuando el sol descienda por el horizonte occidental, di: "Gracias". Un día ha pasado y otro día vendrá. Estoy agradecido". En la luz del día está la semilla de la noche, dentro del Sur se refleja el Norte, y dentro del Oeste, imágenes del Este.

Muchos científicos de todo el mundo han llegado a ver que la sabiduría sagrada de los antiguos de todas las grandes religiones tiene una base y un fundamento en nuestra vida cotidiana: que no hay diferencia entre el deber espiritual y ser un buen vecino, un buen amigo, un buen ciudadano. ¿Un ciudadano de qué? De la familia de la humanidad. La corriente de la vida está en todos nosotros.

Cada uno de nosotros en la Tierra en este momento está siendo llamado a reconstruir el círculo sagrado en nosotros mismos. Es cierto que ha habido mucho sufrimiento, generado por la mente de la acción incorrecta, y es muy sencillo ver el camino de la acción correcta. Para los problemas a los que la gente de la Tierra se enfrenta ahora –los que han sido desplazados por razones políticas, los que han sido desplazados por ganancias monetarias, los que han sido desplazados por la pérdida del corazón– hay una curación que debe llegar. ¿Cómo puede no haber gente? ¿Cómo puede haber un lugar en el que ya no se pueda vivir? ¿Quién puede decidir que cierta parte de la Tierra sea una "zona de sacrificio"? Mejor ser buenos cuidadores de la tierra.

Esta Tierra es un ser vivo. El problema que ha envuelto la mente de la humanidad proviene del falso concepto de propiedad y de una idea de gobierno que no tiene en cuenta nuestra relación, nuestro deber sagrado de cuidarnos unos a otros y a nuestra madre, la Tierra. Aquí en la Tierra estamos todos conectados a través de las corrientes sagradas de la vida, y nadie puede cumplir nuestras responsabilidades por nosotros. Es nuestra elección. Podemos invocar la paz en nosotros mismos, podemos elevarnos por encima de la rivalidad nacional, haciendo las paces con el sol y la luna en nuestros corazones, viendo que no hay arriba ni abajo, y que incluso la mente es una forma que estamos modelando.

¿A qué nos aferramos? A veces simplemente a la idea de que un área de la mente es nuestra o de que un concepto es nuestro. Se han librado muchas guerras en nombre de la religión, en nombre de un concepto concreto. Para muchos nativos americanos no hay diferencia entre capitalismo, comunismo, socialismo; son sistemas carentes de espíritu y carentes de totalidad. Nos corresponde a cada uno de nosotros mirar en lo más profundo de nuestro ser e intentar, a pequeña escala en nuestras propias comunidades, en nuestros hogares, ese proceso de compartir que renueva el corazón y hace buenos amigos. Para muchas familias indias comienza temprano por la mañana con la ceremonia del amanecer y el intercambio de nuestros sueños de la noche anterior. El mundo de los sueños y el de la televisión son lo mismo: proyecciones mentales que todos compartimos.

Si miras la belleza y ves la tristeza, reconócela y las cosas que son incorrectas, pero mantén la forma de la transformación y sucederá. A menudo hemos mirado a otros para que den dirección y liderazgo, para que hagan que las cosas sean correctas. ¿Qué es liderar y qué es seguir? Una comunidad fuerte desarrolla una visión de conjunto, teniendo en cuenta a las generaciones futuras. A la manera tsalagi, los jefes son elegidos por las madres del clan, mujeres que los han visto crecer. Al ver crecer a los jóvenes, las mujeres ven su belleza, ven la preocupación del joven por la naturaleza y la vida y saben: "Ah, éste puede vivir verdaderamente a la manera del pueblo y llevar el corazón del pueblo y ser una inspiración para el pueblo". De esta manera los jefes y las personas honradas son elegidos, a través de sus acciones meritorias, a través de sus acciones correctas (el jefe o la persona honrada puede ser un hombre o una mujer, porque una persona completa es una persona completa. La distinción de sexo es algo que sale de una mente separada en sí misma). Ahora bien, en la mayoría de los lugares, las "elecciones" se parecen más a la publicidad y a la venta de mercancías. Volvamos a examinar las acciones de unos y otros. ¿Son buenas para el pueblo y la tierra? ¿Son buenas para los niños? Démonos cuenta de que los elegidos para el liderazgo dependen realmente del pueblo para que les guíe y para rezar; la oración es el poder que abre la mente para ver.

La oración es la cosa más poderosa. He visto a ancianos, ancianas, crear y detener tornados, hacer que la tierra tiemble o se detenga, traer lluvia. Incluso gente joven puede manejar un fuego caliente y no quemarse porque han encontrado paz y resolución con esos elementos en ellos mismos. Cada persona tiene un don que compartir. Las ballenas y los delfines lo entienden. Un explorador delfín puede salir, un explorador Hopi puede salir, y toda la gente sabrá en casa lo que ese ha visto. Mucha gente clama por esa visión compartida porque es muy difícil para un organismo humano vivir en el vacío. Todos somos parientes. Hasta los árboles se alegran de nuestra felicidad porque cuando somos felices exudamos de nuestros cuerpos una vitalidad que renueva la atmósfera que nos rodea. Cuando el ser humano tiene pensamientos de duda e ira, en el cerebro se segrega una hormona que deprime y envejece el sistema. Cuando reconocemos la alegría, cuando comprendemos la belleza, hay una hormona que infunde una gran luz, una gran fuerza, incluso en el cuerpo de una persona vieja y anciana. La edad es un concepto de la mente, y se ha convertido en una forma de separar en lugar de reconocer la sabiduría. Tantos jóvenes sienten: "Oh, mis padres no pueden comprenderme", y muchos padres sienten: "Oh, yo no puedo comprender a estos jóvenes". Pero eso es una ilusión, porque todos están unidos en la corriente de la mente. Hay una corriente de acción correcta que podemos seguir, y comienza con el perdón: perdonarnos a nosotros mismos por no cumplir las expectativas de los demás y a los demás por no cumplir las nuestras.

Es nuestro deber ahora volver a tejer este manto sagrado de la Madre Tierra, porque está casi denudado por la vacuidad de sus hijos y su descuido. ¿Cómo empezar? De manera sencilla. Aprendiendo a sentarse, observando y encontrando un lugar de quietud para no reaccionar. Oremos y mantengamos en nuestras mentes la forma de pensamiento de una renovación espiritual, una familia planetaria de conocimiento.

Hagamos la elección de caminar por el Sendero de la Belleza, ese sendero construido de acción correcta, de generosidad, de amor y compasión, de comprensión de los deberes sagrados que cada uno tiene, de comprensión de las corrientes de la energía de la vida dentro de nosotros mismos y del tejido de la totalidad dentro de nuestros propios sentidos. Ser devoto del principio vital en uno mismo. Y vivir lo que se sabe. No se puede entender la religión sin vivir la práctica. Busca la sabiduría de tu corazón como un niño en un nuevo viaje, sólo esperando llegar. La sencillez es un principio sagrado y un poder dentro de nosotros mismos.

A medida que las corrientes básicas de la propia energía se hacen evidentes, el pensamiento y la acción surgen espontáneamente en armonía con la vida. Cuando la Tierra y los cielos se encuentran en tu corazón, te das cuenta: "Oh, como es arriba, así es abajo. Como yo pienso, así será". De ese reconocimiento del poder de tu mente surge la comprensión del ritual, los deberes sagrados, ya sea el encendido de velas el viernes por la noche, la comunión el domingo por la mañana o los cánticos al amanecer y al atardecer. El ritual construye más fuerte que la palabra; es la fibra que hace los cables del puente que te llevará a la otra orilla, más allá del mar de tu ignorancia hasta la orilla de tu sabiduría. El ritual nos lleva más allá, a un lugar de cambio, de transformación. El sonido del canto abre puertas en otras dimensiones, mundos de nuestro conocimiento, de nuestro corazón, mundos de sutilezas. Hay otros seres que esperan entrar en comunión con la familia iluminada de la humanidad. El círculo incluye la inmensidad del espacio.

Esta familia de la humanidad se ha comportado como niños recalcitrantes. En muchas partes del universo, en el gran consejo del universo, algunos están diciendo: "¿Cuándo dejarán de hacerse daño a sí mismos? ¿Cuándo dejarán de hacer daño a este cuadrante del universo con tanta ira, con la idea de destruirse unos a otros?". ¿De qué sirve el duelo, la guerra? Los instrumentos de la guerra quitarán la vida incluso a las generaciones futuras. Vemos la situación en Oriente Medio. Según las profecías de las naciones indias, ese lecho de brasas puede incendiar todo el planeta. ¿Y cuál es el problema? Los derechos sobre la tierra, unas pocas personas tomando decisiones por muchos. La gente quiere vivir de forma espiritual, pero está reaccionando a una ausencia de consciencia o a una imposición del materialismo sobre sus corazones.

Rezo para que los gobernantes escuchen las plegarias que surgen del corazón de la gente. Que haya paz. Entendamos que no se puede sacrificar una parte de la Tierra por otra. Esta Tierra es un ser vivo que es nuestro hogar. No podemos sacrificar los derechos de un pueblo con la esperanza de que otro pueblo sea feliz. Este es un universo abundante. Es sólo a través de la filosofía de la mente mercantil que el concepto de "no es suficiente" se ha vuelto real. La gente se muere de hambre, miembros de nuestra familia se mueren de hambre en algunas partes de este mundo, incluso aquí en los Estados Unidos donde "el agua sale por un palo". La gente tiene hambre aquí, no sólo de comida, sino de paz. ¿Y a qué se debe esto? Es un juicio incorrecto, una acción incorrecta que ha llevado a la mente a sentir que es la productividad lo que nos valida como seres humanos, el número de periódicos impresos, las libras de carbón producidas. Hay más en la vida humana que la producción. Hay más cosas que *todos* estamos llamados a hacer como seres humanos. Estamos llamados a hacer las paces con nosotros mismos y a asumir responsabilidades. No podemos decir que el mal que vemos es obra de un gobierno o de otra persona. Somos todos nosotros. Volvamos al círculo sagrado y afirmemos los verdaderos principios del gobierno: servir al pueblo, traer el mayor bien, ser seres humanos dignos.

La sencillez y la verdad, vivir en armonía, ése es nuestro objetivo. Darnos cuenta de que nosotros mismos y nuestros pensamientos somos los creadores de nuestra realidad, asumir nuestra responsabilidad. Somos madres y padres. Somos el sol y la luna. Nuestro pensamiento da origen a muchas cosas. Pensemos con claridad. La Tierra no soportará mucho más tiempo una carga de niños chusma, de niños que la golpean y le roban su propia sangre vital. Pensemos: en diez o treinta años el bombeo de los acuíferos bajo Mesa Negra, Arizona, y las Black Hills de Dakota del Sur convertirían esas zonas en un desierto.

¿Estás realmente dispuesto a quitarle la vida a tus nietos? ¿Quieres quitarle el agua y la fuerza vital a la Tierra para que no haya lugar para tus hijos y sus hijos? Venid ahora rápidamente a un lugar de equilibrio en este sueño que compartimos. Devolvámonos mutuamente el amor, el perdón y la comprensión. Haz un esfuerzo por cultivar maíz con un vecino. Intenta hacer algo por otra persona, incluso cuando pienses que tú mismo no tienes suficiente, *especialmente* cuando pienses que tú mismo no tienes suficiente. Puede que haya ancianos en tu barrio que tengan la sabiduría de los años de su experiencia y que estén sufriendo a causa de los recortes de la Seguridad Social, el hambre, la enfermedad, la soledad, la pobreza. ¿Puedes ser amigo un día a la semana de otra persona que no puede salir? Compartir es la forma en que aprendemos, es la forma de realizar nuestros dones. A la manera nativa, el regalo es una celebración frecuente. Cuando la gente está agradecida por algo –puede ser el nacimiento de un hijo, puede ser una curación, puede ser cualquier cosa– convocan a sus amigos y vecinos y regalan todo lo que tienen. Una persona sabia se da cuenta de que en el desapego a las formas materiales siempre se sostiene en la abundancia de lo que es. Recordémoslo todos.

Tejiendo un tapiz de luz

Los ciclos de la vida y la muerte nos incluyen a todos en esta esfera, la Madre Tierra. Todos estamos determinando el futuro de nuestros nietos y de nuestro hogar, la Tierra. El concepto de vecindario, nación, todo se basa en la familia y en el proceso de interrelaciones. Como ciudadanos tenemos la responsabilidad de guiar a aquellos que hemos elegido líderes. Esto requiere una visión clara de las necesidades de nuestra familia y de nuestro prójimo y de nuestras esperanzas para el futuro. Cuando los individuos determinan claramente el ideal principal que deben manifestar en sus vidas, son conscientes de su propósito. El verdadero propósito de vida de cada uno está en armonía con la ley sagrada de hacer lo correcto, de hacer el bien, de transformar las emociones, los pensamientos y las acciones que puedan oscurecer las buenas relaciones de cada uno. Este es un tiempo de dislocaciones y reubicaciones masivas. Los puestos de trabajo se trasladan fuera de las ciudades, dejando a los ciudadanos desamparados. Los pobres son reubicados para la renovación urbana. La guerra y el hambre –causadas por la codicia y la ignorancia– expulsan a muchas personas de sus tierras natales. Se desplaza a los agricultores para que otros se beneficien inflando artificialmente el valor de sus tierras. Y en este momento, las mayores deslocalizaciones en nuestro planeta se están produciendo allí donde hay apariencias de riqueza que llevarse, afectándonos en última instancia a todos.[29] El impacto de la forma de pensamiento

29 Unos 14.000 diné (navajo) y hopi se enfrentan a la reubicación forzosa de sus tierras ancestrales en virtud de la Ley Pública 93-531, la Ley de Reubicación, promulgada por el Congreso de EE.UU. en 1974, aparentemente para resolver la disputa entre hopi y diné sobre el uso de la zona de uso conjunto de tierras ricas en minerales en la reserva diné y hopi. La verdadera disputa no es entre navajos y hopis, sino entre indios tradicionales –que desean preservar la tierra india como base de la religión y la cultura nativas y que, por tanto, se oponen al desarrollo industrial y a la explotación de la tierra– y quienes apoyan ese desarrollo (en particular, fuerzas externas, como los intereses mineros, que esperan beneficiarse de esa explotación). Para obtener más información u ofrecer su ayuda, póngase en contacto con In Defense of Sacred Lands, P.O. Box 1509, Flagstaff, AZ 86002; teléfono (602) 779-1560.

de "dominio sobre" ha creado refugiados que se desplazan por nuestro planeta.

La cosmovisión de los nativos americanos contempla ciclos de vida y muerte y al individuo siempre en relación con la familia, el clan, la nación y el planeta. Esta relación es biológica, mental, emocional, espiritual y económica. El círculo es inclusivo. Por el hecho de estar en la Tierra, de ser miembro de la familia de la humanidad, estamos incluidos en el círculo de la vida. Las acciones de nuestro grupo, una nación, resuenan a través de la atmósfera, afectando a todo el círculo planetario. El concepto de círculo deja clara la responsabilidad del individuo al actuar en beneficio de todos sus parientes y de las generaciones futuras. Los océanos y las plantas de la Tierra nos suministran oxígeno, los ríos nos dan agua, y nuestra responsabilidad recíproca es respetar y mantener puros esos elementos de la vida, para que muchos puedan vivir con buena salud y tranquilidad.

Todos necesitamos aire y agua puros para vivir. ¿Cuál es la responsabilidad y el poder del individuo para mantener el aire y el agua puros? La destrucción masiva y descuidada de nuestros bosques afecta a todo el círculo de la vida, a través del agotamiento del oxígeno en el aire. Cada uno de nosotros es responsable de los árboles que nos ayudan a respirar. Tu generosa acción de plantar árboles limpia el aire. Y en estos tiempos podemos honrar nuestra relación con el agua no malgastándola y purificando los productos de desecho antes de que vuelvan al ciclo del flujo del agua.

Los factores comunes que unen a los seres humanos son el deseo de seguridad, paz, abundancia y facilidad para nuestros hijos y nietos. Los padres de todo el mundo tienen las mismas preocupaciones. La causa de la separación imaginaria es la ignorancia de los medios por los que todos estamos interrelacionados. Estamos conectados por el aire que respiramos y la Tierra que compartimos. A medida que uno manifiesta energía y disciplina para transformar las emociones o acciones que perturban su propia paz o la paz con los demás, entonces puede apartar la energía de la agresión y relacionarse con ecuanimidad. La ilusión de separación surge de la mente de no-suficiente y del pensamiento de "ellos" y "nosotros".

Nación contra nación surge como pensamiento cuando los individuos y los grupos temen la diferencia, sin darse cuenta de la unidad subyacente. Cuando pensamos que otras personas son diferentes, podemos olvidar que también tienen hijos. Cuando nos damos cuenta de que nuestros hijos y nietos se verán afectados por las acciones de todas las naciones, reconocemos nuestra responsabilidad común de transformar la agresión.

La mente reactiva percibe las diferencias. La mente circular ve lo que es semejante. Los seres humanos de Estados Unidos son como los de todas partes. Al reconocer nuestras semejanzas tenemos el primer hilo de una comunicación abundante.

Una reacción es una respuesta que no tiene pensamiento. Puede ser un patrón de acción basado en situaciones pasadas. Una persona sabia de cualquier edad percibe los patrones de la mente y se mantiene en el presente, sin reaccionar desde el pasado. Cuando no estamos controlados por los pensamientos y emociones del pasado, entonces somos libres de elegir y crear en el presente y para el futuro. Por esta razón, el perdón es una energía de pacificación, de establecimiento de la paz, para que puedan surgir relaciones pacíficas.

Las formas de pensamiento que oscurecen las relaciones humanas pacíficas son muchas, todas surgen de la ignorancia y se manifiestan como falta de comunicación. Un individuo que mantiene el pensamiento de la ira o el miedo sin tratar de resolver esa energía puede verse envuelto en patrones repetitivos de discordia. A medida que los patrones se perciben y se resuelven, se tiene acceso a más energía creativa para lograr el objetivo y el propósito de la vida. Primero se identifican los patrones de miedo, ira, envidia, competencia, lo que sea; luego se transforman diligentemente. Digamos que te sientes competitivo con compañeros de trabajo, familiares o amigos. Observa; considera qué energía y qué acciones surgen de esa competitividad. Luego habla claramente de tu propósito y de tus dones, da gracias por los dones de los demás en el círculo, y reconoce que muchos seres dotados pueden trabajar juntos y no necesitan estar en competencia. Observa tu mente y tus acciones, y cada vez que surja un pensamiento de escasez o competencia, llévalo claramente a la resolución. Entonces estarás libre de reaccionar y podrás elegir responder.

Como miembro de una familia, de un equipo de compañeros de trabajo, de una comunidad, de un vecindario, de una nación, uno tiene una gran energía con la que trabajar, un fuego que ilumina la mente mientras interactúa cálidamente con otros seres. Con la familia de uno es sabio hablar y compartir experiencias y también declarar el propósito de estar juntos. Escuchar de cada miembro lo que espera y desea. Aquí podemos ver hilos semejantes en el sueño de una relación feliz que comparten todos los individuos. En el trabajo y la convivencia, hay que expresar claramente las expectativas y los objetivos y ponerse de acuerdo sobre lo que hay que conseguir. Individual y colectivamente, esto es lo poderoso. De forma nativa, ésta es la mente unida del consejo. Cuando las personas se reúnen entre sí y con los legisladores, se promulgan leyes que benefician a todos.

Cuando vemos que hay que hacer algo, nos corresponde a nosotros hacerlo. Cuando miramos a nuestro alrededor y vemos a personas sin hogar en esta rica tierra, nos corresponde a cada uno de nosotros unirnos y crear la solución. Cuando vemos que se deslocalizan puestos de trabajo fuera de este país y que la gente se queda insegura y desamparada, es nuestro deber corregir la situación. Cuando vemos a los agricultores deslocalizados, desahuciados de sus tierras, reconozcamos la responsabilidad de los especuladores de la inversión que aumentan arbitrariamente el coste de la tierra, especulando con el valor de venta futuro. La especulación con la tierra significa que el futuro está en venta. ¿Quieres que otras personas decidan tu futuro, o estás dispuesto a elegir y crear el mañana que sea mejor para todos?

Se está llevando a cabo una reubicación masiva de seres humanos en todo el planeta. Esto se ha producido por la lujuria y la codicia por lo que hay dentro de la tierra. Esto se ha producido por la lujuria y la codicia por los tesoros que hay dentro de la tierra. El agua es el regalo de la vida y se esconde dentro de la tierra cuando retenemos el amor y el recuerdo de que somos una familia humana, interconectada. Lo mejor es aprender de las culturas que viven en armonía con la tierra y aplicar su sabiduría para cultivar un futuro y un planeta sanos. Cultivar un futuro y un planeta sanos significa reconocer nuestra interdependencia y que la cooperación es la medicina que cura la apariencia de las limitaciones.

Con demasiada frecuencia, los individuos y los grupos, abrumados por las fuerzas que les oprimen, se enfadan y arremeten, gritando incluso a quienes intentan ayudarles, lanzando un grito hueco de desesperación. El activismo es corregir nuestro corazón y nuestra visión para reconocer nuestras interconexiones y el impacto de nuestro propio pensamiento, palabra y acción dentro del círculo de la vida. El ciudadano sabio considerará ese miedo y esa ira con comprensión y responderá con ecuanimidad, con acciones que aporten una solución. Tú marcas la diferencia. Tu voz es importante en estos tiempos. Que cada uno de nosotros actúe para corregir los abusos de nuestros parientes y de la Tierra. Consideremos los efectos de malgastar cuatro mil millones de dólares del dinero de los contribuyentes para forzar a un pueblo autosuficiente a la esclavitud burocrática. Reconozcamos que tales medios pueden aplicarse en cualquier momento a cualquiera de nosotros en esta tierra si permitimos que continúe ese pensamiento de fuerza. Escriban a sus legisladores; llamen a la corrección a aquellos cuyas acciones amenazan el bienestar del pueblo y de la tierra. Los agricultores del medio oeste de Estados Unidos que generosamente suministran el pan a nuestras mesas están siendo forzados a abandonar su tierra, forzados a la servidumbre de las megaempresas. La misma mentalidad de plantaciones que ha esclavizado a Sudamérica y Centroamérica en forma de plantaciones bananeras se vuelve ahora contra los suyos.

Es el momento de que todos reflexionemos sobre los hilos que tejen nuestro mañana. No podemos permitir que personas autosuficientes sean esclavizadas en la manipulación burocrática. No podemos permitir que nuestros abuelos y nuestros hijos se vean reducidos al hambre y la desesperación para asegurar mayores beneficios a quienes explotan. Animemos y apoyemos activamente a todos los que viven en armonía y autosuficiencia, a todos los que buscan vivir en una relación correcta con la Tierra y entre sí. Podemos expresar con eficacia la sabiduría y una visión de paz que beneficie al grupo, a la nación y al planeta, inmediatamente. Ahora mismo, imaginemos un mundo de armonía y buenas relaciones. ¿Cómo sería?

Tomemos medidas para equilibrar la confusión. Pidamos a la legislación que responda a las necesidades reales. Invirtamos en un futuro sin codicia. Podemos trabajar juntos, creando barrios más fuertes y estables. Podemos aclarar la confusión definiendo claramente nuestro propósito y objetivos y los medios hábiles para hacerlos realidad en beneficio de todos.

Antiguamente, los sistemas de gobierno de los nativos americanos incorporaban la sabiduría de la voz minoritaria hasta que todos tenían clara una única opción y línea de actuación. Cuando trabajamos unos con otros, estableciendo claramente nuestros objetivos y nuestro curso de acción, traemos el mañana, el objetivo actualizado. Diez personas pueden acercarse en círculo, escuchar las necesidades de la gente y actuar para crear una solución de casas para los que no tienen hogar. Plantemos jardines en la ciudad, para que la mente vuelva a comprender nuestra relación con los alimentos que nos dan la vida. Sea cual sea el trabajo, tus acciones pueden estar impregnadas de la mente clara de la resolución complementaria: paz para todos y para que el grupo logre su objetivo.

Hace mucho tiempo, el Pálido caminó por esta tierra. Recordó a la gente: "Cuidaos los unos a los otros, no causéis daño, trabajad juntos en beneficio de todos". Su mensaje era de unidad y responsabilidad, de consenso. La Constitución de Estados Unidos se basa en el sistema de gobierno que él esbozó para los nativos, y su voz y su sabiduría aún resuenan hoy en toda América. Nos recordó los ciclos de la vida y los ciclos del desarrollo humano, y como naciones nos encontramos ahora al final de un ciclo y al principio de otro, en el que ampliamos el amor de la familia para incluir todo el ciclo de la vida.

Que todos podamos rastrear nuestras raíces hasta el gran Árbol de la Paz. Que honremos la sabiduría de nuestros abuelos y guardemos esa sabiduría para nuestros nietos, hasta siete generaciones. Reconozcamos el carácter sagrado de este tiempo de transformación y elección, para que podamos manifestar verdaderamente la hermosa familia de la humanidad.

ᎦᏙᎤᏍᏗᏓᏗᎲᏃᎩᏏ

Ga do u s di da di hv no gi si

¿Que cantaremos?

ᏚᏳᎧᏚᎠᏟᎩᎶᎦ

Du yu ka du a tli gi lo ga

Se acerca la hora de la verdad

ᎢᏗᎲᏃᎩ

I di hv no gi

Cantémoslo

ᏙᎯᎤᎠᎷᏂ

To hi u a lu ni

La Serenidad refulge

5

MENTE PACIFICADORA GENERADORA

El Pacificador mantiene la visión de paz para todos los seres de todos los mundos, como bella expresión de armonía y equilibrio que resuena a través del pensamiento, la palabra y la acción.

El Pacificador ve todo en buena relación, percibiendo la unidad subyacente de la creación.

El Pacificador sabe que cada ser está facultado por la voluntad para elegir, la sabiduría para ver y la inteligencia para actuar, todos los seres juntos tejiendo el sueño de nuestra realidad compartida.

Al reconocer que los patrones mentales se manifiestan como relaciones individuales, familiares, de clan, nacionales y planetarias, el Pacificador aparta la ira, la duda y el miedo, armonizando las emociones conflictivas mediante una resolución complementaria.

El Pacificador actúa con consideración hacia las generaciones futuras, con la mente puesta en preservar la vida y aquello que enriquece la vida.

Los fuegos sagrados de la voluntad, la compasión y la inteligencia activa dentro de cada ser vivo son los factores cohesivos que permiten que la mente se manifieste en la forma física. Que los fuegos de la sabiduría se reaviven y renueven en cada ser. Que el pensamiento de resolución complementaria agite los corazones de todas las personas, para que podamos recordar la paz.

En este tiempo muchos corazones han sido tocados por la necesidad de paz. Muchos están ahora dispuestos a ser activos para hacer surgir la paz en su interior y en todas las relaciones. Durante la Marcha Mundial por la Paz de 1982 vimos algo maravilloso: gente de todas las naciones hablando por la paz, por la vida. Fue un buen comienzo. En cada uno de nosotros hay un Pacificador por desplegar.

Hasta el siglo XIX, en gran parte del sureste de lo que hoy es Estados Unidos, existían aldeas llamadas Aldeas de la Paz. La Aldea de la Paz era una de las formas que el pueblo tsalagi veía para mantener la paz y el equilibrio: aldeas cuyo único propósito era mediar entre los diversos aspectos de la mente, siempre conscientes del todo. Mediante la práctica espiritual y la dieta, los habitantes de las Aldeas de la Paz irradiaban paz mental, lo que permitía mantener la armonía con el pulso de la Tierra. Se confiaba en sus voces para mediar en lo que parecía un conflicto. Muchos eran sacerdotes y curanderos, guardianes de la tradición de toda la nación. Y lo que es más importante, mantenían zonas de santuario. Las Aldeas de la Paz eran lugares de santuario donde no se derramaba sangre ni se hacía daño. Cualquier persona, incluso un asesino o un ladrón, que se dirigiera a la aldea y siguiera el ciclo de purificación dentro del santuario durante un año podía ser perdonada de toda transgresión. Cada Aldea de la Paz era guiada por el Jefe de la Paz, una persona comprometida con la preservación de la vida y hábil en la transformación de la conciencia. Los principios de la Aldea de la Paz eran tales que incluso los "criminales blancos", delincuentes no nativos que huían de las leyes de su propio pueblo, podían encontrar refugio allí, y muchos lo hicieron.

Muchos han sentido la necesidad de un santuario, y algunos han realizado ese espacio interior. El Pacificador ofrece santuario dentro de un aura de certeza, expresando métodos de resolución de conflictos con un corazón generoso. Los Jefes de la Paz desarrollan un aura de estabilidad mediante prácticas internas y externas. El resultado es una mente espaciosa, que refleja la sabiduría inherente a cada persona. En muchos sentidos, el Jefe de Paz es un catalizador, que inicia un proceso que purifica los patrones de conflicto, revelando una resolución armoniosa.

Nuestra conciencia sí afecta a la corriente de pensamiento de este mundo. La clara intención de paz es la semilla para que esta fructifique. Como seres humanos responsables, buscamos formas de afirmar un mundo de resolución complementaria, sabiendo que muchos puntos de vista, muchas formas pueden coexistir pacífica, respetuosa y creativamente.

Como seres humanos tenemos una responsabilidad importante en este tiempo. Es la de relacionarnos con aquellos patrones en nosotros mismos que conducen al miedo, la duda y la agresión, de tal manera que sean transmutados. Nuestro propósito es lograr una mente pacificadora, una totalidad mental en la que los patrones de conflicto, separación y escasez se equilibren. Con sinceridad, esos patrones se transmutan. Nunca niegas lo que es, sino que simplemente reconoces: "Oh, ese sentimiento está ahí". ¿Eres tú *realmente*? No, es un sentimiento que surge de la emoción. Genera el antídoto.

El miedo es una forma de idea que se ha apoderado de la Tierra. Una de sus expresiones más alarmantes es el "ensañamiento nuclear", reservas de armamento nuclear veinte veces superiores a lo "necesario" para matar a todos los hombres, mujeres y niños que ya viven en este planeta. Por eso es necesario un cambio, ahora. Como somos las naciones, como hemos nacido de este planeta, el cambio debe comenzar en nuestros propios corazones. Cada uno de nosotros debe dejar de lado la idea de escasez; cada uno de nosotros debe dejar de lado la idea de que puede que no haya suficiente. Es desde la mente de la escasez desde donde muchos individuos, muchos grupos, muchas naciones tratan de poseer tierras, recursos, ideas, debido a la incertidumbre sobre las posibilidades del futuro. Sin embargo, el futuro es una semilla dentro de nuestras propias mentes. ¿Queremos hacer nacer un mundo de escasez, miedo, competencia, guerra, o elegimos vivificar las semillas de la abundancia, la confianza, la generosidad y la paz en nuestros corazones y en nuestras comunidades? Es nuestra elección.

La mente pacificadora es una integración de la luz y la oscuridad dentro de uno mismo. Es elegir potenciarse a uno mismo, ser lo que uno es en lugar de reaccionar a los patrones del pasado o a las ex pectaciones de los demás. Es reconocernos en el momento. Como nación, como planeta, estamos creciendo. Muchas de las ideas que han sido importantes en nuestro desarrollo y aprendizaje como raza humana han sido exploraciones externas: medios científicos, inventos, métodos de curación. Ahora estamos llegando de nuevo a la exploración interior. Estamos viendo el círculo completo, el ciclo de las cosas. En este ciclo, lo más importante es nuestro pensamiento. Incluso las plantas y la tierra nos lo muestran. Cuando las personas se toman el tiempo de crear un espacio de amor en sus hogares, un lugar y un tiempo para la oración y la meditación, se crea un vórtice de energía que realmente fortalece los campos electromagnéticos de sus cuerpos y de la tierra donde viven. Esta lección quedó claramente demostrada en Findhorn, la comunidad espiritual de Escocia famosa por sus magníficos jardines, casi "milagrosos". El poder de la sintonía con la tierra y con el flujo de abundancia de la propia mente puede manifestar milagros de abundancia en la Tierra. Por eso es muy importante una corriente de pensamiento clara. Somos cocreadores.

Estar presente en el momento significa reconocer cualquier energía que se esté experimentando y llevarla a la resolución, invocando el equilibrio. Cuando haya ira o frustración en ti o a tu alrededor, en lugar de centrarte en la ira, céntrate en la semilla de la compasión, céntrate en el amor y en la resolución. La forma de pensamiento de la resolución en sí misma establece un campo resonante que permite a la mente percibir métodos de resolución. Esto es resolución complementaria, medios para pacificar la lucha y la discordia para revelar la armonía inherente:

> Percibe todos los conflictos aparentes como patrones de energía que buscan un equilibrio armonioso como elementos de un todo.
>
> Reconoce los patrones de emoción y pensamiento que generan facilidad.

Desarrolla la sabiduría que actualiza, los medios hábiles para realizar la visión de la relación correcta.

Elige aplicar la sabiduría de la discriminación, guiando el pensamiento y la acción hacia la armonía.

En lo más profundo de nuestro corazón brilla un fuego. Se expande en espiral, llenando el cuerpo de calor y de una sensación de gran paz. El cuerpo se llena de luz. El ojo interior se vuelve cada vez más claro. La semilla de la mente más pura surge intacta de la corriente del pensamiento. La mente ve desplegarse muchas imágenes; muchos sentimientos, muchos pensamientos flotan en esa corriente. El ser humano sabio cultiva aquellos pensamientos que son nutritivos. No te apegues a la corriente del miedo, la ira o la duda. Reconoce la corriente de la mente más pura.

Experimenta la luz, visualiza la luz. Primero es algo de tu imaginación, y luego cada vez más esa cualidad de la corriente se convierte en tu inclinación natural. Lo mismo ocurre con nuestra elección de palabras. Cuando elegimos hablar de lo bueno que hay en nosotros y en los demás, invocamos la totalidad. Cuando reconocemos la gran semilla de la mente pura, alimentamos esa semilla dentro de nosotros y en todas nuestras relaciones. Uno puede perder de vista el propósito, pero todos pueden encontrar de nuevo el camino a casa. Encontramos la fuente cuando sentimos la corriente de luz dentro de nosotros. Cuando observamos los pensamientos que pasan por nuestra mente decimos, con la semilla de la perspectiva iluminada: "Soy un ser vivo en proceso de cambio. Soy un ser de luz. Elijo vivir en la luz de la paz y la belleza". Simplemente expresar esa afirmación permite transformar las formas de pensamiento negativas y los patrones de relación humana.

La transformación comienza en cada persona. A través del despertar del fuego sagrado de la sabiduría en nuestros corazones somos capaces de enviar una gran luz, un gran escudo de renovación alrededor de este planeta, para que ni siquiera las balas se preocupen de volar, ya que cada uno hace la paz en su interior. Despertar el fuego de la sabiduría en el corazón es despertar en el sueño, percibir las cosas tal como son y tejer una vida de belleza.

Despertar en el sueño

Hay una práctica que mi abuelo enseñó para mirar la corriente de la propia mente, para liberar el potencial creativo, para cualquier tipo de resolución de problemas en la vida, ya sea en términos de trabajar unos con otros o de liberar la energía curativa dentro del cuerpo. Es una práctica sencilla y muy poderosa. Cada noche, mientras te duermes, tienes la oportunidad de aclarar y liberar de tu propio cuerpo de luz y de la corriente de conciencia cualquier pensamiento que pueda haberte dañado a ti o a otro. Después de clarificar la atmósfera de tu mente y tu espacio para dormir ofreciéndote el humo del cedro o del enebro, túmbate en tu cama y revisa tus palabras y acciones del día. Si ves que en algún momento del día pensaste, hablaste o actuaste sin estar en la plenitud de tu verdadera sabiduría, entonces "reproduce" ese momento y visualízalo llegando a una conclusión armoniosa. Luego afirma en tu mente: "La próxima vez que tenga esa oportunidad me relacionaré con una mente clara. Estaré totalmente atento a la luz de la comunión que fluye entre mí y todos aquellos con los que me encuentre." Al observar el flujo de los acontecimientos del día, puede que veas que has captado una idea o forma de pensamiento inquietante, pensando que era tuya. A medida que continúas practicando la observación de la mente, te vuelves capaz de discriminar entre aquellos pensamientos que son verdaderamente beneficiosos para tu propósito sagrado como ser humano en esta vida y aquellos pensamientos que son meras ilusiones, que deben ser transmutadas. Este ejercicio forma parte del camino del Pacificador porque desarrolla una continuidad de conciencia entre el sueño y la vigilia. En la meditación, a menudo se puede experimentar un estado similar a los estados de transición entre el sueño y la vigilia, con imágenes que pasan por la mente o destellos de inspiración, percepción clara. La continuidad de nuestro conocimiento está siempre viva y disponible. Es un cordón sagrado, una resonancia con la vida que nos permite estar atentos a todos los aspectos de nuestro pensamiento.

Despertar en el sueño y poner el pie firmemente en el camino de la Belleza es una práctica Tsalagi de atención plena. La acción de uno dentro de la mente o del sueño tiene efectos tan tangibles como el hacer físico. Cuando uno cabalga sobre la mente galopante y la dirige hacia el camino, se alcanza un destino: el hogar del aro sagrado, fuente del sueño. Hay que recordar que uno está soñando es estar en contacto con la corriente de la mente mientras teje su curso a través de los reinos de la conciencia. El creciente fértil de la luna, sembrado de deseos, pensamientos y acciones, representa un camino que refleja el propósito del sol en la vida de cada uno. El Abuelo Luna (Nudawa Giniduda) refleja la luz de Adawee. La claridad de ese reflejo viene determinada por la atención que se preste al ideal sagrado. El ojo de la sabiduría se abre cuando se completa una acción en el sueño, como levantar las manos hacia el cielo, invocando suaves lluvias sobre tierras resecas.

El método de atención a los sueños, tal como lo enseñó el abuelo Eonah Fisher, comprende los siguientes pasos:

1. Al retirarte a la cámara de dormir, ahúma la zona con la ofrenda de cedro o enebro ardiendo hacia el norte, este, sur y oeste y hacia el cielo y la tierra. La atmósfera que te rodea está compuesta de pensamiento. Cuando tu pensamiento se aclara a través de la práctica de la atención plena y dedicas tiempo a emborronar la zona, a hacer ofrendas de humo, también estás dando gracias a la Tierra por el aliento fresco y ayudando a aclarar el pensamiento individual y planetario.

2. Haz una oración reconociéndote como vehículo de luz, dando gracias por lo bueno que ha llegado ese día y una afirmación de intención de vivir en armonía con todas tus relaciones.

3. Túmbate en la cama y repasa tus acciones del día. En tu mente, corrige lo que sea necesario. Por ejemplo, si no respondiste con el corazón a otra persona, mírate relacionándote de corazón a corazón; si hablaste con ira, mírate hablando con compasión.

4. Practica la meditación sobre las Tres Gemas de la Mente Purísima (que se indica a continuación).
5. Cuenta lentamente hacia atrás de diez a uno, afirmando que recordará todo lo que ocurra durante el sueño.
6. Date a la tarea de levantar las manos al cielo en el sueño, para llamar a la vida fructífera.
7. Al despertar, estírate y da las gracias, y anota tus sueños en el diario de sueños.

Meditación sobre las tres gemas de la mente purísima[30]

Siéntate con la columna recta, inspirando y espirando, con la mente relajada y abierta. Siente la doble hélice de energía en espiral en todo tu ser como un equilibrio dinámico de voluntad y compasión, invocando el cordón/acorde de la inteligencia activa.

Ven, ven, ven a la otra orilla.
Libre de la ilusión, recoge tu canoa de luz,
entra en la corriente de la mente más pura.
Acércate dócilmente a la orilla del río,
acércate por los suaves bajos
como la luz de un día claro
bailando sobre el agua.

La canoa varada en la orilla,
te adentras con paso seguro en la corriente,
el arroyo que conduce al océano,
en lo profundo de las salas de tu conocimiento
entrando en el agua.
Mientras gira alrededor de tus pies,

30 Esta meditación surge de un cuento de enseñanza tradicional para niños.

mira las reflexiones del día,
lo que mejor has hecho.
Afirmemos en nuestra reflexión
los actos de mayor bien.

La costa se despliega suavemente
en el mar con muchos valles.
El primer valle retiene
el tesoro de las buenas intenciones que han sido fructíferas.
¿Qué rostro llevabas
antes de que nacieras?
Mira el Misterio detrás de la forma.
Busca la gema de la buena causa,
el pensamiento de la acción correcta.
Sumérgete en la corriente de la mente clara.
Una piedra amarilla emite su luz,
llamándote a percibir lo que es correcto.
Reúne el topacio sagrado,
la medicina de la mente clara.

La búsqueda del tesoro es aún más profunda,
eres arrastrado a un segundo valle.
Estás tranquilo en el agua,
moviéndote como la luz sobre un rayo,
el recuerdo efervescente
de donde tejes el sueño.
El brillo de la sabiduría te llama
a una gruta iluminada con rosas.
Recoge el precioso rubí, la gema de sabiduría.
La compasión es desbordante.
Sigue la luz débil
que te llama al centro de la corriente.

El tercer valle, maravilloso en su resplandor de voluntad,
el brillo de la mente clara.

La intención correcta desemboca en la acción cumplida
siempre en armonía, haciendo surgir la luz.
Reúne el diamante brillante.

Tres gemas para llevar, hablar, dedicar:
la Verdad, la Comunidad, la Enseñanza.
Afirma que estás en el Camino de la Belleza.

Ven, ven, ven a la otra orilla.
La ilusión se desecha,
digno es el resplandor.
Ven, reunámonos en la orilla
y entremos en nuestras canoas de luz
para atravesar los mares de la confusión.

La elección es un don muy generoso. A veces, en nuestra ignorancia, creamos dispositivos para que la elección sea más bien dramática. El dispositivo puede ser una crisis, una enfermedad o la ira. Muchas personas se sienten mejor enfadándose con algo o con alguien. Hay una forma más clara y directa de empoderarse para actuar. Consiste en reconocer la corriente de sabiduría que hay dentro de ti, las gemas de sabiduría de tu naturaleza. Con los dones de la imaginación, la visualización y la afirmación has puesto en movimiento ondas de sabiduría. Ahora conoces las Tres Gemas como algo en tu propia experiencia. Las gemas son una medicina muy graciosa para la renovación de individuos, familias, grupos.

La voluntad es nuestra intención. Cuando no hay una intención clara y una creencia en el logro, hay incertidumbre, y uno puede quedarse sin valor para actuar. Equilibra ahora con la lente de tus gemas la claridad de tu intención. "¿Está mi intención, mi voluntad, realmente en armonía con el propósito de mi vida?". Esta es una pregunta que uno debe hacerse. A la manera nativa se dice que cuando venimos a la vida como seres humanos, esas preguntas nos son dadas para que las exploremos mientras recorremos la Rueda Medicinal. La gente Tsalagi dice que uno tiene cincuenta y un años para explorar porque en la tradición Tsalagi uno no es adulto hasta los cincuenta y uno. Se considera que se necesita tanto tiempo para sentir los muchos flujos sutiles de energía vital dentro del propio cuerpo. Después de cincuenta y un años, compartes los frutos de tu exploración.

Comprender tu propósito libera tu potencial creativo. Ver tu propósito con claridad es un regalo de perspicacia. Tener el coraje y la compasión de caminar energéticamente por la senda de la manifestación de tu propósito es un regalo que se ofrece para beneficio de todos. Cultivar la palabra querida y la mente clara aviva las semillas de la armonía para todos los seres.

Uno de los medios más importantes para manifestar la mente del Pacificador es tender de nuevo un puente entre los hemisferios izquierdo y derecho del cerebro. A esto lo llamamos construir el Puente Arco Iris. Mantener la mente del Pacificador es reconocer que, en el proceso de la luz, de la respiración, hay acciones complementarias y pensamientos complementarios en un campo de pensamiento. En ese campo de pensamiento nada puede ser antagónico a sí mismo. Los pensamientos coexisten.

Rezo para que recordéis las joyas de sabiduría que lleváis dentro, para que afirméis el fuego sagrado de la vida. Podemos cambiar las pautas de una cultura, las pautas de pensamiento de una nación, desde la necesidad de expandirnos hacia el exterior hasta el reconocimiento de nuestra creatividad interior. Somos el pueblo. Somos el planeta. Somos las estrellas. Nuestro proceso individual afecta realmente al flujo de la vida. Quienes trabajan con muchas personas en una organización pueden sentir, en el momento en que su conciencia está muy clara, cómo la intuición y la energía del grupo también fluirán bien. Cada uno de nosotros es un tambor, un resonador, un instrumento musical, y estamos poniendo ondas de muchos patrones y muchos futuros posibles en el mar de la vida. Seamos exigentes con los futuros a los que damos forma. Como dicen los antiguos indios: "Consideremos, sólo en la forma en que nos saludamos, lo que nuestra acción y nuestras palabras significarán siete generaciones a partir de hoy". En nuestros hogares, cuando creamos un espacio para que la gente rece y medite, estamos haciendo una renovación para nuestro vecindario y para la Tierra. Es importante honrar el Misterio sagrado que todos compartimos. Todos podemos rastrear nuestras raíces hasta ese Gran Árbol de la Paz que es la vida misma. Sea cual sea nuestra tribu, nuestra lengua, nuestra raza, nuestra cultura, hay una verdad, una realidad, que nos une como personas.

El ejercicio de ir al mar te permite percibir más claramente tu sueño, el proceso de tu pensamiento. De niños nos animaban a hablar de nuestros sueños y a resolver los problemas en el sueño. En nuestros sueños siempre tenemos la oportunidad de hacer una corrección en todo nuestro ser. Así que estemos alerta. En el sueño, si tienes miedo, invoca el coraje. Si te sientes en peligro, date cuenta de que eres un ser humano con poder propio, capaz de transmutar y transformar incluso lo que es peligroso. El dragón que San Jorge mató se encuentra con muchos que buscan la verdad. El dragón es la duda, los aspectos no integrados del propio ser energético, que buscan manifestarse como un todo. Debes reunir todo de ti mismo en la atención.

Se nos pide que hagamos una elección como seres humanos, una elección para afirmar la vida, para recordar nuestro deber sagrado. Cada uno de nosotros tiene un deber sagrado, un don especial que es necesario para las personas que han elegido estar a nuestro alrededor. En efecto, hemos elegido estar unos con otros, con nuestras familias, nuestros amigos, nuestros compañeros de trabajo, sintiendo un cierto potencial energético de plenitud. Así que veamos la belleza que hay en los demás. Afirmemos nuestra unidad como personas vivas en proceso. Y, sobre todo, recordemos las gemas sagradas, las joyas de sabiduría que llevamos; están siempre presentes en nuestra naturaleza. Nuestra vida es un mandala de pensamiento, y puede ser tan bella y simétrica como la veamos.

Ahora has recordado el camino. Como el salmón, has entrado en la corriente que conduce a la fuente de tu ser.

Volver a casa

Siéntate con las piernas cruzadas o en una silla firme, con la columna erguida, respirando suavemente. Sigue el flujo de la respiración hacia el Océano de la Vida. Imagínate a ti mismo como un poderoso salmón nadando en el vasto mar. Prepárate para trazar tu viaje hasta su fuente, regresando a la corriente de amor ilimitado de la que procedes.

El viaje comienza cuando nadas hacia la desembocadura de un gran río, el Río del Amor. Al entrar en este río, siente las corrientes de compasión que te bañan. Permite que te guíen hacia adelante, nadando río arriba, serpenteando tu camino a casa a través de las muchas oportunidades y desafíos que encuentres en las aguas de la experiencia.

Primero llegas a un estanque profundo, las Aguas de la Voluntad. Aquí encuentras tu voz de poder, cambiando cualquier pensamiento persistente de "no puedo" por "puedo" y "quiero". Deslízate por las Aguas de la Voluntad, empoderándote suavemente para ser todo lo que puedes ser, reclamando tu autoridad inherente, eligiendo vivir tus ideales más elevados, el verdadero propósito de tu vida. Atraviesa los remolinos que te distraerían de tu destino y llega de nuevo a la orilla de la certeza.

Remontando la corriente, sigue la corriente de la compasión hasta un lago grande y hermoso, el Lago del Yo Adorable. Sumérgete y salta por las aguas de la autoafirmación, limpiando tu corazón de cualquier vestigio de duda sobre ti mismo o de indignidad. Reconoce el hermoso ser que eres, amado y adorable, que no necesita merecer ni ganarse un amor que es su derecho de nacimiento. Brilla en la luz resplandeciente de la autoaceptación mientras prosigues tu viaje.

Llegas junto a unos rápidos rugientes, las Cascadas de la Acción Capaz. Aquí el agua rueda y golpea las rocas, sacudiendo toda inercia, lasitud, vacilación para actuar. En los rápidos, deja que tu sabiduría te lleve con seguridad; deja que nuestra capacidad de actuar con competencia y eficacia sea tu guía a través de las aguas turbulentas. Capaz de actuar, rico en talentos y habilidades, reconócete a ti mismo como un maestro de la acción por el bien de todos los seres, ¡y sigue nadando!

El río se vuelve suave de nuevo, serpenteando suavemente, calmándose en una corriente feliz y tranquila que se extiende sin fin ante ti: la Corriente del Momento Abierto, en la que se dejan atrás todos los apegos a lo que ocurrió o no en el pasado, a lo que podría ocurrir o no en el futuro. En el momento abierto cesan el sufrimiento y el apego al sufrimiento, y eres libre para experimentar las aguas de la vida tal como son. Elimina todas las limitaciones nacidas de las expectativas, deléitate en la amplitud de las vastas posibilidades, disfruta del espacio del ahora. Tu sueño se realiza mientras lo visualizas.

Sigue nadando por el Río del Amor, hasta llegar a un estanque bellísimo, el Estanque de la Abundancia. Sumérgete en las aguas sin fondo para traer todo lo que necesitas, todo lo que la gente necesita. Redescubre el paraíso que te rodea y que está dentro de ti, que te provee sin retenerte. Sacúdete los últimos restos de la mente de la escasez y conoce la alegría de la generosidad mientras compartes el don de estas preciosas aguas con todos los que te rodean.

La abundancia que fluye te lleva a la base de una cascada gigante, la última puerta de entrada a la fuente de tu viaje. Anímate, aliéntate y salta sobre las cataratas de la fe, entregándote al oleaje y la corriente de las poderosas aguas de la vida, navegando a través de todos los obstáculos con los vientos confiados de la fe. Vuela más allá del miedo, tan alto como puedas llegar. Abraza la perfección, la unidad con todo lo que es.

Más allá de las cataratas llegas por fin a la fuente del río, las claras y mansas Aguas del Hogar, de donde surgen todas las apariencias. Aquí, en las dulces aguas del recuerdo, te encuentras de corazón con tu familia, con tus amigos, con todos tus parientes. Sabed que sois uno. En la tranquila corriente que fluye conoces el amor incondicional, ondulantes olas de compasión que van y vuelven sin fin. Báñate en este estanque de paz, permite que cada átomo de tu ser se infunda con su luz, y envía la canción de la sabiduría del amor, para que todos puedan conocer el don más precioso de la paz.

Esta enseñanza del salmón está inspirada en un anciano que vivía en el noroeste de Estados Unidos, Joe Washington, que había sido un guía para mí desde que mis propios abuelos fallecieron. Era el líder espiritual de la Nación Lummi, un pueblo salish costero. Me dijo: "Dhyani, dile a la gente que mientras los ríos fluyan y mientras la hierba esté verde, los salmones van a venir río arriba. Todos quieren volver a casa". Cada vez que le veía o hablaba con él por teléfono repetía esas palabras. Debemos entender el mensaje del salmón porque el salmón sabio entiende el pulso. Siente la energía y encuentra la corriente correcta; puede sentir el agua que le llevará a casa. El salmón que está ocupado mirando a su alrededor y pensando: "No creo que pueda saltar esa roca" o "¿Estoy realmente en el arroyo correcto?" va a acabar en tu ensalada. Es hora de volver a casa y todos podemos encontrar el camino. Sólo hay que volver a esa corriente de mente clara en nosotros mismos, recordar que somos seres naturales, seres humanos, juntos. También tenemos un ritmo; el pulso de la Tierra nos guía.

En esta época muchos pueblos nativos americanos están volviendo a hablar de su antigua sabiduría. El mensaje no es decir "Sé cómo un indio" o convertir a la gente a la religión nativa americana. Los ancianos están diciendo: "Unamos nuestras manos, cada uno es como es, para reconstruir el círculo sagrado de la Tierra. Honremos las tradiciones de todos nuestros pueblos. Sepamos que hay una verdad y que todas nuestras raíces proceden de ese gran árbol. Como el salmón, salgamos del océano de la ilusión. Seamos ganadores en la corriente y encontremos de nuevo el camino de vuelta a casa para que podamos generar nuevas semillas de vida". Así que es un mensaje muy importante el que nos transmitió Joe Washington: "Recuerda el salmón, recuerda el salmón". Los humanos también buscamos el arroyo de vuelta a casa.

El océano es nuestro pensamiento, es el sueño común. También son las emociones, los sentimientos que a menudo no se reconocen.

Sin embargo, para ver el camino de vuelta a casa hay que mirar todas las emociones del océano de la experiencia y ser capaz de decir: "Ya no me aferro a esto; ya no alejo aquello. Ya no necesito tener miedo. Ya no dudo de que el océano viene del pequeño arroyo y que el arroyo me llevará a casa. Estoy en camino, y es un Camino de Belleza". No hay ningún lugar al que ir; la belleza está por todas partes. Examinar con la mente, con los sentidos, es comprender el misterio de la vida.

Para manifestar la mente Pacificadora solo necesitamos aclarar los oscurecimientos del miedo y la ira, la escasez y la separación, y volveremos a reconocer lo que somos. Viniste aquí como una persona sana, pura dentro de tu mente. El cuerpo humano es un gran regalo, una oportunidad para explorar la mente. Decimos que en el principio existía el vacío y que de ese vacío surgió un sonido, y ese sonido son cinco tonos, cinco cualidades, la base de todo lo que conocemos, nuestros sistemas de órganos y la construcción de este mundo. Y ese sonido está dentro de nosotros.

Nos enseñaron a una edad temprana que la forma en que vemos el mundo, cómo nos relacionamos a través del corazón con los demás, cómo miramos a la esencia de los demás, determina nuestra realidad. En la cosmovisión Tsalagi no hay accidentes, no hay errores. Las cosas suceden tal y como son. Debemos desarrollar el valor de estar presentes en este momento y apartar aquellas actitudes que nos hacen creer en la ilusión de la separación. En la vida todos compartimos este sueño, y no hay separación.

Tenemos un propósito común como seres humanos en este tiempo, y la resonancia de esa clara intención está despertando en muchas personas el recuerdo de nuestro poder para aclarar las ilusiones que ahora se ciernen sobre este planeta. Podemos reconocer dentro de nuestro propio ser el potencial para hacer surgir energía creativa, para manifestar paz y claridad dentro de nuestras propias vidas. Muchos sienten también la necesidad de permanecer en comunidad, de saberse alineados en el círculo de las buenas relaciones. Estos pensamientos, estos sentimientos, unen a este libro y a ti, lector.

¿Cómo puede cada uno de nosotros, como ser humano, reconocer el pensamiento como energía creativa? ¿Cómo puede cada uno de nosotros apartar las ilusiones o los miedos que se interponen en el camino de la manifestación de nuestra verdadera naturaleza? En la cosmovisión nativa en esencia todo está bien. Desde el principio, desde el vacío, el sonido surgió en espiral; desde el vientre del universo se hace realidad el potencial inmanifestado. A través del principio de la voluntad se hace real, y a través del principio de la voluntad cada uno de nosotros en este momento, en cualquier momento, puede reconectar con ese hilo sagrado de la voluntad de ser. La voluntad es el fuego primario que nos hace surgir en este momento. Esa energía se manifiesta a través del cristal de cuarzo transparente.

El segundo fuego creador irradia energía de compasión. Cuando la Voluntad de Fuego Mayor se miró a sí misma, surgió la energía que ve las cosas como son, con ecuanimidad: esto es sabiduría compasiva. En nuestras relaciones individuales este fuego se relaciona con el cuidado mutuo, el perdón por lo que podría haber sido o debería haber sido. Al darnos cuenta de que nuestros pensamientos tejen y determinan nuestro mañana, vemos que no hay necesidad de dudar o culpar porque todo se mueve en la corriente de nuestra propia naturaleza. Con la claridad de nuestra voluntad, con la energía de la compasión y la voz de la afirmación, podemos apartar aquellas actitudes que puedan oscurecer la perfección.

En el círculo de la vida cada uno tiene un don especial, una función especial. En la cosmovisión nativa no hay dentro o fuera; todos en el círculo son necesarios. El don y la función de cada persona son necesarios para el beneficio de toda la familia de seres humanos y de los que caminan, se arrastran, nadan y vuelan. Todos somos parientes. Es esta sabiduría de la compasión, ver las cosas en su equilibrio, lo que es tan significativo para apartar las ilusiones de escasez y traer la paz a nuestros propios corazones.

El tercer fuego creador es el fuego de la inteligencia creadora, la inteligencia constructora, para que nuestros sueños tengan éxito, para que nuestras obras se manifiesten realmente en beneficio de muchos.

Así que han surgido tres fuegos de las cinco notas, ardiendo en una gran espiral. Esto tiene significado en tu propia columna vertebral. El sonido, la vibración, es pensamiento. Es nuestro sueño que todos estamos tejiendo juntos. Y como seres humanos, teniendo el don de la vida humana, tenemos el deber sagrado de no desperdiciar este don. Eso significa que debemos dejar de lado nuestra pereza. ¿Cómo se abandona la pereza? ¿Cómo se reconoce la pereza? Si tienes la sensación de que otra persona se interpone en tu camino, de que no puedes lograr algo porque otra persona lo hace o no lo hace, eso es pereza. En realidad, nada puede interponerse en el camino del ser humano diligente y amoroso.

En nuestra naturaleza existe el potencial para que ocurran grandes cosas. Los milagros sobre los que hemos leído en otras sociedades, en otras épocas –los milagros de personas que hacen llover o que hacen crecer semillas en cuestión de horas a través de su oración– esas brasas están dentro de cada uno de nosotros. Todo lo que hace falta es barrer la chimenea para que las brasas puedan arder. ¿Qué es la chimenea? Es nuestra mente, nuestra columna vertebral, nuestro cuerpo, especialmente nuestro corazón, nuestro sacro y la parte superior de la cabeza. El fuego es pensamiento, es mente. Dentro de cada uno de nosotros se mueven esos tres fuegos creativos: la voluntad, la compasión y la inteligencia activa. Dentro de la columna vertebral, esos tres fuegos descansan en el sacro. A medida que el ser humano reconoce los bordes de y lleva el bastón de su propio destino, esos fuegos se hacen cada vez más brillantes y los canales de la columna vertebral se aclaran, para que el fuego pueda elevarse.

Hablamos de la energía materna, la energía paterna y el niño interior. La energía materna es el lado izquierdo de la columna vertebral, el canal izquierdo, el lado derecho es el padre, y el niño es el centro. También la describimos como lunar, solar y el vacío, lo no manifestado que se hace real. La Madre Tierra se mueve en ti, la energía solar se mueve en ti. En el lado izquierdo de la columna vertebral está la energía de la luna, en el lado derecho la energía del sol, y en el centro está el niño y el Misterio más allá de la forma.

El cuerpo humano en su pensamiento y acción puede impedir el flujo del sol y la luna, o puede excitar una energía y deprimir otra. Siguiendo tu respiración, estando atento a tu propia respiración, puedes ser más consciente de cómo estás manifestando tu potencial. Siente esas espirales de energía. ¿Eres más consciente de un lado de tu cuerpo que de otro?

Mi abuela solía hacerme coger una escoba y saltar sobre ella mientras la sujetaba con las dos manos; decía que yo pensaba más en un lado que en el otro y eso me ayudaría a encontrar el equilibrio. Es muy difícil saltar por encima de una escoba; o estás muy presente y muy equilibrado o te caes de bruces. Mi abuela me decía: "Tus acciones tienen más significado que tus promesas; hay que hacerlas *ahora*". Y profundizó en esa lección: me enseñó que cuando crees que algo se ha cumplido, es más fácil. Yo pensaba que saltar por la escoba era difícil. Ella dijo: "Tu pensamiento es tan importante como tu acción, porque toda acción empieza en tu mente". Pensé en ello durante cuatro días. Cuando lo tuve claro, salté fácilmente por encima del palo de la escoba. Entonces me vino a la mente una lección aún más profunda: lo que pensamos es *como si lo hubiéramos* hecho. Incluso cómo pensamos y hablamos de otras personas les afecta. Si describimos a alguien como duro o ignorante, no estamos reconociendo la gema de la mente pura en nosotros mismos o en ellos, porque estamos expresando una forma de idea que es negativa y estática, agotando la energía para el cambio y la transformación.

Cuando emprendes el camino de aclarar tu propia mente aclarando tu discurso, hablando de forma afirmativa, los canales de la columna vertebral se abren más. Cuando somos capaces de decir: "Oh, esto está sucediendo", sin sentir apego o repulsión por lo que está sucediendo, los canales se aclaran. ¿Por qué es tan importante que la columna vertebral se aclare, que nuestras palabras se aclaren? Porque nuestras palabras, como pensamiento y vibración, tienen el poder de dar forma, de determinar nuestras realidades futuras. Si hablamos con miedo o de una forma que encapsula y energiza una actitud negativa, estamos congelando el momento, no dejando que la respiración completa se mueva. Por lo tanto, el primer paso es clarificar tu discurso, comprometiéndote a ver lo mejor de ti mismo. Cuando veas viejos patrones de pensamiento, habla o comportamiento que oscurecen la claridad, no te apegues –ni positiva ni negativamente– a la actitud que ha mostrado su rostro en el espejo de tu mente. Sepa que la ira, la amargura, la duda son sentimientos, y los sentimientos, por su naturaleza, son fugaces. ¿Cuál es la naturaleza esencial de la propia mente? Esa es la cuestión que debemos explorar.

A medida que nos adentramos en una conciencia más profunda, vemos que somos personas que están cambiando. Al estar vivos tenemos la oportunidad de observar las cualidades de la vida, de ver el don de la mente y de hacer una elección: manifestar la voz creativa que construye un mundo de belleza, un mundo de paz para beneficiar a todos los seres hasta siete generaciones. Por eso son tan importantes la compasión, la atención y el cuidado de los demás y de nosotros mismos. Lo que hacemos hoy, cómo nos sentimos sobre nosotros mismos en este momento, tiene un efecto sobre todo el círculo de la vida. Nuestro pensamiento es un poder. Nuestras emociones atraen hacia nosotros lo que hay en nuestra vida. No hay accidente. Desde el punto de vista de los nativos, el "pecado" proviene de alejarse de la propia capacidad y potencial. Todos nacemos puros; todos tenemos dentro la mente perfecta de la Creación. Las actitudes que pueden oscurecer esa perfección pueden transformarse muy fácilmente cuando afirmamos energéticamente el poder de la mente clara: "Tengo la intención de realizar la verdad en este tiempo". En la cosmovisión Tsalagi, se dice que siete vidas de actividad espiritual permitirán realizar el Misterio. El energético puede hacerlo en una vida, y entonces puede convertirse en un planeta, una madre-padre de todas las cosas, como ha hecho mi abuela.

Siete vidas, una vida, ¿qué significa? Significa plantar semillas en este momento. El sufrimiento o la confusión de este momento reflejan actitudes que hemos llevado en nuestro flujo mental, quizá incluso de otras vidas. ¿Cómo vamos a transmutar esas actitudes del pasado que pueden acumularse en los centros energéticos de nuestro cuerpo? Decimos que debemos cantar y bailar para eliminarlas, ayunando y purificando nuestras mentes y cuerpos y cultivando buenos pensamientos y acciones. Los rituales de ayuno y purificación, de ofrecer la hierba dulce y la salvia a las cuatro direcciones, de ir a un lugar oscuro y solitario, de purificarse con agua caliente o fría, benefician a todas las relaciones de uno. Así es como el individuo supera los obstáculos de la separación en la práctica Tsalagi.

¿Cómo surgen estas ilusiones de separación? Surgen de pensar que "esto" es mejor que "aquello", o "sé más que –, soy menos que –". En el momento en que piensas que eres más o menos que otro, surge un velo de separación. "Esto" puede ser bueno para tu despertar espiritual, mientras que "aquello" es apropiado para otro. El practicante sabio cultiva la visión "semejante" – "esto tiene motivación como aquello"– cultivando así la unidad. Es el orgullo lo que lleva a compararse con los demás. La creencia de que uno mismo existe de forma independiente provoca confusión. Somos soñadores. Compartimos este sueño.

Estas enseñanzas del linaje Ywahoo se transmiten con el ruego de que los seres humanos volvamos a vernos como una familia en el círculo de la vida y dejemos a un lado las ilusiones de separación, para que podamos volver a situarnos en el círculo como seres humanos dignos. Sé el mejor ser humano que puedas ser. Todos los nombres que los pueblos nativos se dan a sí mismos en sus propias lenguas significan, básicamente, "gente". Los Tsalagi nos llamamos "Pueblo Principal" porque remontamos nuestras raíces a los Siete Danzantes y recordamos nuestro deber de esparcir semillas de luz. Aquellos seres que vivían en la Tierra cuando la Madre Estrella cayó tenían vida y conciencia, pero aún no la semilla de la mente, por lo que era necesario diseminar la semilla estelar por toda la Tierra. A medida que nuestra cultura evolucionaba, era deber de los Hijos del Sol casarse con la gente más humilde, un deber para plantar la semilla estelar en todos los pueblos. Esto nos recuerda una vez más que todos somos una familia de seres humanos.

Puesto que toda la familia humana está en un proceso de evolución, de iluminación, no hay motivo para el desánimo, el autodesprecio o la desesperación, y sí para la compasión, para tener cuidado. Cuando veas error en tu propia naturaleza, en lugar de alimentar la discordia, simplemente observa y reconoce el error y afirma la acción correcta. Este es el poder del pensamiento afirmativo, de la voz clara: llevar la discordia a la armonía. Sin carga, sin apego, ve el error y trae la energía equilibradora. "Oh, respondiendo de cierta manera. Sintiéndome enfadado y desesperado, culpando a otros por el hambre de allí. Permíteme no culparme a mí mismo, también, por haber sentido ira o discordia. Permíteme tener remordimientos, corregir ese error de pensamiento y actuar de la manera más diligente. Permíteme encontrar la paz mental para imaginar un mundo de belleza". Canta una afirmación para apartar ese patrón negativo de pensamiento.

Reflexionemos sobre las habilidades necesarias para transformar las ilusiones de ira, dolor, vergüenza, separación. Primero debemos tener fe: fe en que, si inhalamos, exhalamos, en que el sol se puso esta noche y saldrá mañana como lo ha hecho muchos días antes. Las cosas sencillas nos permiten mantenernos claros y seguros.

Y debemos tener buena voluntad hacia nosotros mismos. Al observar nuestras vidas, reconocemos que nuestros sentimientos hacia nosotros mismos se reflejan en nuestras relaciones con los demás. Así que es sabio cultivar un sentimiento de cuidado y compasión hacia uno mismo, reconociendo que todos estamos en un proceso de cambio, un proceso de purificación, creciendo cada vez más brillantes en el círculo de la vida. Sin vergüenza, sin culpa. Cada mañana, mírate en el espejo y llama a esa luz clara que hay en ti: "Hola, ¿cómo estás?" Al cabo de unos días tus ojos se iluminarán, y entonces empezarás a ver muchas cosas buenas de ti mismo. En la enseñanza nativa, el ojo derecho da, el ojo izquierdo recibe, la energía siempre fluye en círculo, dentro y fuera. Así, incluso lo que miras tienes la responsabilidad especial de mirarlo con amor, incluyéndote a ti mismo. También ves a los demás a través de la lente de tu propio pensamiento, de tu propia mente, así que, si te sientes mal contigo mismo, entonces todo te parece feo. Mira la belleza en ti mismo, y aquellos con los que te encuentres reflejarán esa belleza, trayendo facilidad y alegría a todas tus relaciones. Eso es plantar la semilla para que tus acciones tengan éxito, porque la forma en que te ves a ti mismo y a los demás es también la forma en que verás el mañana, y lo que ves, la visión que tienes, seguramente se manifestará como la realidad que vives.

La compasión y el cuidado de uno mismo y de los demás son un terreno fértil en el que crece de forma natural la generosidad. La compasión expresa nuestro deseo de que los seres no sufran, el cuidado revela nuestro deseo de alimentar su bienestar, y la generosidad es la práctica, nuestras acciones dedicadas a realizar la felicidad y el bien para los demás en el círculo. Generosidad significa dar, y comienza en el corazón, afirmando la confianza en la abundancia del universo. La abundancia fluye en círculo, como la respiración. Inspirar, espirar. Cuando dudamos de la capacidad de respirar, la respiración se vuelve tensa; cuando sentimos miedo, tenemos pensamientos de escasez, entonces el flujo de abundancia en nuestra propia vida se constriñe. El canal debe estar abierto por ambos extremos para que el agua del manantial llegue al jardín. Cuando das con el corazón –quizá aquello a lo que estás más apegado–, el canal de la generosidad se abre. El trabajo que esperabas, la beca que anhelabas, el conocimiento que rogabas recibir se hacen disponibles. Este es el ciclo de la reciprocidad: lo que sale de tu mente siempre vuelve a ti. Igual que la respiración. Por lo tanto, no hay culpa ni vergüenza, simplemente vivir. Estamos en el círculo de la vida, y realmente las cosas están en un proceso de cambio y equilibrio.

Muchos han sucumbido a la ilusión de la escasez. Incluso los vientos y las propias aguas se han retirado debido a la fuerza de esa ilusión en la mente de la gente. Para desviar esa ilusión, los nativos tienen el don. Cuando nos sentimos inseguros o muy bendecidos, hacemos una ceremonia en la que damos cosas a los demás, algunos regalan todo lo que tienen. La generosidad es un sol cálido que quema las nubes que oscurecen la abundancia. La generosidad es una semilla de felicidad que germina en todas nuestras relaciones. Así que el acto de dar es muy importante. En el hogar indio más pobre siempre hay algo que compartir con un invitado.

Así, primero está la fe y la voluntad de ser, el compromiso de manifestar el bien. Luego está la energía de la compasión, el cuidado, la generosidad. Saber que nuestro pensamiento está determinando nuestra realidad y purificar esa corriente creativa de la mente, este es el número tres.

A medida que nuestra mente se aclara, también lo hace nuestra visión, y lo que imaginamos, lo que esperamos, se manifiesta. Por lo tanto, es sabio ser consciente del propósito especial de uno en esta vida, para que la visión y su realización puedan alinearse con el deber sagrado de uno.

La persona fuerte puede tener cuatro dones diferentes que dar en una vida, en cuatro marcadores vitales diferentes. El primer hito de la vida es el nacimiento y la creciente toma de conciencia de que uno está vivo, que a menudo se produce en el momento de la primera sonrisa del niño. El segundo marcador es la adolescencia, con su conciencia de talentos particulares que ofrecer y el desarrollo de dichos talentos. Tercer marcador: medios hábiles suficientemente desarrollados para ayudar a la comunidad y a la propia familia. Ahora uno está desarrollando una visión interior y habilidades para la construcción de la comunidad. Cuarto puesto o marcador: capacidad para transformar lo que es inadecuado y ofrecer métodos de armonización familiar y comunitaria a través de la comprensión de las relaciones y la fuerza de la propia naturaleza; esta fase se produce alrededor de los cincuenta y un años, cuando, en la cosmovisión Tsalagi, se le considera adulto. Así que puede que aún seas un niño. Y el niño sabio reverencia la sabiduría del mundo que le rodea, mantiene vivo el sentido del misterio. Somos niños sabios cuando cuidamos con nuestro sonido, cuando llamamos con nuestra visión, cuando vemos lo mejor de nosotros mismos y de los demás. Ver lo mejor no es ignorar lo que necesita corrección. Es ver el bello potencial y llamarnos a ese lugar de claridad.

Si encuentras ciertos patrones de pensamiento que oscurecen la mente, recuerda la práctica regular como una forma de transformar el pensamiento y la acción. Saca tiempo cada día para sentarte y observar tu naturaleza sin reaccionar. Sólo observa: "Oh, estos pensamientos surgen. No son más que pensamientos. ¿Soy yo?". Afirma el conocimiento interior; sé lo que eres. A veces te sorprenderá prestar atención a tu propia experiencia. A una edad temprana descubrí que necesitaba poner límites a la intromisión de otras personas en mi estabilidad mental. Cuando iba a la escuela vi que los profesores eran racistas, no apreciaban el hecho de que yo hubiera aprendido a leer por mí misma y que leyera mucho más allá de lo que Dick y Jane tenían que decir. Los profesores decían: "Los indios han muerto". Para ellos mi existencia era una mentira. La maestra dijo: "Eres una mentirosa, sucia, no sabes leer". Le dije: "Sí que sé", y leí para ella. Me dio una bofetada. Y eso fue un gran beneficio para mí, porque me mostró que no debo depender de nada exterior, que la única verificación de la verdad en el mundo más allá de mis parientes debe venir de mi experiencia interior. Ahora mismo te doy una bofetada en la cara, para que confíes en tu experiencia interior, que confíes en tu ojo interior, que sólo es "sí" cuando lo ves y lo pruebas y es "tal vez" si no lo haces. Eso es tener poder sobre uno mismo. La confusión viene de preguntarse si el camino de otro es el correcto. Es mejor conocer tu propio camino. Ser un Pacificador requiere valor.

Las direcciones y la conciencia

La práctica de meditación que se realiza a través de las enseñanzas Ywahoo es antiquísima; se dice que tiene más de 133.000 años. La práctica aclara los canales dentro del cuerpo para que uno pueda experimentar la verdadera naturaleza de su mente y reconocer la relación sutil con el mundo que le rodea. Nuestra forma física es la manifestación externa, lo que llevamos puesto. La mente, no tiene ropa. Comprender la naturaleza de nuestra propia mente es comprender los dones de la vida.

La Danza de las Direcciones es un aspecto muy maravilloso de la práctica del Rayo Solar, la práctica que siguen los estudiantes de estas enseñanzas. Es una práctica muy sencilla basada en movimientos y ejercicios que nos enseñaron a mí y a mis parientes en la infancia. En las montañas de la reserva Tsalagi del Este en Cherokee, Carolina del Norte, muchos de los movimientos de esta danza pueden verse en la Danza del Águila que se ofrece allí por la noche, en un espectáculo llamado "Unto These Hills" ("Hacia Estas Colinas"). El propósito de la Danza de las Direcciones es alinear el potencial no manifestado con el vórtice de la manifestación. Permite percibir la claridad inherente de la mente. La enfermedad de una sociedad, de un planeta, de un individuo, sólo es el resultado del oscurecimiento de los canales de la mente. Así que esta danza sagrada es una oportunidad para reconocer esa claridad y apartar cualquier forma de pensamiento que pueda haberse acumulado dentro de los propios canales. También fortalece el cuerpo humano.

A veces, al observar a los bailarines con la visión periférica, se puede ver una pequeña neblina o luz a su alrededor. Al danzar, están aclarando los canales de energía de su interior, sus conexiones con la Tierra y los cielos, aclarando así sus meridianos y los meridianos de la Tierra e intensificando la fuerza vital. Es esa energía la que puedes ver alrededor de los bailarines; están generando luz.

La Danza de las Direcciones también nos pone en clara relación con la energía magnética de las Direcciones.

En la cosmovisión Tsalagi todas las cosas están relacionadas y son una en el círculo de la vida. Círculo, mandala, rueda medicinal: espejos de la mente. Los Adawees (guardianes) de las direcciones son seres angélicos sutiles, vórtices de la mente a través de los cuales el mundo toma forma; todos los seres humanos están en relación con estos guardianes. En diferentes momentos de tu vida estás orientado hacia una dirección concreta y expresas las cualidades de ese guardián. Por ejemplo, la energía de la adolescencia, el floreciente poder creativo, las semillas en preparación para la siembra primaveral –esto se expresa a través del Sur, como las abuelas sagradas que llevan cestas con semillas de buena causa. En Occidente, uno puede salir por la puerta de la vida y dirigirse a los reinos de la luz. También se elige, cuando se mira hacia el Oeste, manifestar el propósito de la propia vida a través de la transformación de cualquier actitud negativa, para que los propios esfuerzos puedan beneficiar a todo el círculo de la vida.

Las emociones impulsan a la persona que es insegura, alrededor de la Rueda Medicinal. El estudiante de la vida analiza y reconoce los patrones generales de emoción y su resultado, y elige actuar con cuidado. El sabio reconoce que en su propia mente se reflejan todas las cosas, y trata de aclarar, como un arroyo de montaña, su propia naturaleza, trazando así su curso alrededor de la rueda, a medida que las aguas congeladas del potencial se derriten y se actualizan como acción correcta.

La dirección del Norte trae un gran mensaje; es el escondite del Pájaro del Trueno, el lugar de descanso del Búfalo sagrado. En el Norte los ríos de reacción se congelan para que uno pueda liberarse de los patrones de reacción y mirar la causa en la propia vida-reconociendo la mente en el lago de la sabiduría del espejo. El Norte es un lugar de grandes enseñanzas.

Cuando llega la primavera y las aguas se derriten, uno fluye hacia el Este, la dirección de la autocomprensión. A través de la atención plena, la comunicación clara con los árboles, lo que camina, se arrastra, nada, vuela, uno ve Todas Mis Relaciones. En el Este surge el autoconocimiento y uno percibe el pensamiento, el deseo que lo mueve a uno alrededor de la rueda, el poder del pensamiento como una función co-creativa en el mundo. Uno elige aquellos pensamientos que son en beneficio de todos, para que la energía de la generosidad, la compasión y la mente clara se manifiesten en todas las acciones del individuo y de la comunidad. En Oriente percibe la cara ascendente de la conciencia, ve las cosas como son: personas en buena relación moviéndose sobre la ola y la gracia de la mente clara.

En el Sur se plantan las semillas de la buena causa y la regeneración, la buena causa hasta siete generaciones, con una clara intención: el fuego de la voluntad agitando el corazón para ser... una flor, una comunidad iluminada. En el Sur reconocemos los dones de nuestras abuelas, las tradiciones de nuestros antepasados, cada uno de nosotros avanzando sobre la bendición de todos los que han venido antes. En el Sur se aprecian las semillas de la vida, que producen abundancia. Las Madres del Maíz vienen danzando, esparciendo abundantes semillas, agitando su poderosa luz, apartando nuestros miedos, permitiéndonos encontrarnos con fuerza con la sabiduría del Oso y la medicina sagrada del Oeste.

En Occidente, el Oso Danzante pisotea el miedo y la ignorancia y los fuegos de la transmutación arden siempre lentamente, despejando aquellos pensamientos que oscurecen la mente cristalina. Desecha el dolor, la vergüenza, la culpa. Nada se desperdicia. Incluso la basura mental se recicla en Occidente, supliendo todas las necesidades de la gente. Desde Occidente podemos elegir ir a la tierra de la luz ilimitada o volver al Norte y de nuevo alrededor de la rueda, con un compromiso más profundo para reavivar el fuego de la sabiduría en todos los seres. (Véase el Apéndice B, "Las direcciones y sus atributos") La relación entre pensamiento y acción podemos verla de forma muy práctica a través de nuestro movimiento en relación con otras personas. Ninguno de nosotros vive en este mundo o actúa en este mundo solo. Cada uno de nosotros se mueve en relación con los que nos rodean, en relación con el entorno. Ver la belleza en quienes nos rodean, reconocer la chispa de la mente en quienes nos encontramos, es un gran regalo para todos, incluidos nosotros mismos, ya que así permitimos que la luz baile brillantemente dentro de nuestra propia conciencia. Y desechamos las ilusiones de separación cuando miramos y percibimos la luz en el ojo del otro. Reconocer y ver la claridad del otro es traer la paz a este planeta. Así de sencillo. Incluso la persona que te encuentras en el supermercado es una oportunidad para que practiques ver con claridad, una oportunidad para practicar la alegría de dar: saludar de corazón y recibir un reflejo de tu propia mente. Lo que vemos a nuestro alrededor y cómo nos responde la gente siempre nos llega a través de la lente del "pequeño yo". Este pequeño yo es un sueño. Estamos aquí juntos y no hay principio ni fin.

A través de la alineación con la mente clara interior, a través de la intención pura de ser una buena persona en correcta relación con todos, despejamos un camino. Esto es muy importante, la voluntad de completar y comprender el Misterio de la vida, de realizar la gran verdad. Es mantener nuestros corazones siempre conscientes del ciclo de reciprocidad examinando nuestras propias mentes y realizando la ecuanimidad en relación con todas las cosas, todas las cosas juntas en el círculo de la vida. Ni arriba ni abajo, cada uno es único y necesario para esta visión, este sueño. Al contemplar el sueño que estamos compartiendo, al contemplar la naturaleza de nuestra propia mente, veamos aquellas actitudes y pensamientos que puedan estar oscureciendo el verdadero propósito de nuestra vida, y elijamos claramente transformarlos en beneficio de todos.

Viaje al Templo del Entendimiento[31]

El Templo del Entendimiento es el almacén de nuestros pensamientos y acciones. Algunos lo llaman los registros akáshicos, otros los reinos angélicos. Es un reino mental donde se registran nuestros pensamientos, palabras y acciones a lo largo de todas nuestras vidas. Este templo es accesible para aquellos que se comprometen a vivir en la verdad y a generar armonía; que se comprometen energéticamente a transmutar el pensamiento discordante en su propia naturaleza, para que la armonía se manifieste a través de todas las relaciones.

Este ejercicio se basa en el principio de tejer patrones de relaciones sanas, tal y como lo enseñó el abuelo Eonah Fisher. Dado que nuestros pensamientos y hábitos de relación son patrones, el practicante sabio busca ver aquellos patrones que ya no son apropiados y refuerza aquellos que manifiestan relaciones armoniosas y realizan su potencial creativo. Hacemos esta práctica para que tanto nosotros como los demás nos liberemos de los hábitos de conflicto y discordia.

La imaginación son las alas del pensamiento, así que comenzamos nuestro viaje imaginándonos envueltos en mantos dorados de mente clara. Envueltos en luz, rezamos para que los obstáculos que

31 Esta meditación surge de una práctica que se nos dio de niños cuando nos enseñaban sobre los antiguos templos de nuestro pueblo.

dificultan la paz y las buenas relaciones se hagan patentes y podamos transformarlos en beneficio de todos.

Siente todo el cuerpo irradiado de luz dorada. Respira profundamente hasta la planta de los pies y, al exhalar, siente que te vuelves cada vez más ligero hasta que te conviertes en un águila que se eleva en el viento. Elevándote, elevándote en el hermoso viento, te elevas a los reinos de las nubes de Galunlati. Allí encuentras un sutil mundo de luz; pinos gigantes adornan el paisaje y aparece entre los pinos un sendero serpenteante.

Mientras caminas por el sendero, respirando profundamente el aire efervescente, sientes cómo la mente se vuelve más sutil, más clara, a medida que el perfume del aire de la montaña lava la duda y la incertidumbre. Mientras caminas por este sendero, sé consciente de que hay un patrón divino subyacente a toda la existencia. Tu corazón rebosa de alegría, sintiendo la unidad de la creación. Llegas a dos grandes rocas por las que serpentea el camino. Al otro lado hay un hermoso y plácido lago. Todo tipo de animales se reúnen en torno al lago para beber sus refrescantes aguas; incluso el puma se reúne allí con las ovejas. El hambre se ha calmado, la agresividad se ha apaciguado, de modo que estos animales se reúnen en torno a Atagahi, el Lago Mágico. Incluso los animales y las personas gravemente heridas, cuando se dirigen a este lago y se bañan en él, se curan. El lago es la conciencia colectiva de todos los seres, sus dulces aguas el bálsamo que mitiga todo dolor. Su medicina es vasta y buena. Es una suerte haber llegado a sus orillas.

Mientras contemplas el Lago de la Sabiduría Espejo, cualquier pensamiento que surja de hambre, dolor, miedo o discordia puede ser sanado por las dulces aguas mágicas del lago. Cuando se haga evidente cualquier patrón o hábito que oscurezca tus relaciones, transmuta la energía del obstinamiento en la clara luz de la acción correcta.

Reflexiona sobre tus relaciones con familiares, amigos y compañeros de trabajo e imagínatelos cerca de ti. Perdónate a ti mismo y a los demás por lo que podría haber sido o debería haber sido, y juntos salpiquen las aguas sobre sus hombros tres veces, para que los patrones de discordia se transformen en patrones de relación clara.

Un sendero se aleja del lago hasta un templo luminoso situado en lo alto de una pirámide plana. Hay dieciséis escalones anchos y elegantes que conducen a la entrada del Templo del Entendimiento. En la entrada hay baldosas blancas y negras en el suelo, a su izquierda la gran biblioteca, a su derecha la gran sala de banquetes. Al final de la sala central hay una pequeña sala santuario donde arde el fuego eterno de la transformación.

Los guardianes del templo te recibirán en la puerta y te preguntarán tu propósito al estar allí. Uno responde con el voto: "Vengo a comprender la naturaleza de mi mente, para que mis acciones beneficien a todos los seres". Cuando los guardianes estén seguros de que tus intenciones son beneficiosas para todos, te permitirán entrar en la biblioteca, y un ser angelical te ayudará a encontrar tu Libro de la Vida.

Te mostrarán tu sala de estudio personal y te traerán el libro de tus vidas, para que puedas determinar el propósito de tu vida, evaluar tus habilidades y dones, y darte cuenta de los medios para actualizar tus objetivos. En la sala de estudio con los ángeles protectores podréis mirar y evaluar todas las etapas de vuestra vida. Si experimentaste un gran sufrimiento en tu vida, aquí puedes reclamar tu bastón del destino, para que en este tiempo puedas actualizar tus dones. Al mirar tu vida, fíjate en los momentos en los que consentiste la voluntad o las expectativas de otros. Afirma que en el presente no necesitas repetir tales patrones.

Sobre tu escritorio coloca dos hojas de papel y enciende una vela, para que puedas ver claramente tus dones. En el papel de la izquierda escribe los patrones que has superado, las formas de pensamiento, las acciones que crees que ya no son apropiadas para el desarrollo de tu vida, que impiden la realización de todo tu potencial. En el papel de la derecha escribe tus puntos fuertes, los dones que debes desarrollar plenamente como antídotos contra los viejos patrones. Escribe también los objetivos específicos que debes alcanzar en tres días, tres meses, tres años, viendo en tu mente la tarea concreta realizada. Visualiza tu plan de vida, tus relaciones, tus objetivos educativos, profesionales y financieros actualizados, sabiendo que reunirás para ti las herramientas que sean necesarias para manifestar estas visiones. A continuación, observa detenidamente tu vida tal y como se desarrolla ante ti. Mírala larga, fuerte, saludable, un camino hermoso ante ti, caminando en buena compañía e inspirando buen ánimo a muchos.

Coloca el papel de la derecha en el Libro de la Vida, que el bibliotecario devolverá a la estantería, y quema el papel de la izquierda en la llama de la vela. Recuerda los pasos que te trajeron a este templo y sabe que puedes volver a visitarlo. Da las gracias a los seres angelicales que te han ayudado.

Abandona la sala de estudio y entra en el fuego del santuario interior en la habitación del santuario, dando una oración de agradecimiento para que puedas recorrer el Camino de la Belleza. A continuación, entra en la sala del banquete. Únete al banquete, participa de los frutos de la sabiduría y recoge algunos alimentos de sabiduría para llevar a casa a tu familia y amigos.

Sigue el camino desde el templo alrededor del lago, a través del bosque, y vuela como un águila hacia la Tierra, la mente ennoblecida con luz clara, el corazón rebosante de generosidad para con todos. Inspira profundamente, espira por completo, gira los pies y los hombros, estirándote majestuosamente, y siéntate lentamente. Concluye con una oración de agradecimiento. A continuación, escribe en tu diario las notas que necesites y disfruta de la luz del conocimiento claro a partir de este día.

Tú eres el dueño de tu destino. Tener el coraje de tu propósito, de tu visión, tener diligencia y generosidad para realizar esa visión en beneficio de todos los seres -estos son los compromisos de un Pacificador. Mantener claros estos compromisos sagrados es dedicarse a una relación correcta con todos en la familia de la vida.

Hemos hablado de las aguas del perdón; también son las aguas del dulce recuerdo, siempre renovadoras, siempre recordando la sabiduría inherente al momento y la belleza que nos reúne con nuestros amigos y parientes. El perdón es un ritual básico de los Tsalagi.

Una vez al año, en nuestro ciclo ceremonial, se celebra la ceremonia "Amigos Haciendo Nuevos Amigos", y cada día se anima a dar paso al perdón. En la ceremonia vamos literalmente a la orilla del océano o del río y arrojamos el agua sobre nuestros hombros siete veces, dejando de lado las expectativas, perdonando y soltando el apego a lo que podría haber sido, podría haber sido, debería haber sido. Una vez hecho esto, incluso los recuerdos más dolorosos pueden liberarse y los peores enemigos vuelven a ser amigos. Sabemos que si no nos renovamos sufriremos los mismos patrones de discordia una y otra vez, así que hacemos este voto de perdonar y olvidar y empezar de nuevo. El momento más preciado para la ceremonia del perdón es la luna nueva de primavera. Incluso el criminal más despiadado que ha pasado un año de práctica espiritual y meditación en la Aldea de la Paz, incluso aquel que se hizo daño a sí mismo y a los demás, vuelve a ser puro y aceptado por la comunidad durante la ceremonia del perdón y de hacer nuevas amistades.

El ritual del perdón[32] es una práctica que puedes realizar en cualquier momento, al aire libre a la orilla del agua, en el interior con un cuenco de agua fresca o simplemente con los ojos de tu mente. Imagínate junto al agua. Visualízate dando un paso adelante, ofreciendo una oración de agradecimiento por la oportunidad de renovarte en una buena relación. Lanza el agua siete veces sobre tus hombros. Siente cómo lava todo lo que oscurece la buena amistad con tu círculo de amigos y familiares. "Lavo la ignorancia, lavo la duda, el miedo y la soledad. Dejo ir la tristeza, aparto la ira. Me regocijo en la luz de un nuevo día". Visualiza un rayo que sale de tu corazón irradiando luz rosa para tocar los corazones de aquellos con quienes has experimentado falta de comunicación o discordia; ve que esa luz rosa los rodea y luego regresa a ti, llenando tu corazón. Al salir del agua, las heridas de ayer se curan. Afirma un nuevo día de relaciones claras. Deja que tu voz entone un canto de gozosa acción de gracias.

32 El ritual del perdón es una práctica cotidiana entre los tsalagi.

En la tradición Tsalagi, la salud mental, la salud física y el orden social son una expresión del equilibrio adecuado de las cosas. Si el individuo perturba o rompe el patrón de equilibrio consigo mismo o con los demás, crea una vibración discordante en los meridianos de energía de ese cuerpo y puede causar enfermedad y angustia. Si hay una energía discordante en la familia, puede expresarse en forma de luchas o de malas cosechas. Si el clan se olvida de cuidar a alguien que se siente separado, o si en la red de tus amigos hay alguien que se siente solo y el círculo no recibe ese mensaje y no vuelve a reunir a esa persona en su seno, todo el grupo de amigos sufre hasta el momento en que los ojos despiertan y todos ven: "Nuestro amigo está sufriendo. Démosle una mano a esa persona, digámosle que está bien".

Estamos en un equilibrio muy delicado con nosotros mismos, con los demás y con nuestro entorno. Todos vibramos juntos, somos un campo resonante, un campo mental. Si hay un exceso de emoción no aclarada en el corazón de la gente, entonces hay emoción no aclarada expresada por la nación. No hay forma de separarse de la nación y del planeta. Este es tu hogar.

Cada uno de nosotros es responsable de aportar corrección y equilibrio en su propia esfera. Dejar a un lado los prejuicios de la propia mente y aclarar las relaciones con los demás es dar un tono que resonará en toda la tierra. Las cosas ya han cambiado mucho en todo el planeta como resultado del llamamiento a la paz y nuestra determinación de que se manifieste. ¿Cómo se manifiesta? No con argumentos, sino desarmándonos como individuos, dejando de lado los pensamientos y comportamientos de agresión y defensa en el plano de la relación individual. Esto resuena en toda la Tierra para que las naciones reconozcan la necesidad de cambio de la gente. Así que tú sí marcas la diferencia. La Tierra y tus familiares te necesitan. Por muy inseguro que te sientas, vuelve a lo que sabes con certeza: "Inhalo y exhalo. Tengo el don de la vida. Por eso he acumulado muchos méritos. Por eso soy digno de comprender y vivir en paz y en una relación correcta."

En este tiempo no es suficiente que nos demos cuenta de la gran verdad individualmente. Necesitamos vivirla en grupo y compartirla juntos. Este es un tiempo muy especial. La energía que surge ahora es la energía del gran Pacificador. Se manifestará en cada uno de nosotros cuando dejemos de lado nuestras dudas e ilusiones y pongamos los pies firmemente en el Camino de la Belleza. El Creador dirá: "¿Eres uno con la Creación?". Y responderá sólo sí o no-no si, y, peros, o quizás. Caminamos paso a paso. Con el corazón y la mente claros vemos la belleza ante nosotros, la belleza detrás de nosotros, la belleza a nuestro alrededor.

Quien tiene una mente pacificadora vive y muere con atención plena y compasión por todos los seres. La mujer embarazada cultiva pensamientos de paz y belleza. El moribundo cultiva pensamientos de paz y belleza. Así comienza y termina.

Vida consciente, muerte consciente

Cuando nuestros mayores hablaban del Sendero de Lágrimas, el recuerdo y la expresión estaban muy presentes, como si hubiera ocurrido hacía sólo un par de días o, como mucho, un par de semanas. Al relatarlo, uno podía sentir la conmoción de verse obligado a abandonar su hogar, sus huertos de melocotones, su maizal. Esto nos recordaba que el pasado vivía muy presente en nuestra memoria y que, de hecho, algunos de nosotros habíamos vivido antes y habíamos pasado nosotros mismos por estas experiencias; en varios momentos cuando teníamos la mente abierta, muchos de nosotros, niños, experimentamos recuerdos de otras vidas. Desde que tengo uso de razón, mis mayores, en especial mi abuela y sus hermanas, se referían a mis propias vidas anteriores como un continuo y un proceso que dio lugar al presente. En ocasiones hablaban de las distintas épocas en las que habíamos vivido juntas, de las diferentes formas que habían adoptado nuestras relaciones y de cómo habíamos elegido estar juntas. Una vez, dijo mi abuela, yo había sido secuestrada por otra nación india, por una familia que había perdido un hijo debido a actividades de nuestra nación; dijo que durante años y años había suspirado por mí y lo feliz que estaba de que yo hubiera venido a ser su nieta en ese tiempo. Aunque estuvimos separadas desde mi décimo año en aquella vida hasta esta vida presente, ella sentía que conocía mi vida por completo. Nuestras mentes aún se encontraban cuando hacíamos nuestras oraciones matutinas, mirando el lucero del alba. Ella era capaz de ver toda mi vida desde lejos.

De vez en cuando ponía a prueba a mi abuela y a mi bisabuelo, haciéndoles preguntas sobre distintas épocas para ver si realmente tenían los mismos recuerdos que yo, porque nuestros recuerdos no sólo eran de Norteamérica, Centroamérica y Sudamérica; también teníamos recuerdos compartidos de Egipto, la Atlántida, las estrellas.

En una ocasión, el bisabuelo había terminado de apilar leña. Estaba mirando las nubes. Mis dos primos y yo le mirábamos observar las nubes. De su cuerpo emanaba tal serenidad y poder que los pájaros rojos bajaron y dieron vueltas a nuestro alrededor, haciendo una hermosa música. Pensé: "¡Ajá! No está pensando. Tengo que preguntarle". Así que le dije: "¿Cómo sabes que hemos estado aquí antes?".

"Porque ahora estamos aquí".

Sólo dije: "Oh". Entonces: "Estamos aquí ahora; ¿cuál es el significado de todo esto?"

El bisabuelo respondió: "Ahora es el resultado de todos nuestros ayeres y la base de todos nuestros mañanas, así que ¿por qué no prestas atención a lo que está pasando ahora?". Y me llamó por el apodo que tenía para mí, que podría traducirse como "Venerable Chigger", que significa "Plaga-muy-sabia-que-se-me-mete-debajo-de-la-piel".

Mis dos primos se escabulleron porque sabían que estaba a punto de producirse otra de las luchas de Dhyani. Se soltó la correa de seguridad y estuve dando vueltas por el patio y el campo durante un buen rato, pero sabía que el viejo me tenía agarrado por el plexo solar y, fuera donde fuera, podía sentir que me miraba a través de los ojos. Me acerqué al pozo y miré hacia abajo, y el rostro del viejo me miró. Miré al cielo, y su rostro me miró desde arriba. Fui a mi árbol favorito, y su cara me miraba desde la corteza. Me dije: "Bueno, ahora está la base de todo, ¿eh?" y seguí con mis quehaceres, sin pensar más en ello. Hice la mantequilla leche, batió la mantequilla, vi a los primos traer hielo de la cueva de hielo, presente en la inmediatez del momento, bombeando ese palo batidor arriba y abajo. Y supe que algo poderoso iba a suceder cuando el sol se ocultó tras las colinas.

Después del suero de leche y de la buena cena de *selu* (maíz), verduras, pipas de girasol, verduras y pastel de melocotón, mi abuela dijo a algunos de los otros niños que recogieran la mesa. Me preguntó si había comido bien y luego dijo: "Vámonos". Me llevó de vuelta al bosque, a la cabaña de la medicina, una cabaña al estilo tsalagi original, construida con troncos y suelo de tierra. Las ventanas de esta cabaña se podían sellar para que estuviera completamente a oscuras. Observé cómo se ponía el sol, observé los ojos de mi abuela mientras observaba cómo se ponía el sol. Oí el tambor de agua y los sonajeros, y supe que las preguntas sobre el antes y el después y el ahora estaban a punto de ser respondidas.

Una vez que entré en la cabaña medicinal, cualquier pregunta, cualquier pensamiento sobre hacer otra cosa se evaporó de mi mente. Mientras se batían los tambores de agua, mientras se agitaban los hacedores de fuerza vital, comprendí cómo es esto. Decidimos en familia con qué estrella nos comunicaríamos para poder encontrarnos cuando dejáramos a un lado la túnica de este cuerpo presente y eligiéramos otro. Muchos tiempos pasaron ante mis ojos, muchas formas de vida, muchas expresiones de conciencia se hicieron evidentes. La luz de la sabiduría ardía brillantemente y la alegría cantaba desde nuestros corazones.

La siguiente enseñanza se basa en las enseñanzas y percepciones de esta noche.

En la cosmovisión tsalagi, el nacimiento, la vida, la muerte y el renacimiento son procesos reales en el continuo de la existencia. Se nos enseña a vivir cada día plenamente presentes, como si ese día pudiera ser el último. El *Elo* ofrece enseñanzas para mantener la armonía mental y antídotos contra la desarmonía. Al vivir en armonía con los preceptos sagrados y practicar la generosidad, se mantiene un flujo claro de fuerza vital.

La corriente clara de la vida se manifiesta en las relaciones con uno mismo, la familia, el clan, la nación y el propio planeta. Las obstrucciones a esta corriente clara pueden oscurecer estas relaciones, manifestándose como confusión y desorden.

La incoherencia con el propio propósito vital es uno de esos obstáculos. Puede manifestarse como letargo, inercia o emociones contradictorias. Se puede llegar a la clarificación determinando claramente las habilidades que uno tiene en la vida y las que aún debe desarrollar para cumplir su propósito. La estabilización de la mente a través de la contemplación de la respiración y la revisión diaria de las propias acciones permiten percibir qué acciones dan resultados fructíferos y desarrollarlas más. Las acciones que dan resultados negativos deben sustituirse por patrones constructivos. Por ejemplo, si la primera hora en el trabajo es estresante, hay que dejar tiempo para la puesta en marcha y la planificación antes de interactuar con los demás. En la tradición nativa, las oraciones y el tiempo de silencio se cultivan antes de los momentos de ajetreo.

La discordia en relación con el tótem del clan (musa inspiradora) y los miembros de la familia, en particular los propios padres y parientes, es otro obstáculo importante. Esta discordia puede aclararse mediante el ritual del perdón, bañándose en las aguas del perdón, y aplicando la compasión como antídoto de la antipatía. Si la falta de comunicación surge de expectativas no cumplidas o de una comunicación poco clara, cultiva el habla no acusadora. Invítate a comunicarte basándote en las “reglas del juego” claras. Deja a un lado el enfoque de adversario y sustituye la culpa por la resolución complementaria. Cada voz y cada opinión forman parte del círculo. Busca el consenso basado en el bien común.

En estos tiempos, muchos adultos, en su búsqueda de comprensión, dejan de lado la sabiduría de los sistemas de creencias religiosas de su familia de origen. El resultado puede ser que padres y familiares se sientan apartados y no respetados. El sabio practicante considera que la experiencia de ayer aporta la comprensión de hoy y cultiva la "mentalidad afín" en lugar de una visión sectaria, percibiendo los factores comunes de los sistemas de creencias.

El tótem del clan simboliza los puntos fuertes y las características sutiles de un clan. Los miembros del Clan de las Aves expresan amplitud de mente y naturaleza ligera; los miembros del Clan de los Ciervos expresan ligereza de mente y cuerpo; los miembros del Clan de los Osos expresan las actitudes estudiosas de un retirado. El tipo de cuerpo también es una expresión del tótem del clan. Y lo que es más importante, cada clan tiene responsabilidades espirituales particulares en el mantenimiento de la armonía de toda la nación. Para los no nativos, el tótem del clan se expresa como un mentor creativo o una musa, que guía a las personas hacia sus dones interiores.

La profanación de la tierra o del espíritu de los lugares sagrados puede convertirse en una obstrucción a través de la perturbación del flujo en el individuo que, consciente o inconscientemente, ha profanado un lugar sagrado. Dado que la Tierra tiene espacios de respiración y meridianos por los que fluye la fuerza vital, un ser humano puede alterar la armonía talando árboles en arboledas sagradas, contaminando las cuencas hidrográficas o permitiendo por descuido que las hogueras campen a sus anchas. En la tradición tsalagi, la madera muerta se recoge para hacer hogueras. Es muy importante hacer ofrendas y dar las gracias antes de recoger hierbas, alimentos o cualquier cosa del reino natural. En muchas familias se dan las gracias antes de las comidas. En la tradición tsalagi se dan las gracias antes de recoger los alimentos y antes de comerlos. Quien tala árboles de forma responsable también los planta, para garantizar árboles y salud a las generaciones venideras. Cuando la gente tala la tierra sin tener en cuenta el futuro, como ocurre con la tala a ras del suelo, la capa superficial de la tierra desaparece, los ríos se llenan de cieno, los peces mueren y la gente tiene menos que comer. Tal profanación perpetrada por individuos da lugar a la enfermedad de la mente, a la perturbación del viento. La clarificación puede restablecerse mediante ofrendas de oración y fruta, la quema de salvia o cedro y la plantación de árboles y hierbas curativas.

El incumplimiento del compromiso de mantener los rituales y prácticas sagrados puede ser la causa de enfermedades expresadas como confusión mental, letargo físico o enfermedad. Lo más importante es cumplir los votos de generosidad y consideración hacia las generaciones futuras. Di palabras de verdad, porque las falsedades traen frutos amargos. El hábito de faltar a la verdad inhibe los propios logros a través de la disonancia entre la intención y el resultado.

Cuando uno ha sido confirmado en una determinada comunidad espiritual o religiosa, necesita mantener claros esos preceptos. En la tradición tsalagi se entregan ciertos "hatillos" que representan las enseñanzas, los deberes espirituales y las ceremonias. Para llevar un hatillo de este tipo es necesario mantener determinados ciclos de oración, estados de ánimo y abstenerse de comportamientos como el consumo de sustancias tóxicas y de palabras y acciones crueles o falsas. Reafirmamos la comprensión del propósito de nuestra vida y nuestra relación con estos rituales de creación de buenas causas, aclarando y transformando diligentemente las actitudes y formas de pensamiento que oscurecen la plena manifestación. Si nos sentimos incapaces de mantener los ciclos de oración y la armonía con los preceptos, podemos considerar la posibilidad de devolver el paquete al maestro espiritual que nos lo entregó o a algún cuidador adecuado. (Si esto no es posible, se puede enterrar el fardo, devolviendo así esa energía sagrada a la Tierra).

La negación del código básico de ética, moral y fórmulas de cortesía (modales) del propio grupo social perturba la armonía y a menudo da lugar a la mente de conflicto. La mente conflictiva es un ejemplo extremo de la visión de separación, ya que uno discute en contra de la comunidad en lugar de conciliar con ella, dando lugar a un comportamiento fuera de la corriente, que causa sufrimiento mental y físico. Renovar el ciclo de las relaciones correctas es determinar los principios básicos de la ética, la moral y las fórmulas de cortesía como resultado del intento de la mente comunitaria de cultivar la "visión similar", la mente de unión.

Estas obstrucciones tienen su origen en el letargo, la ira, el miedo, la avaricia, la repulsión, la atracción. El orgullo o la prepotencia ("ser un cabezón") es la fuente primaria de estas energías. A través de la ilusión del orgullo uno se siente superior o inferior a esto o aquello en el círculo de la vida y así rompe la conexión con el flujo sagrado.

Los patrones de envidia, aversión y atracción son patrones de energía. El antídoto para estas cualidades de la mente y la emoción es la comprensión de que todo está relacionado en el círculo; cada uno tiene una función necesaria, una función única, en el todo. Lo que aparece es proyectado por las propias emociones. Al reconocer la apariencia como generada por la mente, se tiene la oportunidad de co-crear relaciones de belleza.

A través de una relación de vida clara uno es capaz de elegir conscientemente renacer con amigos. Si uno pasa a otro mundo con ira/enemistad o atracción/apetencia hacia determinadas personas, puede volver a encontrarse con ellas en otra vida en circunstancias desagradables hasta que se resuelva el oscurecimiento emocional. La atracción o el ansia pueden convertirse a menudo en enemistad o aversión y viceversa. Cualquiera de estas energías de obstinamiento puede producir efectos similares en otra vida. Por eso, la persona sabia renueva constantemente la amistad y afirma el bien.

La atracción y la aversión son diferentes caras del mismo cristal o moneda. Existe la atracción de los amigos, de la familia, de los amantes y existe la resolución de cada uno en el círculo, en el reconocimiento del proceso de cambio. Un ejemplo es el amor de la madre por su hijo. A medida que el niño crece, su expresión de ese amor cambia. Si trata de aferrarse al bebé, su intención amorosa puede crear semillas de discordia y rebelión en el joven que trata de crecer. Al igual que en las relaciones familiares, todas las relaciones están en proceso de cambio, y reconocer esta verdad es ver más allá de las formas cambiantes hacia la esencia inmutable.

En la cosmovisión Tsalagi el rostro claro, el fuego que arde en todos, es visto como una esencia siempre presente que arde en el corazón de cada ser. Somos uno en esa luz clara. Cuando compartimos y hacemos cosas juntos, el rostro y las acciones de ese momento no son más que parpadeos de la llama. La esencia brilla intensamente y refleja la luz clara. Esta es la recompensa.

Desde el punto de vista Tsalagi, uno tiene siete vidas para volver a la realización completa. Puede hacerse en una vida, y en siete es seguro que se ha completado. Entonces uno puede convertirse en un planeta, una estrella, la quintaesencia del fuego que impregna todas las cosas, o descansar en lo informe. Es bueno ayudar a los necesitados, como cuidador.

Renacimiento consciente

Los amigos o familiares que deciden renacer juntos pueden elegir una constelación concreta del cielo para contemplarla. Cuando uno renace y llega a la edad suficiente, ver esta constelación despertará el recuerdo del compromiso de estar de nuevo con esos seres queridos. En el proceso de morir, uno proyecta su conciencia a esa constelación y aquellos que permanecerán en la Tierra también meditan en esa constelación en particular mientras su amigo está muriendo. De este modo las corrientes de pensamiento son las mismas. Los amigos del moribundo también mantienen despejada la corriente de sus emociones durante este tiempo, para que el viaje del moribundo en la luz clara no se vea oscurecido por las nubes. En un nivel superior de conciencia y con la ayuda de ciertos rituales y ceremonias, uno puede elegir el tipo real de relación que tendrá con su amigo en la próxima vida.

Morir es como el cambio de las estaciones, un continuo. Comprender esto es muy importante para mantener la estabilidad y poder actuar en el momento. La mayoría de las personas nunca llegan a vivir o encarnarse plenamente debido a su miedo a la muerte.

La vida y la muerte forman parte de un ciclo. Morir es tan maravilloso como el cambio de estación; la vejez es tan maravillosa como la belleza del otoño. Cuando se ha vivido con cuidado y atención, la muerte es otra cualidad para explorar. En las culturas más antiguas, donde vivir y morir se centran en el hogar, la muerte es algo que todos comparten sin miedo. Tratamos de equilibrar cualquier deuda y de hacer nuestros regalos a los demás, ya que uno no desearía emprender un viaje con una mochila incompleta o llevando más equipaje del que es útil.

En estos tiempos tan ajetreados, muchas personas desaprovechan su enorme potencial por miedo a la muerte. Este miedo irreal a lo que acabará ocurriendo a todo el mundo a menudo obstaculiza la plena participación de una persona en la vida, de modo que uno puede tener miedo de intentarlo por pensar en un posible fracaso. La persona sabia cultiva cada momento de la vida como una oportunidad para ver la naturaleza de la mente y las relaciones. En la cultura tsalagi se dice que hacen falta cincuenta y un años para convertirse en un miembro adulto de pleno derecho de la sociedad. Así pues, se presupone una larga vida y se anima a vivir cada día como si fuera el último. De niños nos decían que los que viven en armonía con los ciclos sagrados y mantienen clara la práctica a menudo tendrán vidas largas; un ciclo vital de 120 años no es raro entre los Guardianes del Fuego. Una visión muy significativa en las visiones tsalagi y de otros nativos americanos es que la muerte no es más que un cambio y no un final. Del mismo modo que cultivamos relaciones felices, también plantamos la semilla de una partida positiva de este mundo a otro. Es bueno.

ᏳᏪᎯ ᏳᏪᎯ ᏳᏪᎯ
Yu(n) we hi Yu(n) we hi Yu(n) we hi

ᏳᏪᎯ
Yu(n) we hi

ᎦᎷᎳᏗ ᏓᏥᎳᎢ ᏳᏪᎯ
Ga lu(n) la ti da tsi lá i Yu(n) we hi

Vengo de lo alto

ᏳᏪᎯ ᏳᏪᎯ ᏳᏪᎯ
Yu(n) we hi Yu(n) we hi Yu(n) we hi

ᏄᏓᎫᏱ ᎦᏝᎠᎯ ᏳᏪᎯ
Nu(n) da gú(n) yi ga tlá a hi Yu(n) we hi

Desciendo desde la Tierra del Sol

ᎨᏯᎫᎦ ᎩᎦᎨ ᏧᏩᏥᎳᎩ ᎦᎨ
Ge ya gú ga Gí ga ge tsu wa tsi la gi ga ge

Oh Rojo Ageyaguga, has bajado y has puesto

ᏥᏰᎳ ᏥᏇᎾᏚᎳᏂᎦ
tsi yé la tsi que ná du la ni ga

Tu saliva roja sobre mi cuerpo

ᏳᏪᎯ ᏳᏪᎯ ᏳᏪᎯ
Yu(n) we hi Yu(n) we hi Yu(n) we hi

ᏳᏪᎯ
Yu(n) we hi

ᏙᎯᎤᎭ ᎷᏂ
To hi u ha lu ni

La Serenidad refulge

6

UNA VISIÓN VIVA DE LA PAZ

Estamos relacionados con todos los seres vivos. Todos estamos en una relación directa, a través de nuestro pensamiento, a través de nuestro sentimiento, con la Mente Única que nos sueña a todos. Todos podemos sintonizar y reconocer la única luz clara de la realidad a través de nuestros corazones y a través de la apercepción del propio movimiento de nuestra mente. Estar en relación, reconocer que todo es relativo, es comprender la resonancia natural de nuestro pensamiento y acción, saber que nuestras acciones dan forma al mañana. A través de la percepción del flujo de la sabiduría dentro de nosotros podemos perseguir energéticamente un camino de belleza, un camino que puede llevarnos a la iluminación. Todos los seres sensibles pueden darse cuenta del potencial de lo que no se manifiesta a medida que se convierte, a través de mantener el corazón misericordiosamente abierto y consciente. Mientras seamos amorosos con nosotros mismos y con los demás y mantengamos una visión hermosa de todo el mundo iluminado, así será.

Estamos dando forma, como cristales, a un campo mental. Vivimos en él. Podemos llamar a esto mente de Buda, mente de Dios, "Lo Que Es". Los Tsalagi dicen que es el Gran Misterio, Ywahoo, "lo que es inmanifestado y deviene y contiene en sí la semilla de nuestro potencial". Nosotros somos esa mente. Venir a través de los oscurecimientos de la conciencia que se desarrollan alrededor del apego, el miedo y la duda revela la mente que abunda como una corriente en la que todos estamos fluyendo. Llegar de nuevo a esa corriente de realidad es llegar de nuevo a conocerte a ti mismo como mente y ver tu progreso alrededor de la Rueda Medicinal de la vida como una continuación de la causa que haces en este tiempo, en el futuro y en el pasado. El poder del momento es el poder de ver y dar forma a nuestra realidad. A medida que avanzamos alrededor de esta rueda, con el tiempo adquirimos habilidad y tomamos en nuestras manos un bastón como si fuera un relámpago, la sabiduría intuitiva reconoce la naturaleza de la realidad.

La clara ideación del ser equilibrado, uno está alineado con su propósito, conoce la relación directa con toda la creación, teje el tapiz de luz. Es a través de la mente del corazón y la integración del ojo interior que recordamos la corriente que lleva la conciencia al reino de la luz clara, la luz clara de lo que es. Entonces, con una sabiduría capaz de distinguir, comprendemos la causa y el efecto y diferenciamos los pensamientos que nos separan de la corriente de nuestra totalidad. El ser humano tiene mucho potencial.

En esta época tenemos la oportunidad de crear paz en nuestros corazones, una paz que puede resonar en todos los aspectos de nuestras vidas. La quietud de la mente, la observación de los propios patrones de pensamiento y el cultivo de aquellos patrones de pensamiento que son gemas de loto de la sabiduría forman parte del desarrollo de la sabiduría discriminativa. Cada aspecto de la vida es una oportunidad para ver todo lo que es, independientemente de lo que uno esté haciendo, ya sea fregar los platos, cortar leña o escribir a máquina. Hay, en cada momento, una oportunidad para reconocer la luz clara de la realidad. Deseo que tengas visión para ver, inteligencia para actuar y sabiduría para acertar, para reconocer la naturaleza de las cosas tal como son.

Para ver la naturaleza de las cosas, se cultiva la visión que puede ver los futuros posibles. La visión para descubrir tesoros beneficiosos para la familia y el clan. La visión exterior percibe lo que hay y lo que puede estar oculto en las sombras. Cuando se observa el arroyo, se ve el agua en movimiento, los reflejos de la luz danzan, las arañas de agua se deslizan y una miríada de criaturas viven dentro del arroyo. A continuación, se observan las orillas del arroyo, su pendiente, las plantas que crecen a su lado. A finales de verano, el arroyo parece pequeño y tranquilo; la primavera trae un torrente embravecido. Cuando uno busca un lugar para acampar, depende de muchos aspectos de la visión para no ser arrastrado por lo que parece ser un tranquilo arroyo.

La abuela Nellie y la tía Hattie insistían en que los niños adquiriéramos una "visión múltiple" para mirar más allá de las apariencias, para comprender los mensajes sutiles que había bajo la superficie. Tía Hattie era una experta en prestidigitación; hacía trucos de magia. Su frase más repetida era: "No creas nada de lo que oigas de segunda mano y cree la mitad de lo que veas. Obtén la verdadera visión del ojo de tu corazón".

En el ojo del corazón brilla una visión de paz y belleza. Cuando se cultiva la visión de la paz interior, ésta puede manifestarse en el entorno. La visión interior surge continuamente, pero puede que uno no reconozca los signos debido a la inflexibilidad del pensamiento. Observar la corriente de la propia mente refina el proceso de ver los patrones de pensamiento y acción, haciendo aparentes los lugares seguros para cruzar la corriente. El lugar de cruce seguro es donde uno puede pasar por encima de un hábito de pensamiento que ya no es necesario. El puente se compone de la comprensión del propio comportamiento y sus posibles resultados.

Cualquier sueño o esperanza de paz se produce a través de la exploración de la propia mente. A medida que buscamos ver nuestra naturaleza esencial, se despliega la acción correcta, porque las consecuencias de nuestras acciones son evidentes. La inteligencia para actuar en armonía crece a partir de la visión de causa y efecto. Los pensamientos y las acciones que sembramos se manifestarán. Las causas que benefician a la familia y al clan, en armonía con la tierra, se manifiestan a través de la diligencia de las personas, y los medios hábiles surgen de la observación de lo que funciona.

Estas leyes naturales de manifestación se aplican a todos los niveles de la vida: individuo, familia, clan, nación, planeta. En 1978, a muchos de los curanderos de esta tierra les pareció que la Tierra estaba en peligro, que nos encontrábamos en un punto de inflexión importante y que, si la gente no cambiaba, la Tierra sufriría una gran catástrofe. Parecía probable que las costas oeste y este de Norteamérica se vieran gravemente inundadas y que muchas personas perdieran la vida. Un Consejo de Ancianos, que guía a muchos pueblos nativos tradicionales de este continente, pidió a muchos de los curanderos que rezaran con diligencia e invitaran a la gente a actuar y visualizar para hacer una buena medicina para la Tierra y las generaciones futuras. No hubo certeza de que este experimento funcionara hasta el 10 de marzo de 1981; entonces fue evidente que fue un éxito. Muchas de las profecías de destrucción total del planeta se han suavizado por la voluntad de la gente de hacer cambios significativos en su conciencia. Muchos de los que solían hablar de la Era de la Purificación como una época de destrucción total, ahora la reconocen como una época de transformación, en la que el pensamiento, las palabras y los actos de los seres humanos pueden dar forma a resultados que afectarán a este planeta en un futuro lejano. La Tierra no tiene por qué sufrir. La gente no tiene por qué sufrir. Debemos estar dispuestos a asumir nuestra responsabilidad y a mantener los vórtices de luz en movimiento a través de la meditación en grupo y nuestra práctica individual. En este tiempo de transformación, toda la ignorancia que hay en cualquier mente se hace patente para que pueda ser transmutada.

Somos uno con nuestra madre, la Tierra, el ombligo de nuestro pensamiento entrelazando el sueño que estamos compartiendo. Estamos convirtiendo este sueño en paz. Estamos recordando la medicina sagrada y estamos guardando las profecías sagradas para aclarar y purificar, para secarnos en armonía. Despertemos todos dentro del sueño y comprendamos que el guion está escrito por nosotros.

Muchos caminos se abren a medida que uno se adentra en ellos. Todos los caminos llevan a casa. Sólo ten cuidado cuando camines. Sé consciente cuando pises una determinada bifurcación del camino de que te llevará a su conclusión hasta que haya otra oportunidad de cambiar de dirección.

Había una mujer espíritu, una Madre del Clan Piel de Ciervo, que vagaba por un bosque de Nueva Inglaterra. Este ser sintió el deber de permanecer junto a la Tierra hasta que algunas personas volvieran a recordar su canción. Se le encomendó, como madre de clan, como constructora de formas, como alguien que reconoce el poder del pensamiento, generar una forma de pensamiento de paz y bienestar en todo el noreste para que los corazones de la gente se alineen con la tierra y los bellos caminos. Vimos su luz danzante, y mientras nos sentábamos y observábamos, el sol se puso, y ella se hizo evidente para nosotros e insistió en que aprendiéramos su canto sagrado. El fuego es su plegaria, que el corazón de luz despierte de nuevo en la gente y que respeten la vida de los demás. En mis viajes desde entonces he oído a gente del noroeste cantar un canto similar al que ella enseñó, un poco más lento, relacionándolo con el canto de la creación del cristal perfecto, la tierra de Galunlati, el reino de la luz hermosa de donde el ideal se manifiesta en el mundo físico. Los seres del pensamiento, la gente de las estrellas, los seres de luz viven allí, y allí se decidió encarnar más en la forma y la materia basándose en los principios del mundo sagrado construido sobre la voluntad, el amor y la mente activa. Así que en este mundo tenemos la semilla de las estrellas, la semilla de la perfección, dentro de nosotros mismos como un propósito sagrado que siempre busca manifestarse. En nosotros arden esos tres fuegos sagrados –la voluntad, la compasión y la mente constructora– y por su gracia todas las cosas cobran forma.

Existe una corriente de sabiduría compasiva de la que todos formamos parte. Es la corriente de la madre-padre, la Equilibrada; Arna Agheya, la Mujer de Agua, como dicen los Tsalagi; o Kuan Yin, la Compasiva. De ese corazón que fluye procede una gran sabiduría, con la que cada uno de nosotros está en sintonía al recordar el sonido sagrado de la creación que hay en nuestro interior.

La paz está viva dentro de nosotros como una semilla, como una canción. Invocarla es una práctica de visión y de palabra limpias. Mira la belleza y alaba la belleza, y la corriente de la sabiduría fluirá abundantemente en tu corazón. Por eso la visualización y el canto son tan importantes en nuestra práctica de meditación, por eso en tantas tradiciones espirituales se practica mucho el canto de oración. El canal de la voz es una puerta a través de la cual la idea se manifiesta como forma. Con la voz clara afirmamos nuestra elección. El sonido dice: "Así es", y así es. La visualización es una disciplina.

Ciertas personas, según sus dones de otras vidas y del presente, tienen mayor facilidad para la visualización, en particular las personas que estudian matemáticas y música. Otras personas pueden no visualizar, pueden experimentar la apercepción directa sin ver realmente. Para algunos es casi como si se lo susurraran al oído. La visualización tiene un efecto beneficioso, ya que aclara los meridianos energéticos del cuerpo. Y lo que se ve con claridad es más fácil de manifestar. En nuestro tiempo muchas personas han sido traumatizadas a través del sistema educativo para que no crean en su propia visión. El trabajo con el movimiento y la danza y el automasaje ayudan a aclarar los oscurecimientos de la capacidad de visualización del ojo interior.

Práctica Fundamental de la Visualización

1. Piensa en cómo era tu habitación cuando la dejaste.
2. En el ojo de tu mente, ve muy claramente las cosas que se han dejado, por ejemplo, en la cómoda.
3. Retroceda y observe los alrededores de la habitación.
4. Vuelve a centrarte en algo muy sencillo de la habitación. Observa su forma geométrica.
5. Observa la geometría básica, la forma básica de las cosas en la habitación.
6. Observa cómo se rellenan los formularios con datos específicos sobre el color y la identidad.
7. Exhala y vuelve al tiempo y lugar presentes. Observa con detalle lo que te rodea.
8. Da gracias por los dones de la mente y la vista.

Meditación con sonido y visualización

Te invito ahora a visualizar tres fuegos sagrados en el sacro, la base de tu columna vertebral; tres fuegos sagrados: rojo, amarillo y azul, los colores primarios que dan origen a la forma. En el centro del ombligo visualiza un círculo verde recibiendo los cinco elementos básicos de la vida: madera, tierra, fuego, agua, aire/sonido sagrado. En el plexo solar, ve un cuadrado azul lleno de un sol naranja. En el corazón, vea dos triángulos que se encuentran vértice con vértice, el sonido *Ah* inscrito en el centro, irradiando ondas de luz rosa. Visualiza en la garganta un túnel índigo con una sola estrella brillando en su interior. En la médula, en la base del cráneo, visualiza un símbolo de infinito violeta tejiendo todo lo que fue, es y será. En el centro de tu cabeza, ve un cuerno de búfalo recibiendo luz de los cielos. Y en la frente, ve un triángulo dorado de mente despierta. Por encima de la cabeza siete estrellas despiden en cascada su luz arco iris.

Canta el Canto del Corazón, el sonido fluye para tocar todas tus relaciones con la luz radiante de la compasión.

Las espirales de luz danzan dentro de ti. Siente el flujo de las corrientes lunares y solares moviéndose dentro de tu cuerpo-madre-padre, un ser equilibrado, que da a luz al niño santo; trinidad de tu expresión de voluntad, amor y mente activa dando a luz, la luz clara.

En una fase posterior de la práctica, se entrelaza la luz de las siete estrellas con los centros energéticos del cuerpo, tejiendo el Cuerpo de Diamante. Desde la séptima estrella por encima de la cabeza hasta la quinta estrella y de nuevo hacia arriba a través de la sexta hasta la séptima, uno dibuja un haz de luz clara. Se completa este ciclo tres veces, haciendo puntadas de luz en cada estrella. A continuación, se traza el hilo de luz desde la quinta estrella hasta la tercera, pasando por la cuarta y subiendo hasta la quinta. De la tercera estrella a la primera, subiendo por la segunda estrella hasta la tercera de nuevo, dibujando la luz a través, haciendo las puntadas firmes. Desde la primera estrella la luz es atraída hacia el tercer ojo, a través de la médula y subiendo por la coronilla hasta la primera estrella de nuevo, y luego desde el tercer ojo al corazón, llenando el corazón, subiendo por la garganta hasta el tercer ojo. Cada ciclo de tejido se completa tres veces. Es como un bordado, una puntada sagrada que fortalece el cordón que te conecta con tu conocimiento sutil. Esta práctica también fortalece el campo eléctrico alrededor del cuerpo y, a través del acoplamiento de resonancia, también el cuerpo de luz del planeta. El aura se infunde de luz clara mientras volvemos a tejer el tejido sagrado de nuestro ser.

Ese es el poder de la ideación clara y de la afirmación; así es como la visualización y el canto y la oración crean un campo de energía renovadora tan poderoso, agitando el corazón para que cante con alegría. Mantener con diligencia la alegría en el corazón, transmutar los pensamientos de negación de uno mismo, dejar a un lado la duda e invocar el poder de la voz y la elección de lo que ha de ser, eso es invocar la belleza. El Camino de la Belleza es la mente clara en el corazón, y el arco iris, los hemisferios izquierdo y derecho del cerebro, perfectamente integrados dentro de esa mente-corazón.

Así cambiamos la mente del mundo de la desesperación y de la guerra, realizando la paz interior. El complemento de las energías madre-padre es la espiral, el hijo de la perfección, la mente en sintonía con todo. Recuerda esa espiral, visualízala y conviértete en uno con su luz. Primero la visualización es una práctica, luego se convierte en una realidad reconocida. La energía está ahí, su amplitud está determinada por la sintonización de tu mente, tu percepción de lo que es.

Realizar tu don en este tiempo es unir tu mente, tu voz y tu corazón, creando con el sonido y el pensamiento un mundo de armonía y belleza. Traeremos una gran paz a todo el planeta cuando cada uno de nosotros logre la paz en su interior.

El Camino de la Belleza es inquebrantable. Por él camina el que está decidido a realizar la mente de la iluminación, subiendo los dieciséis peldaños hasta el templo situado en lo alto de la pirámide sagrada. La pirámide es un recordatorio de las etapas de la conciencia humana, las fases de nuestro desarrollo. Al mirar dentro de nuestra conciencia reconocemos que el pensamiento es la semilla de su propia realidad. Si pensamos que éste es un mundo caótico, si pensamos poco o mal de nosotros mismos, eso se convierte en una realidad. Es el elemento de la sabiduría discriminatoria el que nos permite conocer las cosas tal como son, sin apego a la forma ni a la culpa. Conocer las cosas como son y saber que estamos en un proceso, que tenemos elección en ese proceso, es crear la forma de nuestra expresión más elevada. Hay que ser muy enérgico y diligente para percibir la totalidad de la iluminación, para mantener la mente firme en la sabiduría sincera, para hacer resonar a través de cada aspecto de la mente el sonido de la belleza. Hacemos un llamamiento a la sabiduría discriminatoria para reconocer aquello que necesita corrección y verlo llegar a una resolución armoniosa. Todo lo que vemos en la vida es un reflejo de la mente, y es nuestra elección cómo esta gran mente se manifestará para nosotros. Podemos limitar el campo de la realidad a través de la limitación de nuestra propia mente, o podemos reconocer la inmensidad de nuestra conciencia y con alegría refinar y ofrecer las gemas creativas que son nuestros dones especiales en esta vida.

Comunicación sutil

Explorar la perfección cristalina de tu propia mente es ver cómo tu pensamiento toca a los demás y a la Tierra. El siguiente experimento de comunicación sutil dejará muy clara la necesidad de cuidar el propio pensamiento y el poder inherente a la mente humana para mantener la visión de la paz. A medida que reconocemos dentro de nuestra propia naturaleza el equilibrio de los complementos, también reconocemos la resonancia que puede pasar de nuestros corazones y traer beneficio a todos. Esta es una de las aspiraciones más elevadas del pueblo indio de esta tierra: tener un corazón tan desbordante de compasión que uno sea madre-padre de todas las cosas, la energía de la renovación fluyendo de su corazón. Una mente así se mantiene siempre en una disciplina de clara realidad, buscando siempre ver el curso de la acción correcta, la acción que manifestará el mayor bien para todas nuestras relaciones. Con sabiduría discriminatoria, uno observa las olas creadas por la distracción, sin dejarse llevar. Concéntrate en: "Soy un ser de luz, reconoceré la luz en todos, realizaré la iluminación plena". Así estableces la resonancia dentro de ti para que eso sea. Ese es el poder de la visión clara, ese es el poder de la afirmación, de la palabra clara.

La comunicación sutil comienza en el corazón, en tu afirmación de resonancia con la esencia de luz clara que hay dentro de ti y de todos los seres. En esa luz estamos siempre en comunión. Visualiza los tres fuegos ardiendo en el sacro –voluntad, compasión, mente activa– y ve las dos espirales de luz danzando en tu columna vertebral, sol y luna, madre y padre. En el centro del corazón, visualiza los dos triángulos, de vértice a vértice, y siente sobre la cabeza las siete estrellas, siete puertas de conocimiento sutil, de las que cae en cascada la luz purificadora del arco iris, vivificando tu cuerpo y tu mente. Sentado en la luz, permite que surja una visión de paz en el ojo de la mente de tu corazón. Visualízate a ti mismo y a tus parientes y amigos en paz, a tus compañeros de trabajo y a tu comunidad, a tu vecindario y a tu familia extendida, a tu nación y a tu planeta. ¿Cómo se vería, cómo se sentiría, cómo sería, este mundo en paz, todos los seres en paz, todas las necesidades satisfechas en armonía, todos los recursos de la Tierra apreciados y devueltos a través de los dones de la gente? Ve una comunicación clara que resuena de persona a persona, de nación a nación. En tu corazón siente generosidad y ve a la Madre Tierra dando abundantemente para que todos puedan comer. Siéntete como agua clara que fluye para que las aguas se renueven. Contempla esta hermosa visión; deja que infunda e impregne tu mente.

Ahora, desde el centro de tu corazón, desde el corazón de esta visión pacífica, envía un rayo de luz al corazón mismo de la Tierra, y comunica sobre ese rayo de luz tu visión radiante de un pueblo pacífico, de un planeta pacífico. Comunica a la Madre Tierra el sueño de amor y armonía de sus hijos, para que se manifieste para todos los seres de todos los mundos. Envía tres veces el mensaje de paz a lo largo del rayo de luz del corazón hasta el corazón de cristal de la Tierra, luego haz una pausa. Espera el retorno del pulso. Siente la energía, reconoce la comunión. Reconoce: reconoce la relación del pensamiento. Descansa un rato en feliz comunión, soñando con la Tierra un sueño de paz. Para terminar, atrae el rayo de luz de vuelta al corazón, atrae todas las energías a las espirales de luz de tu columna vertebral. Da gracias. Es bueno.

Nuestros corazones y el corazón de la Tierra son uno. Estamos cantando juntos una canción de paz. Esta experiencia de comunicación sutil es muy significativa, porque ahora siempre sabrás, siempre te reconocerás a ti mismo y a la Tierra como uno. Una vez que hayas probado ese néctar, es muy fácil recordar su sabor en tu lengua, muy fácil ver la claridad de esa luz. A medida que medites sobre esta experiencia continuará resonando, y tus amigos y compañeros de trabajo sentirán cada vez más la vibración de la paz agitando sus corazones, encendiendo el reconocimiento de que podemos actuar responsablemente como grupo y nación, como una familia planetaria de personas.

A través de esto experimentas el poder creativo de la mente y ves con mayor claridad tus responsabilidades como ser humano. Tu pensamiento es un instrumento, una lente que hay que enfocar cuidadosamente, un gran cristal que hay que tallar adecuadamente para que la luz de la realidad pueda fluir a través de él. ¿Qué tipo de pensamientos estás aportando a la mente planetaria? ¿Ves la vida como un proceso complementario o como lucha y confrontación?

¿Eres pacífico contigo mismo? Para calmar el conflicto dentro de nosotros mismos, para hacer la paz dentro de nuestras propias mentes y corazones, ¿qué efecto tendrá eso en la mente planetaria? ¿Puede ser el impulso necesario para que las naciones dejen a un lado los instrumentos de guerra? Hacer la paz, el equilibrio de los elementos, la madre-padre interior, es un proceso que siempre está ocurriendo dentro de nosotros. El potencial inherente a nuestras mentes para hacer realidad la paz planetaria, un estado iluminado para todos los seres sensibles, no es más que un pensamiento, una práctica. Sólo a través del reconocimiento de nuestra visión interior y recordando nuestra comunicación sutil, nuestra relación de pensamiento con la Tierra, reconocemos que cada uno de nosotros crea el hilo de la vida y que juntos estamos tejiendo el tapiz de nuestra realidad. Podemos mantener la forma de la paz planetaria como una realidad en nuestros corazones. Es una práctica, la práctica de dar y recibir y de seguir diligentemente el Camino de la Belleza hacia la iluminación plena. Y para algunos, los cuidadores, los Guardianes de la Paz, es seguir recorriendo el camino alrededor del Círculo Medicinal hasta que todas las personas vuelvan a darse cuenta de la paz, su verdadera naturaleza.

La verdad, las cosas como son, pueden ser percibidas por la mente cuando está libre de oscurecimientos y patrones. En este tiempo de transformación tenemos la oportunidad de reescribir los patrones mismos de nuestra existencia, de volver a tejer las fibras de la vida. En nuestros corazones podemos sustituir el modo de conflicto por la conciencia complementaria que es nuestro don inherente de compasión. ¿Cómo dejar de lado la ira o el miedo que nos separa de la luz? Reconociéndolo como una energía y sabiendo que no es "yo". La ira, el miedo, son pensamientos. Lo que es "yo" es una corriente en constante proceso, siempre en sintonía con la clara luz de la realidad. Deja que este vehículo se refine; deja que esta oportunidad de llevar un cuerpo imbuido de mente sagrada sea un momento en el que realices la visión clara.

Ver tu propósito en la vida, comprender tus dones creativos y ver los medios para actualizarlos exige disciplina. Podemos hacernos nuevos y apartar la idea del dolor y la miseria. Nacer es simplemente un aspecto de la vida, y puede ser un proceso doloroso. A medida que creces descubres que tu cuerpo tiene limitaciones, sobre todo si la mente y el cuerpo van en direcciones opuestas. Sin embargo, la luz conocedora, la perfección interior, cantará en algún momento para decir: "Yo soy ese ser que soy", para reconocer que existe un propósito especial y la capacidad de cumplirlo. Entonces uno ve que la disciplina es necesaria, que la elección es una opción en cada momento. Podemos elegir personificar nuestra existencia en la vida como sufrimiento, o podemos ver la oportunidad gozosa de tener vida y cuerpo, la oportunidad gozosa de realizar la iluminación.

A medida que despertemos nuestro ojo interior, a medida que la luz salga de dentro de nuestros corazones, una gran luz brillará alrededor de este planeta, y será percibida en este y en todos los mundos. Este es el tejido del sueño de la belleza. Podemos dejar de lado la idea de escasez; podemos reconocer que éste es un universo abundante. Todos tenemos dones que dar, y todos tenemos una cesta con la que recibir. Pasar del mar de la ilusión a la orilla de nuestro conocimiento, esa es la elección de la compasión. Podemos llegar a la otra orilla amándonos a nosotros mismos, afirmando la medida creativa y nuestros dones. "Puedo. Puedo. Lo haré. Yo soy el que soy". Así afirmamos el poder del bien en nuestras vidas. Las palabras que utilizamos al hablar de nosotros mismos y de los demás pueden ser una forma de construcción o una forma que rompe la energía, que rompe el corazón. Es hora de que renovemos el corazón sagrado.

Transformación: Domar las emociones

Tenemos la oportunidad de sentar las bases de la Más Grande Paz. Ahora todos tenemos la oportunidad de transformar los oscurecimientos; todos tenemos la oportunidad de realizar la iluminación. Incluso en la oscuridad de la confusión y la lucha, podemos romper los grilletes de la ilusión, "ellos" y "nosotros" y reconocer cómo nuestro punto de vista y nuestro pensamiento se convierten en un viento que rodea la Tierra y elegimos un viento suave de restauración. Cada persona tiene la oportunidad de dominar la ignorancia en sí misma, de domar la confusión. Puedes encontrarte con las ideas limitantes que has creado y con la luz clara de la mente puedes elegir crear ideas que sean bellas y amorosas contigo mismo y con los demás. Puedes dejar a un lado el apego al sufrimiento que proviene de "no soy lo suficientemente bueno" o "pobre, desgraciado de mí". La idea de ignorancia se transforma mediante la afirmación. "Honro la ley sagrada de la vida. Honro la belleza que hay en mí, honro el deber sagrado. Honro al padre-madre interior". Palabras sencillas, palabras poderosas.

Sé valiente al dar y recibir amor. El amor es una corriente y todos formamos parte de ella. Podemos ser pescados del mar de la ignorancia en un instante; la línea está justo sobre nuestras cabezas y siempre puede ser agarrada con nuestras manos. Se trata de que nos levantemos de nuestro apego a la ignorancia, al dolor y al deseo para reconocer el momento. No se trata de negar lo que está en proceso de corrección. Es reconocer lo bueno y estar en el momento, ver cada momento en su totalidad y apreciarlo como un regalo único. Eso es una disciplina en sí misma: estar quieto, ser amoroso, saber que "estoy en este momento creando la causa de todos los momentos".

Creamos energía poderosa para la transformación reconociendo el desarrollo de las cosas, desarrollando la consciencia de cómo hablamos y creando patrones de habla correcta, plantando semillas de afirmación. Este es el trabajo más desafiante para la persona que está comprometida con la iluminación: desarrollar el habla correcta, un método de habla y comunicación que acentúe lo positivo. Es el habla, la vibración, lo que determina nuestra realidad. En este tiempo debemos dominar la vibración, para que podamos hacer el sonido correcto, el armónico correcto para entrar en el nuevo mundo que se despliega. Y debemos desarrollar nuevas vías en el cerebro, marcadores de alegría, vías de resolución armoniosa. Piensa: "¿De qué otras maneras puedo mirarme a mí mismo y a mi mundo?". Aquí es donde decimos que hay que ser valiente. A la manera de los nativos americanos, a veces los curanderos hacen cosas extravagantes. Pueden hacer que te pongas cómodo, luego se acercan y te dan una fuerte patada entre los omóplatos. Algunas personas necesitan ser sacudidas para salir de su rutina. Lo que haga falta para despertarte, esa es la medicina.

La medicina más pura es la unidad con la mente misma. Para eliminar los oscurecimientos de la claridad y la luz primordiales de la mente, invocamos el fuego sagrado, la energía sagrada de la columna vertebral.

Siempre ardiendo en la columna vertebral están los tres fuegos constructores. Está el fuego azul de la voluntad, la voluntad de ser, la clara intención de actuar. En su intención, en su acción, también hay reacción, de modo que un fuego se convierte en dos. Luego está el fuego de la compasión, el fuego de la sabiduría compasiva que construye, que comprende, que da sustento y nutrición al propio propósito, a la propia vida. Y luego está el fuego de la inteligencia activa. Este es el fuego que nuestro tiempo llama especialmente a los humanos a brillar más finamente, a eliminar del hogar sagrado las cenizas que oscurecen la mente, para que se manifiesten la mente clara y la acción correcta, la acción en armonía contigo mismo, con tu propósito y con el verdadero propósito de todas las personas que te rodean, y en armonía con la tierra misma.

Cuando los Ancianos Fuegos de Arriba no se cuidan con esmero, surgen los oscurecimientos. Los tres fuegos deben atravesar cinco puertas, cinco entradas dentro de tu cuerpo –en el plexo solar, el corazón, la garganta, la médula y la coronilla– donde la energía puede bloquearse. En el ombligo recibes cinco aires sutiles de la Tierra misma, cinco ríos que construyen y sostienen cinco sistemas de órganos de tu cuerpo. Está el aire del viento que fortalece tu mente y tus pulmones y también tiene el sonido de las campanas. Está el elemento madera que alimenta tu hígado, y el elemento fuego del corazón y el intestino delgado para construir. Y está el fuego que rompe, del estómago y el bazo, y los huesos de la Tierra, tus riñones y los propios huesos de tu naturaleza. También hay canales de fuego que se mueven por tu columna vertebral: en el lado izquierdo de la columna, la energía lunar; en el lado derecho, la energía solar;

en la columna central, el canal central. Estas energías fluyen hacia arriba y hacia abajo, cambiando de dirección según tu biorritmo. Nunca van en la misma dirección a la vez, a menos que vayas a dejar tu cuerpo para siempre; cuando estés listo para irte, entonces irán todas en la misma dirección al mismo tiempo.

¿Para qué sirve el fuego? ¿Por qué sube por la columna vertebral? Su propósito es la animación de un sueño. El propósito del fuego es tu oportunidad, tu pensamiento, tu deseo, tu sentimiento de ser, de manifestarte en un cuerpo determinado. Das forma a un cuerpo que es el más apropiado para el pensamiento que has hecho, el sentimiento y el deseo. Obtienes el tipo de cuerpo que te llevará a través de tu sentimiento y tu sueño.

El sistema nervioso es la puerta del cielo. La columna vertebral es la escalera que sube Jacob. La columna vertebral nos permite estar enraizados en la Tierra, vivos. Al percibir la respiración, que también es mente, podemos ser conscientes del pulso sagrado del fuego dentro del cuerpo. En la tradición Tsalagi se puede alcanzar la iluminación en esta vida, pero hay que estar dispuesto a trabajar muy duro. Ése es el reto: dejar a un lado el miedo y la duda y ser consciente de verdad todo el tiempo, incluso cuando duermes: consciente de tu respiración, consciente del poder sagrado que hay en ti.

Plexo Solar

El biorritmo en el cuerpo de cada persona está relacionado con la espiral de la vida, con el pensamiento. Los oscurecimientos de los pensamientos se manifiestan en ciertos lugares, en esas puertas que hemos mencionado, siendo una de ellas el plexo solar. Cuando uno está apegado al miedo, aferrado, siempre enfadado, sintiendo envidia –"Oh, no es mío, yo quiero"–, entonces hay cierre en el plexo solar. Llevar la energía de la mente clara a este lugar de oscurecimiento puede liberar el bloqueo. Esa puerta puede abrirse mediante la generosidad y la voluntad de dar. Entonces la energía puede subir aún más por la columna vertebral.

Mucha gente dice: "Oh, en mi práctica de meditación me distraigo, o sucede esto o aquello". Es porque los canales no están claros. Ciertas puertas están reteniendo cosas que hay que soltar. El pensamiento que viene a tu mente te está diciendo exactamente qué es lo que necesitas soltar. Y el lugar donde puedes sentir sensibilidad o ansiedad o dolor en tu cuerpo, también te está diciendo: "Trabaja para liberar ese patrón de pensamiento, ese patrón de tensión". En la comprensión de los nativos americanos, todo lo que piensas es tan real como el acto de escupir agua en el suelo. Porque lo has pensado, ya ha puesto algo en movimiento. Así que somos responsables incluso de lo que pensamos. Ese es un reto importante para nuestro tiempo, porque el mundo ha empezado a pensar a lo loco, construyendo municiones y cosas que realmente no tienen ningún beneficio para la gente. Debemos pensar en la vida; debemos estar dispuestos a vivir.

La ira es un campo de energía real presente alrededor de este planeta en este tiempo. Para muchas personas la energía está bloqueada en el plexo solar, por lo que hay una forma de pensamiento dominante en la Tierra hoy en día de aferrarse, de no ser capaz de dar, de reaccionar siempre desde un lugar de ira. Si te encapsulas en esta energía o la entiendes como algo que se desarrolla, en un proceso de cambio, es una cuestión de elección. Unas pocas personas que activen los pensamientos semilla de resolución complementaria y manifiesten diligentemente la paz en sus propias acciones abrirán la puerta para que todos conozcan la paz mental.

Cuando veo a tantos ancianos sufriendo a causa de los recortes gubernamentales en los programas, a causa de que se pone menos énfasis en la vida y más en la guerra y la defensa, algo surge en mi corazón que dice: "Habla y llama la atención a la gente. Habla y di: 'Esto no puede ser, que los ancianos pasen hambre para que se puedan fabricar más aviones bombarderos'". Es una profunda frustración para la gente en estos tiempos percibir la injusticia y la opresión y el sufrimiento y sentirse incapaz de volver a hacer lo correcto. Recuerda que tu mente tiene un efecto sobre el resultado del desarrollo de este planeta; este conocimiento puede darte poder para pasar de la ira y la indignación a la acción correcta. Cuando te sientes impotente para expresar lo que sabes, la ira se acumula en tu cuerpo. La ira de un niño que se ha acumulado durante muchos años pueden ser las palabras de sabiduría que ese joven intentaba expresar, bloqueadas porque las actitudes o estructuras apropiadas no estaban ahí cuando se necesitaban. Tales errores de educación y aculturación han engendrado ira y alienación en muchas personas, educadas en un molde que no reconocía su sabiduría interior.

Al abdicar de la responsabilidad de nuestra voz creativa, de nuestro conocimiento interior, todos hemos manifestado las realidades que hoy son tan peligrosas para el planeta. Aceptando la lógica de "ellos" y "nosotros", hemos comprado la idea de una "defensa" tan masiva que amenaza toda la vida en la Tierra. Sin embargo, mis mayores hablan como si pudiéramos evitar que estallen las bombas, como si, llegado el caso, los aviones pudieran ser derribados del cielo por el corazón de unas pocas personas de bien. En mi trabajo con la gente a lo largo de los años veo que es así. Al ver la discordia y la enfermedad, el potencial de destrucción, el ensañamiento nuclear, la persona sabia no reacciona con miedo o ira, alimentando las actitudes negativas, sino que responde conscientemente con la energía de la paz.

Lo más importante es que el individuo no quede atrapado en el espejismo de sentirse culpable de la discordia y el desequilibrio del mundo. Eso es como el niño golpeado que piensa que se merecía la paliza y luego actúa diciendo "no soy bueno" durante toda su vida, cuando en realidad el único error del niño es haber nacido en una época de oscuridad. Todos hemos sembrado las causas para estar aquí en este tiempo; es sabio aprender del error de estos caminos y apartarlo.

Es un uso sutil de las palabras y una conciencia más profunda del propio poder de la voz lo que aporta la transformación de la ira. Es importante reconocer la indignación que uno puede haber experimentado de niño a manos de adultos ignorantes de la naturaleza sensible de la flor. Es importante reconocer: "Sí, esto ha ocurrido, y ahora es algo que hay que pasar". Hay una manera de ver la ira sin dejarse llevar por su ola. Es ignorante negar su experiencia, y es mucho más ignorante perderse en ella. El practicante que discrimina abre el ojo de la sabiduría para ver la ira como una forma de pensamiento, una forma creada por la mente, no como la verdadera naturaleza de la persona. Uno puede apegarse a la ira y pensar: "Oh, esta es mi definición, esto es lo que soy". Uno puede polarizarse en el reino de la ira (o incluso en la mente del ermitaño o del cuidador), pensando que así es "como es". Para liberarse del patrón de resonar a la ira es ver la ira como una energía. Entonces puedes mirar la energía, reconocerla y conocerla como parte de un proceso, y perdonar a los que la han causado y perdonarte a ti mismo por haberla recibido. La ira puede percibirse como un campo de energía en el aura; puedes visualizar que llevas esa emoción al fuego sagrado interior y la transmutas.

Cuando sientas algo, reconócelo como un sentimiento. Con el tiempo llegarás a vaciarte de ese sentimiento y reconocerás las posibilidades no manifestadas, el potencial de tu naturaleza. Reconoce que tienes derecho a percibir la realidad, que tienes derecho a sentir, y que lo haces.

La ira puede ser un lugar de grandes trampas si no te acercas con cuidado. Puedes ver la ira como un muro que hay que superar, pero tiene un lugar en el esquema universal de las cosas. No está demasiado lejos del "espíritu hambriento", que quiere expresar, que quiere comprender, que quiere vivir en la luz, pero que sigue envuelto en la indignación de no expresar las relaciones correctas.

Si buscas liberarte del apego a la ira, sería prudente que observaras el patrón de la ira en tu vida. ¿Cuáles fueron las situaciones que te llevaron a reconocer la ira o a acumularla? ¿Cuál es el medio de transformación? ¿Es perdonar? ¿Es escribirte a ti mismo o a los demás con palabras amables: "Estas cosas he querido decirlas y no he podido"? ¿O puedes calmar la ira simplemente visualizando su resolución en tu mente? Es una elección. Tiene mucho que ver con tu naturaleza en esta vida, pues cada uno de nosotros viene aquí con un propósito y una necesidad particulares de comprensión y entrega. Para alguien cuyo camino es el del ermitaño, puede ser aquietar la ira, vaciarse de ella. Para otro, cuyo camino es el del guerrero, puede ser ver esa rabia plenamente y aplicarla para transformarla energéticamente. Son elecciones que uno hace dependiendo de su propósito.

Tal vez te encuentres repetidamente en un patrón de conflicto con la gente o de conflicto con las autoridades. Aquí tienes la oportunidad de transformar este patrón fundamental de conflicto en una resolución complementaria. Observa tu patrón y luego busca las "claves" en las otras personas implicadas. Observa cómo tu modalidad puede ser para su mente una imposición de algo sobre su ritmo. Es importante respetar el ritmo y el propósito del otro y buscar un medio de acción complementario en lugar de una reacción antagónica o adversaria. En lugar de "o lo uno o lo otro", busque "ambos/y". Encuentra dónde están los acuerdos consensuados entre vosotros y haz una calzada en tu propio corazón para que esa energía viaje. Puede ser una oportunidad para aprender sobre las relaciones humanas y sobre el poder de la ideación. ¿Sostendrás una forma de conflicto en torno a la autoridad durante toda tu vida? Si hay conflicto en tu propia mente, ¿cuál *es* la verdadera autoridad? Empodérate. Reconoce la luz clara de la realidad y tu percepción de ella. Tal vez la mente pequeña esté diciendo: "Así son las cosas", y el "yo completo" esté diciendo: "Así son las cosas", o tal vez sean las dos mentes pequeñas de los individuos; ese puede ser el punto de confusión. Sin embargo, todo es un aspecto de la mente, así que mejor reunirse sin otro objetivo que la comunicación.

Si la autoridad parece ser la cuestión en tu vida, entonces la cuestión subyacente es de entrega al gran corazón de la compasión, manifestando las muchas manos del amor. La mente genera confusión y todas las situaciones son oportunidades para explorarla, así que es mejor ver las situaciones como experimentos y no apegarse a la forma, porque si no se aprovecha la oportunidad de aclaración en el momento, volverá una y otra vez. Ésta es una faceta de la conciencia que olvidamos con demasiada frecuencia. Todo lo que ponemos en movimiento con nuestro pensamiento, todo lo que pensamos sobre nosotros mismos y sobre el mundo que nos rodea, va a volver a nosotros.

Cuando sentimos que hay conflicto a nuestro alrededor, lo hay. Es parte de la mente planetaria en este momento. Esto está también cambiando. Cada vez más personas hablan de realidades no conflictivas, de realidades complementarias. ¿Qué es el desarme sino el derribo de las fortificaciones que nos separan de nuestra belleza y de los demás? Así, cuando oímos a la mente planetaria hablar de desarme, significa que los corazones y las mentes individuales han estado diciendo: "Déjame hacer la paz, déjame reunir en mi propia naturaleza a la madre y al padre". Esa es la voz que está resonando a nivel planetario, diciendo: "Desarme ya". Comienza con cada uno de nosotros.

A veces, los no nativos que asisten a las ceremonias indias ven algo que les confunde. Un curandero hace batir las alas de un águila muerta y cura a la gente de sus ilusiones. ¿Por qué? Porque su *mente* es libre; sabiendo que se trata de un sueño, que actúa en beneficio de los jugadores y de los observadores. Cuando uno ha tomado conciencia de la luz clara y ha clarificado los canales internos, yendo más allá de las puertas del plexo solar, el corazón, la garganta, la médula y la coronilla, entonces no importa lo que esa persona esté haciendo, es una acción que iluminará, es una acción iluminada. Por eso los nativos tienen tanto respeto por sus curanderos, ya que realmente ven y entienden lo que hacen ellos. Saben que la persona sagrada es un recordatorio de que ellos también pueden aclarar el aliento sagrado dentro de sí mismos. Incluso si la columna vertebral está torcida, uno puede encontrar la manera de enderezarla para que el fuego pueda moverse correctamente. Porque que la columna esté torcida es cuestión de que pienses: "Oh, bueno, no sé, tal vez". No puedes vivir en el frío con "Oh, bueno, no sé, tal vez" - debes estar despierto y seguro. Si no te pones los guantes cuando hace veinte grados bajo cero, puedes perder los dedos.

Lo mismo ocurre con tu forma de pensar. Si no asumes la responsabilidad de sentirte enfadado o triste y te llamas a ti mismo para sentirte alegre, entonces estás agotando tu fuerza vital. Cuando el plexo solar acumula más de esa energía de dolor e ira, mucha menos fuerza vital se mueve por tu cuerpo. Tómate tu tiempo para mirar en tu interior.

Practiquemos un sencillo ejercicio de respiración y movimiento para liberarte de estos patrones de apego que bloquean el plexo solar. Nada que perder, nada que ganar. Sólo permite que la chimenea esté abierta para que los tres fuegos puedan elevarse y moverse a través de tu columna vertebral. No es algo en lo que sólo puedas pensar. Pensar establece la vibración, pero no es suficiente; tienes que *hacerlo*.[33]

Siéntate fuertemente en el suelo, con el pie derecho sobre el muslo izquierdo y las manos sobre las rodillas. Empieza a girar, moviéndote hacia la izquierda en un círculo suave empezando por la pelvis. Contrae y suelta con el estómago. Respira profundamente. Inhala y exhala por las fosas nasales. No empujes la energía hacia abajo; simplemente siente la columna suspendida en una cuerda, girando como en una espiral. Siente las estrellas sobre tu cabeza, a ti mismo suspendido por esas estrellas de clara visión. Luego invierte la dirección, girando en un círculo suave hacia la derecha. Luego puedes girar al menos treinta y seis veces en cada dirección. Por último, siéntate en silencio, respirando profunda y reposadamente.

Este ejercicio es para eliminar los oscurecimientos del plexo solar, dejando paso a la clarificación del corazón. Deja pasar las formas de pensamiento del miedo y la ira. Deja que la puerta del plexo solar se abra para que los tres fuegos sagrados puedan subir a tu corazón.

Corazón

El corazón es la mente, según el pensamiento nativo americano; es donde reside el intelecto. Alrededor del corazón hay dos campos eléctricos, uno en el sentido de las agujas del reloj y otro en sentido

33 Deben transcurrir al menos cuatro horas entre la ingesta de alimentos y la realización de este ejercicio, ya que podría ser muy peligroso y perjudicial para el organismo realizarlo mientras el estómago está digiriendo los alimentos.

contrario, siempre moviéndose juntos. Estos dos campos de energía son tu propósito, la semilla de tu vida, tu sueño manifestado en la forma física y mantenido unido a través de la energía del hígado . El corazón es el punto de equilibrio entre el cielo y la Tierra, una retorta donde arde el fuego sagrado de la sabiduría. La memoria de lo que has sido y serás reside en el corazón, además de estar grabada en la médula. El corazón está siempre latiendo, siempre respondiendo. Cuando el ser humano siente: "Oh, no amo, no puedo amar", el corazón se ocluye a nivel físico; se producen depósitos reales. La reciprocidad es el equilibrio en el flujo de dar y recibir.

Para eliminar los oscurecimientos de tu corazón, invoca la luz clara y lucidez. Siente las siete estrellas sobre tu cabeza, su luz arco iris cayendo en cascada a tu alrededor. La luz te llena y te rodea, irradiando todo tu ser, todas tus acciones. Siente la luz de las estrellas; respírala en tu corazón, a través de tu corazón. Envíala hacia fuera como olas de compasión, olas de generosa atención hacia todas las relaciones. Siente ese ciclo de energía, dando y recibiendo. Debes practicar con mucha diligencia. En la tradición nativa de enseñanza, el maestro a menudo asigna tareas para ayudar a eliminar los oscurecimientos del pensamiento. A veces una persona tendrá que hacer algo una y otra vez y siempre se le dirá: "Incompleto. Inténtalo de nuevo". Eso, es decir: "Comprométete plenamente; pon toda tu energía en ello". Si sólo un canal de energía o sólo una parte de tu concentración se dedica al propósito y a la acción, está incompleto. Cuando asistes a ceremonias de medicina, puede que oigas a los curanderos decir: "Haz esto, hazlo otra vez, hazlo otra vez, hazlo otra vez". Eso es porque la persona lo hizo la primera vez sin compromiso o con resentimiento, reteniéndose, y debe seguir haciéndolo hasta que pueda soltar ese resentimiento, estar plenamente presente en la acción. Muchas personas se rinden. Pero es tu vida y no puedes rendirte. Puede que creas que puedes, pero, aunque te suicides tendrás que seguir trabajándolo todo al otro lado de esa línea divisoria. Así que mejor hacerlo ahora, mejor aclarar tus canales ahora, en el cuerpo físico. Debes estar muy atento.

En el momento en que sientas que algún pensamiento de duda o ira se cuela en tu mente, concéntrate en la energía opuesta. Puedes elegir, puedes estar seguro. Si no estás seguro, inhala y exhala y di: "Estoy respirando". Sé consciente de ello. Reconocer aquello de lo que estás seguro acumula un cúmulo de certeza; entonces, cuando los ratones de la duda vengan en busca de esos granos de sabiduría, ¡habrá suficientes para que ellos también se iluminen!

Una de las dificultades que oscurece el corazón es la comparación. "Esta persona está haciendo eso. ¿Significa eso que yo puedo hacerlo, que debo hacerlo? ¿Tengo más valor, tengo menos valor?". Estas son preguntas que cansan mucho al corazón. En realidad, agotan la energía lunar, de modo que recibes menos inspiración, y la energía solar se vuelve cada vez más tensa. Entonces te preguntas por qué no tienes energía. En el momento en que encuentres a tu mente haciendo comparaciones entre tú y otro, detente y evalúa el flujo de energía en tu cuerpo; entonces verás: "Oh, esto no es bueno para mí".

Es bueno reconocer cómo estamos en nuestras relaciones juntos, y hacerlo sin caer en la mente de comparación. Mira a ver cómo tu pensamiento establece ciertos patrones, cómo tus actitudes o quizás tus conexiones con el pasado pueden estar resonando en el momento, y estate dispuesto a cortar los hilos de esos apegos. Quizás la única forma que tenías de conocer el amor o la atención era molestar a otras personas para que te gritaran. O tal vez ese fue un patrón en el pasado porque los demás no sabían de qué otra manera relacionarse. Ahora ya no es necesario. Ahora puedes mostrar tus dones puros sin tener que esperar a que la gente te corrija. Es tu vida y es tu elección cómo la estás creando. El fuego arde dentro de ti para transformar patrones de pensamiento y relación. Sólo tienes que avivar el fuego.

La pena es otra energía que puede oscurecer el corazón si no se lleva a término. Y un exceso de pena en las personas puede entristecer a la Tierra. La Tierra depende de nosotros para devolver la energía, para que las cosas fluyan en el ciclo. Si nos guardamos la pena para nosotros mismos, estamos interrumpiendo el flujo hacia la

Tierra; te sientes demasiado lleno y la Tierra se siente vacía. Puedes devolver ese dolor a la Tierra. Abraza un árbol y derrama tu tristeza. Dile al árbol: "Han ocurrido estas cosas y me he sentido triste. Sé que la vida sigue y echo la tristeza a un lado". Es bueno reconocer tus sentimientos, saber: "Sí, estoy sintiendo pena". El duelo cumple una función en nuestra sociedad, una función sanadora. Para poder perdonar, debemos reconocer el dolor y luego dejarlo ir al río del perdón. Entonces nos encontramos repletos de alegría y agradecimiento por la oportunidad de haber abierto el corazón. Así que el dolor puede ser un maestro para ti. Al haber perdido algo, también se te mostrará algo.

Lo que ocurre en el corazón de una persona tiene importancia para todo el mundo. Retener el sentimiento de perdón cierra meridianos en el cuerpo, afectando a tu salud y a la salud de tu comunidad y de tu hogar, la Tierra. Por eso, saber perdonar es muy importante. Es uno de los primeros regalos que debemos aceptar del camino espiritual, la copa con sus dulces aguas del perdón. Volver a hacer amigos, es tan querido.

Garganta

Tres fuegos se mueven a través de la columna vertebral. El corazón se aclara, dejando a un lado todo su miedo, soltando los pensamientos de los demás. Los fuegos suben al centro de la garganta, otra puerta de entrada. Para muchas personas es algo nuevo reconocer el poder de la voz, saber que uno puede afirmar y decir: "Así será". Por eso son muy importantes los cánticos y las afirmaciones en voz alta, porque a través del centro de la garganta se manifiesta lo que uno piensa. De la luz, del sonido, surgió todo lo que conocemos. El sonido de tu palabra, el sonido de tu pensamiento sale al mundo y vuelve a ti como tu realidad.

El poder de la afirmación es una forma de aclarar los oscurecimientos de la voz, al igual que el compromiso de hablar con la mayor verdad posible. Cuando dices que lo harás, lo haces lo mejor que puedes. Así ganas cada vez más poder de voz y cada vez más fuerza vital. La voz canta: "Yo soy el que soy. Hago un sueño de belleza, belleza delante, belleza detrás, belleza alrededor". Eso se convierte cada vez más en la realidad y la duda que se interpone en el camino de decir la verdad se vuelve cada vez menos. Los medios para decir lo que es, de un modo que sea bello y beneficioso, se hacen cada vez mayores.

Encontrar tu propia voz no significa menospreciar otras voces. Encontrar tu propia voz es reconocer la belleza y llamarla. Deja que tu voz sea clara, para que puedas germinar una visión de paz y armonía, para que el espíritu de sabiduría se manifieste en todas tus acciones, y para que dé la vuelta al círculo y llegue de nuevo para que todos tus parientes perciban la mente iluminada, la claridad de la gran luz en su inmensidad. Incluso un atisbo de ella es suficiente para enviar a la gente por el buen camino.

Médula

Los fuegos internos se elevan a través de la médula, en la base del cráneo, donde los oscurecimientos del pasado, de la primera parte de esta vida y de otras vidas, pueden retenerte. Muchas personas no logran pasar del corazón; en este tiempo, si la mente puede llegar a la garganta, eso es maravilloso para la gente; con unas pocas semillas de personas iluminadas, llegará a toda la Tierra. Así que todo lo que puedas hacer, hazlo ahora. Aclarar la médula es un paso poderoso en el Camino de la Belleza.

Muchas personas responden de otras vidas en relaciones en el presente, aún atascadas en la ira o el miedo de otra experiencia vital. ¿Cómo aclarar esos viejos patrones? Concéntrate en el símbolo violeta del infinito en el centro de la médula. Ve la luz, sabe que lo que ha ocurrido ha ocurrido, y así es. Lo que hay en el "ahora" es luz clara; no hay necesidad de alimentar esos pensamientos de duda o retribución. Ve todo en el momento. En el proceso de clarificación de la médula vendrán a tu mente muchas cosas, y eso es bueno. Simplemente obsérvalas sin apego; no hay necesidad de entusiasmarse con ellas. Sólo asegúrate de que no estás repitiendo esos patrones en este momento.

Coronilla

Algo maravilloso sucede en esa claridad de no apego al dolor del pasado. Se siente un gran zumbido y todo tipo de energía en la parte superior de la cabeza, la coronilla. En la práctica Tsalagi se produce realmente una depresión en la coronilla, que emite fluido; también hay otros lugares en los que sale fluido de la cabeza. Así es como el maestro sabe que has alcanzado un cierto nivel de percepción o realización. Alguien puede decirle al maestro: "Ah, sí, lo he comprendido, lo tengo". El profesor dirá: "Ven aquí, déjame sentir tu cabeza. Aún está dura. Suavízala. Deja que entre la luz".

Así que, en conclusión, te digo que seas consciente de tu respiración. Sabed que está avivando esos tres fuegos sagrados que siempre arden en vuestra columna vertebral. Sabed que podéis alcanzar la iluminación en este cuerpo, en esta vida, clarificando esos canales a través de vuestro cuerpo, estando atentos a vuestros pensamientos, palabras y acciones, actuando con generosidad, compasión y paciencia, y trabajando muy duro.

Hay muchos espejismos en este mundo lleno de formas. Está el *glamour* de la posición, del estatus, de la abundancia o de la no-abundancia, el de la salud o de la no-salud, hay muchas maneras en las que uno puede quedar atrapado en un punto crítico de la espiral. Todo es un campo de conciencia en movimiento. Cómo nos relacionamos con este campo de conciencia, de mente, es una cuestión de disciplina. El desarrollo de la sabiduría discriminatoria es un proceso que sólo puede ocurrir dentro del individuo. Podemos compartir técnicas y prácticas, pero el proceso es tu propia voluntad y diligencia.

¿Qué causa crearás? ¿Verás el mundo en términos de fuerzas complementarias, de equilibrio? Madre-padre, yin-yang, sol-luna, son elementos de la creación, y a partir de ellos se manifiestan las formas. Los tres fuegos sagrados –la voluntad, el amor (que es sabiduría) y la inteligencia activa– son los constructores de formas a través de los cuales se despliega en nosotros el Camino de la Belleza.

El poder de la voz es el poder de la voluntad. Es el poder de la mente sintonizada con la armonía sagrada, la ley sagrada. Todo resuena con la ley sagrada. El cristal de cuarzo es hexagonal, a veces con una faceta extra; esa es la ley del cristal. Un ser humano tiene dos brazos, dos piernas, una cabeza, seis sentidos; eso también es una ley. Y es inherente a la ley que el potencial no manifestado tome forma en alineación con los principios sagrados de la voluntad, el amor, la inteligencia activa.

La construcción de la forma, la búsqueda del orden a través de la armonía, de la interacción armónica, es una relación. Nuestro pensamiento crea nuestro entorno y nuestra relación con aquello que hemos dado forma. El conocimiento viene a través de la experiencia repetida de lo que está sucediendo, de lo que es correcto. Inhalamos, exhalamos. Lo sabemos. Los ojos perciben la luz, los oídos perciben el sonido. A través de la experiencia podemos decir que sabemos. El sentimiento del corazón, conocer a través de la devoción, ser tocado por el reflejo intuitivo de la forma ideal, esa es una forma de conocer. Conocer a través de la práctica continuada, a través del canto y la oración regulares, es otra forma de conocer. Sólo con el canto podemos renovar la ola de armonía porque el sonido transporta energía de transformación.

Transformar la ira

Me gustaría compartir con vosotros un sencillo ejercicio para mirar en la mente, ver dónde puede haber semillas de ira y transmutar esas semillas, ofreciéndolas al fuego. Es una persona sabia quien está en sintonía con la plenitud de la vida, dándose cuenta de que la ira no es más que un aspecto de la vida. Sin culpa, sin vergüenza; simplemente una emoción. No la verdadera naturaleza de uno.

Siente la luz que te atraviesa en espiral. Sé consciente del tercer ojo en el centro de tu frente, el corazón, el centro de la corona, la luz. Siéntete como luz. A medida que contemplas la luz te mueves dentro de ti, y en ese movimiento puedes encontrarte con una de esas energías básicas que pueden mantener a una persona alejada de la iluminación plena. Encontrémonos con esos pensamientos limitantes y transmutémoslos en perdón con la clara percepción de la realidad, con el ojo de la discriminación. Observa los pensamientos limitantes de la mente, observa las formas de pensamiento de la ira en tu vida. Haz brillar tu luz de sabiduría a través de ellos, trazando la corriente de tu experiencia hasta que veas la semilla pura de tu potencial creativo que puede estar oculta en la confusión. Recuerda mentalmente el momento en que esa energía creativa puede haberse bloqueado u oscurecido. Vuelve allí y elimina los bloqueos, deja que fluya la corriente de la sabiduría, liberando tu potencial creativo del mundo de la ira. Afirma: "Yo soy el que soy. Digo la verdad de mi experiencia. Realizo mi visión de la belleza". Trae a la luz de la conciencia clara la energía para transformar lo que puede haber sido causa de indignación en el pasado, de inquietud en el presente, de miedo a dar un paso hacia el futuro. Despejemos de nuestros cuerpos de luz el pensamiento, la necesidad, que crea ira y gritos de perdón. Canta el Canto del Corazón [ver página 233], enviando el pensamiento del perdón circulando desde tu corazón, desde todo tu ser. Ve a todos tus familiares y amigos rodeados de esa luz.

Muchas oraciones nativas terminan con "Todos mis parientes", es decir, "Que el bien, la belleza, sean realizados por todos mis parientes, por todo lo que vive, camina, vuela, nada o se arrastra". Ah-ho, así es.

Que sigas buscando y cultivando en ti la sabiduría de la ecuanimidad. Reconoce que de la vacuidad surge la forma, y déjate sintonizar con la clara luz de su despliegue. La oportunidad de la vida humana conduce a la plenitud de la iluminación. Reconozcámonos a nosotros mismos, reconozcamos nuestra propia energía, cómo pensamos y cómo sentimos, y cultivemos en nuestro interior aquellos pensamientos que sean más productivos para nuestra continua evolución. Reconozcamos nuestros dones de amor. Cultivemos siempre la luz de la mente clara.

¡He! Hayuyá Haniwá. En Verdad Fuiste Concebido.
Mandala de la Tierra: La Enseñanza de la Luna Creciente

Sobre el altar del corazón hay una luna creciente, símbolo del camino vital que recorren todos los seres. Forma parte del círculo. La media luna con su camino dibujado encima representa nuestra estancia en los reinos de la forma, y la otra mitad del círculo representa el reino sin forma.

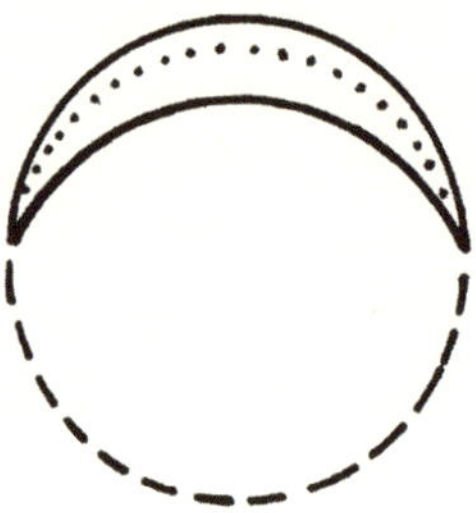

Cuando era joven, mi padre hizo esta forma de tierra y me habló del don de la vida. Esta es la enseñanza del Mandala de la Tierra, de la luna creciente.

Mostrándome la sencilla forma de tierra, mi padre dijo: "Este es el camino que recorren todos los seres. Sea cual sea nuestra nacionalidad, vengamos de donde vengamos, todos nacemos de una mujer, todos recorremos el camino de la vida y todos salimos por la puerta."

La puerta nos lleva de nuevo al vacío, al Misterio de donde hemos venido. Cada ser entra en el reino de la forma desde el vacío, a través de la puerta del nacimiento, a la que uno es atraído por el deseo, la intención de ser. El nacimiento es la punta de la media luna, que nos coloca en el camino de la vida, y el camino viaja alrededor de la media luna, completando el círculo.

Elegimos una familia en la que puedan florecer nuestros dones, a través de la cual podamos completar un ciclo de aprendizaje. Incluso cuando estamos dentro de nuestras madres empezamos a oír y sentir a nuestra familia a nuestro alrededor. En el vientre materno, el joven percibe las cualidades de la mente de sus padres y llega a querer mucho a uno de ellos y menos al otro. Los niños quieren mucho a sus madres, y la cohesión de las hijas está en la relación mental con el padre. Así comienza la danza del sol y la luna. Mientras el niño se mueve dentro del cuerpo de la madre, está experimentando sus pensamientos y respondiendo a los pensamientos dirigidos por otras personas hacia la madre. Por eso es muy importante que las futuras madres tengan un sistema de apoyo afectuoso y un entorno lo más libre posible de ira.

El tiempo en que la mujer espera un hijo es un tiempo precioso. Ser padre es un don precioso. Siempre podemos oír el sonido de los niños en la comunidad. Los bebés nos hacen seguir adelante, cada uno de nosotros ha empezado de la misma manera. Venimos aquí sin llevar nada, sin poseer nada. Sólo tenemos dentro de nuestros corazones los secretos de la creación y un regalo que ofrecer a nuestra familia, a nuestros amigos, a nuestra nación y al planeta.

La primera sonrisa del niño es un momento maravilloso, porque el niño extiende la mano y reconoce a sus familiares. Es un momento de celebración y de entrega de regalos por parte de la familia. Se hacen regalos a los ancianos y sabios con los que se espera que el niño pueda relacionarse. Los tres años son otro momento de celebración, y después el ciclo va desde el séptimo año hasta los catorce, veintiuno, veintiocho, y una celebración especial cuando uno se convierte en abuelo y llega a los cincuenta y uno.

En los tres primeros años de vida aprendemos a entender la comunicación y el poder de una voz verdadera. También aprendemos a vivir en armonía con nuestras relaciones. En los primeros años de vida de un niño comienzan a reconocerse ciertas características.

Esas características son signos del don especial de ese niño, y crecerán y florecerán en la edad adulta.

El niño es un don y un momento preciosos; la mayoría aprendemos a gatear antes que a andar.

En estos primeros años hacemos buena la relación con nuestros padres, nuestra familia, y es el niño afortunado el que tiene una familia extensa con la que relacionarse.

Luego avanzamos un poco más, y a los seis años tenemos muy claro nuestro lenguaje y nuestra capacidad para decir la verdad y comprender lo que es bueno, y tenemos una idea de cuáles son algunos de los dones que podemos ofrecer a nuestro círculo de amigos.

A los siete años llegamos a estar plenamente presentes en el cuerpo. Nuestro potencial de ser está ahora enraizado a través de las raíces de la Tierra. La persona tarda siete años en entrar plenamente en su cuerpo.

Recorremos el camino y, en el tiempo que va de los siete a los doce años, aprendemos a relacionarnos con un amplio grupo de personas. También hemos aprendido algunas particularidades sobre cómo mantener una vida sana. Aprendemos que lo que hacemos vuelve a nosotros. También aprendemos a jugar unos con otros, a trabajar juntos, y esto va sentando las bases para el resto de nuestras vidas.

Entre los doce y los catorce años empezamos a sentir la agitación en nuestro interior de la energía del Sur, el don de la generación. Las abuelas del Sur llevan las semillas de la procreación, igual que cada uno de nosotros. Esas semillas de vida comienzan a florecer para que nosotros también podamos convertirnos en padres de nuestra propia realidad. Es un momento precioso. Cuando la joven alcanza la mayoría de edad, es un momento de honor; cuando el joven ha visto claramente su propósito, es un momento de honor.

Ahora caminamos un poco más, fortaleciendo nuestros cuerpos y nuestras mentes para poder beneficiar a la gente y a la tierra. Y llegamos a los veintiún años, cuando comprendemos nuestros dones y deseamos compartirlos. A los veintiún años surge del Este el viento de la inspiración, para que podamos inspirarnos y sacar a la luz nuestros dones. También a los veintiuno tenemos la certeza: "Esto sé, esto tengo que ofrecer, y esto necesito hacer, para que pueda hacer más real ese don".

Seguimos caminando por esta rueda sagrada de la vida, y llegamos al lugar donde vemos a nuestra otra mitad, "la que está sentada al lado". Así se llama al marido o a la mujer. Empezamos a encontrar a nuestro amigo y a nuestra pareja. Cada uno de nosotros tiene en su interior tanto la energía materna como la paterna, y también buscamos volver a tomarnos de la mano con ese compañero de las estrellas, esa persona que comenzó el sueño con nosotros.

Procreamos y engendramos hijos, y buscamos crear un entorno de belleza y paz. Todas las familias quieren tener un hogar; todas quieren vivir en buenas relaciones. Los primeros años del crecimiento de la familia son para hacerla fuerte, y es una época muy sagrada. En esta época, los padres tienen la responsabilidad de hablarse con amor y de no irse nunca a dormir con ira en el corazón, no sea que la preciosidad de la vida de sus hijos se vea manchada por la ira. Así pues, ser padre es una oportunidad para servir. También es una responsabilidad y un deber engendrar seres bellos en beneficio de la tierra y la nación.

A los cincuenta y un años nos convertimos en adultos. Se necesita tanto tiempo para empezar a comprender los misterios que llevamos dentro. A los cincuenta y uno, comprendiendo la causa y el efecto, nuestra voz surge con claridad. A los cincuenta y uno podemos mirar hacia la puerta occidental y decidir qué pensamientos y actitudes negativas podemos desechar para que resuene una canción de paz y armonía para todas las personas, para que vivan sin miedo. A los cincuenta y uno decidimos: "¿Debo continuar en beneficio de la familia, el clan, la nación y el planeta?". A los cincuenta y uno nos comprometemos a hacer surgir la belleza para todas las personas, y uno puede empezar a ser abuelo en ese momento. A los cincuenta y uno, en la tradición Tsalagi, nos convertimos en adultos.

El potencial de la vida humana es de 127 años en total. Ese es el don que está dentro de nuestros genes. Cuando caminamos en armonía por este Camino de la Belleza, cuando mantenemos claras nuestras relaciones con los demás, la fuerza vital no se disipa y uno puede caminar hasta los 127 años.

Todas las personas recorren este camino medicinal. Incluso las criaturas que vuelan, se arrastran y nadan tienen un camino medicinal que recorren sobre la Tierra sagrada. La Tierra es nuestro hogar, nuestros cimientos.

A medida que avanzamos por el camino de la vida, empezamos a reconocer ciertas cualidades de las direcciones que nos ayudan a refinar y clarificar nuestra conciencia. Desde el Norte empezamos a ver la causa y el efecto de nuestra acción. En el Norte vemos la pureza de la mente clara; la Doncella Búfalo y su sabiduría, su ofrenda de buenas relaciones, llega a todos nosotros. El Norte refleja claramente la sabiduría de las cosas tal y como son. A medida que nos movemos alrededor de la Rueda Medicinal, en el Este surge el sol, incluso del espacio vacío de la noche oscura surge el sol, iluminando la belleza y la oportunidad de la vida. En el Sur brotan las semillas de la regeneración. En el Sur comprendemos lo que es plantar semillas de buena causa, establecer relaciones claras y poderosas. Y en el Oeste aprendemos del Oso Danzante cómo podemos desechar nuestras dudas y miedos, para ser verdaderamente amigos de todos nuestros parientes.

Así que esta es una enseñanza sencilla. Y esta fue la forma en que mi padre me mostró sobre el don de la vida; esta fue la forma en que su padre y su madre le mostraron sobre el don de la vida.

Cuando éramos jóvenes y preguntábamos: "¿Por qué fulano puede hacer esto y yo no?" o "¿Por qué es así?", se aludía a la enseñanza de la luna creciente, y de vez en cuando se dibujaba la media luna en el suelo de la cabaña o fuera para que la contempláramos, para comprender realmente la belleza de las distintas etapas de la vida. La lección más hermosa que nos enseñaron nuestros mayores fue a no precipitarnos, a saber, que cada cosa florece a su tiempo, y que cada uno de nosotros es una flor única y no puede esperar que su florecimiento llegue al mismo tiempo que el de otro. Había ciertos factores comunes, como que el niño de siete años tenía una fuerza muscular de la que no disponía a los tres, y sin embargo un niño de siete años podía resultar muy ágil y otro cauteloso. Nos enseñaron a respetar estas variaciones. A través de nuestra extensa familia fluía la sangre de muchas razas y pueblos. Los niños eran realmente un jardín de flores únicas y preciosas.

Cada nación tiene una forma diferente de describir el camino que recorremos por la vida. Sin embargo, todos sabemos que vinimos aquí desnudos y sin posesiones y que nos iremos sin nada. La mayor riqueza que podemos experimentar es tener un buen compañerismo, una buena amistad. Eso te lo puedes llevar contigo al más allá, a los reinos invisibles. Y cuanto mayor sea la alegría y la buena relación que se genere en nuestras vidas, más tiempo podremos permanecer en esos espacios vacíos y tranquilos. O tal vez uno opte por venir muy deprisa una y otra vez alrededor del aro sagrado hasta que todas las familias y amigos se realicen en buena relación.

Así que esta enseñanza de la luna creciente es algo muy sencillo, y rezo para que te sea de utilidad. El mensaje de la Rueda Medicinal para cada uno de nosotros es que todos caminamos alrededor del círculo de la vida. Su aplicación es un recordatorio de la sacralidad de los pasos a lo largo del camino, y de lo que podemos esperar comprender y recoger en determinadas etapas de nuestras vidas. En la Rueda Medicinal vemos revelado en cada acción en cada etapa de nuestra vida que tenemos una relación con la Tierra, que estamos recorriendo un camino con otros. Cada ser humano nace y cada uno muere. Esto nos une como seres humanos. Así que el Mandala Medicinal es como un mapa de carreteras; nos aclara un poco el camino cuando vemos las señales concretas de la vida.

Que apliques estas enseñanzas en tu vida en beneficio de todas las personas.

Mis abuelos y mis tías-abuelas tenían poderosos medios para expresar las relaciones entre mente, espíritu y cuerpo. Las tres analogías más comunes eran:

1. *El cuerpo es una túnica cosida por el deseo, el pensamiento y la acción,* la tela un regalo de los tres Fuegos Mayores de Arriba, la naturaleza trina de la deidad, que crea toda forma.

2. *El cuerpo es un templo donde arde el fuego sagrado de la sabiduría.* El altar se compone de actos compasivos y generosos. Las escaleras que conducen al templo, etapas del aprendizaje en las distintas edades del desarrollo, se describen a veces de la siguiente manera:
    a. Deseo de nacimiento o intención
    b. Avivamiento: primer movimiento dentro del útero materno
    c. Soñar la relación con la familia
    d. Nacimiento
    e. Primera sonrisa
    f. Primeras palabras y risas
    g. Gatear
    h. Caminar
    i. Sensación de estar en un círculo; tendencias básicas formadas (tres años)
    j. Amistad (siete años)
    k. Generosidad
    l. Desarrollo de habilidades; aprendizaje, asamblea (catorce años)
    m. Cultivar; plantar semillas, formar una familia (veintiún años)
    n. Cosechar con otros; compartir huertos comunitarios (veintiocho años)
    o. Desarrollo familiar y comunitario
    p. Compartir las experiencias de la vida como anciano en el consejo y maestro de los jóvenes (de cincuenta y un años en adelante)

Los ladrillos del templo se componen de elementos moldeados y formados por los tres Ancianos Fuegos de lo Alto, sostenidos firmemente por la argamasa de cuatro cuerdas que conectan todos los reinos. El altar se describía como dos triángulos, vértice con vértice, que representaban la sabiduría, y sobre los que se superponía la luna creciente simbolizando el camino de la vida que recorren todos los seres.

3. *El cuerpo es arcilla modelada por el Creador, infundida con el aliento, la onda portadora de la mente.*

Tejer una faja o una alfombra era una oportunidad para enseñarnos a los niños cómo las fibras del pensamiento se entrelazan y crean algo bello o algo defectuoso por falta de habilidad o de una intención clara. Lo que producían las manos se consideraba un espejo de la belleza o la confusión de su creador. Se decía que las "cuerdas" compuestas por siete hilos cada una mantenían unidos nuestros cuerpos, tejidos sobre el tapiz de la vida, que incluía todo el universo. Tres cordones principales dentro de la columna vertebral nos conectan con el cielo y la Tierra. Desde estos cordones, veintiún hilos irradian a través del cuerpo como conductos para la linfa y la sangre. A través del ombligo entran cinco cordones procedentes de la Tierra, que contienen treinta y cinco hilos, que sostienen cinco sistemas de órganos (hígado, corazón e intestino delgado, pulmones, estómago y bazo, riñón y huesos). Cada uno de estos hilos se compone también de tres más cuatro hilos encordados entre sí. Todos estos hilos se reorganizan constantemente según nuestros pensamientos y acciones. En la cosmovisión Tsalagi, la vida comienza en la belleza. Los pensamientos y las acciones pueden ser discordantes, lo que pone la belleza en desarmonía. El tapiz de la belleza puede volver a tejerse con el remordimiento y la purificación, y luego con el desarrollo de una mente y una acción claras.

Cuando se expresaba la analogía del cuerpo como templo, se hacía hincapié en mantener la combustión clara del Fuego de la Sabiduría sobre el altar. Los pensamientos y las acciones discordantes obstaculizan la combustión del Fuego de la Sabiduría, impidiendo el paso del viento o amontonando cenizas de acciones impuras sobre la chimenea.

Cada ladrillo del templo del cuerpo representa el pensamiento y la acción constitutivos. Con una acción inadecuada, la argamasa de las relaciones se debilita y los ladrillos se desprenden. Así que la estabilidad del templo –la estabilidad del cuerpo físico– es el resultado de pensamientos y acciones armoniosos. Se decía que 127 años era la esperanza de vida de quien caminaba en la belleza.

La historia de la gente de arcilla roja se contaba a menudo a los niños como explicación del nacimiento. "El que hace el aliento" soplaba en las figuras de arcilla, infundiéndoles vida y mente. A través de este aliento todos los seres están conectados. El aliento es portador de la mente sagrada lo impregna todo. Esto nos recordaba a los niños que debíamos tratar a las pequeñas criaturas con amabilidad, ya que nuestras vidas estaban debilmente unidas a nuestros cuerpos a través del Aliento Único.

Para cuidar adecuadamente el don del cuerpo humano, los masajes, el ejercicio, la danza y los preparados de hierbas formaban parte de nuestra vida cotidiana.

La primera lección fue respirar a través del cuerpo como las hojas se mueven a través de los árboles, llenando el vientre con aliento para que la esencia del alimento de la Madre Tierra que entraba en nuestros ombligos pudiera "cocinarse" adecuadamente, liberando una energía fuerte para el cuerpo y la mente. El vientre se concebía como una olla, calentada por la energía de la Tierra, que cocinaba y liberaba más energía para la acción de la vida. El canto y la danza eran medios de instrucción en la respiración plena.

Igual que el humo sube en espiral y las hojas bailan en espiral, el movimiento en espiral de las articulaciones (hombros, dedos, cintura, caderas, rodillas, tobillos) abre el conducto de humos de la columna vertebral para que los tres fuegos puedan arder con fuerza. La respiración, el agua, la comida y el movimiento interior y exterior mantienen el cuerpo en armonía.

Cuando nace el niño, los abuelos masajean al pequeño, rotando suavemente los dedos, las articulaciones más externas; luego rotando cada articulación grande, como los brazos, hombros, dedos de los pies, tobillos, rodillas, caderas. Luego acarician suavemente la columna vertebral, las piernas, el pecho, hacia el corazón, para que el potencial del niño se manifieste y el espíritu del bebé se encarne plenamente.

A medida que el niño crece, se le lleva con la madre o los hermanos mayores, siempre formando parte de las actividades familiares. Se anima a los niños a participar, aunque se desalienta el llanto, sujetándoles la boca y acariciándoles. Con el tiempo, el niño llama la atención por medios como la risa o sacudiendo un juguete. Para los tsalagi y algunos otros pueblos nativos, el comportamiento ruidoso o bullicioso predispone a las acciones egocéntricas. Por eso se anima a los niños a desarrollar medios sutiles de comunicación y autosuficiencia. Los niños tsalagi suelen hablar a una edad temprana participando en lo que ocurre a su alrededor.

Se cuelgan objetos de las vigas para que los más pequeños (hasta dos años) jueguen con ellos. Campanas, huesos y espejos colgados de cuerdas desarrollan la coordinación ojo-mano y la musculatura. Los más pequeños aprenden a crear muñecas y juguetes con los alimentos del jardín: las calabazas se convierten en sonajeros, las hojas de maíz en muñecas y las manzanas secas en caras de ancianos. Así, la naturaleza y la actividad cotidiana se consideran fuentes de alegría.

A medida que los niños aprenden a andar se les invita a bailar y a tocar tambores y sonajas. En esta época nuestros abuelos empezaron a enseñar diversos ejercicios para el desarrollo mental, físico y espiritual. Nos invitaban a imitar el viento moviéndose por el cielo, los árboles y el agua. Hay movimientos que se consideran comúnmente conocidos de rotación en espiral. Nuestro intento de imitar al viento engendró una gran flexibilidad. Imitar a los pájaros, los ciervos, los peces, todo lo que veíamos, se convirtió en una forma de aprender sobre nuestras propias capacidades. Cuando nos cansábamos de este juego, nuestros mayores aparecían y nos mostraban una canción que encajaba con una serie de movimientos. A veces nos invitaban a sujetar un palo de escoba y saltar. Para hacerlo se requería firmeza mental, rapidez de pies y el equilibrio de un pájaro.

Nuestros juegos se convirtieron en ofrendas a los Adawees de las direcciones. Nosotros mismos nos convertimos en los vientos y las lluvias que sostienen la Tierra. Nos elevamos sobre las alas de la imaginación como nubes que traen dulces aguas a la Tierra.

Este movimiento transformó la visión del niño en la visión del cielo abierto.

El movimiento en sí es transformador. La sabiduría del cuerpo se manifiesta a través de la acción. En la práctica Tsalagi, cada movimiento comienza con la respiración en la columna vertebral y va en espiral del movimiento interior al exterior.

Todo está bien, todo está completo, según la cosmovisión tsalagi. La curación es una cuestión de recordar la totalidad y purificar el cuerpo para que el espíritu pueda manifestarse plenamente en este templo. La piedra angular, la planta del pie, la bola del pie es muy importante. La mayoría de los americanos han sido entrenados para caminar sobre los talones, pero entonces uno realmente no está siendo alimentado por la Madre Tierra. Al pisar primero con la planta del pie, el cuerpo se sostiene y las caderas se elevan. Muchas de nuestras danzas lúdicas, como las danzas de la hierba, así como nuestras danzas más sagradas, comienzan con la planta del pie, moviéndose con gracia con los tambores y los agitadores, punta, talón, punta, talón. El paso parece darle a uno una sensación de facilidad con "la colina y el valle". Uno se siente rápido y tranquilo bailando punta, punta, punta. De vez en cuando, mi tía Hattie comentaba: "Fulano camina sobre los talones como si quisiera dominar la Tierra". Ella pensaba que los que caminaban pisando fuerte sobre los talones eran gente peligrosa y enfadada. Decía que cuanto más ruidoso era el paso, mayor era el desequilibrio; cuanto más alta era la voz, más débil era la persona. Así que en nuestras danzas y cantos tratábamos de mantener la armonía entre nosotros y con la Tierra, posando suavemente nuestros pies sobre ella para no dejar cicatrices en su seno.

El flujo armonioso alimentado por la respiración asegura el flujo continuo de Orineida, a veces descrita como Nuwati. Orineida es la "mente sutil que une todas las cosas"; Nuwati es la "medicina sagrada que impregna todas las cosas". La respiración es el viento que aviva los fuegos dentro de nuestro cuerpo para que puedan surgir actividades saludables.

Nos enseñaron a prestar especial atención a la acumulación de energía a través de la fosa nasal derecha y a respirar por la parte superior de la cabeza. Mientras bailábamos, nos animaron a notar cómo la energía descendía por la fontanela y ascendía por la planta del pie. Primero soltamos por la fosa nasal izquierda cualquier confusión o mucosidad acumulada como abono, y después damos gracias a la Tierra y al cielo con cada exhalación. Mano y pie derechos dando, mano y pie izquierdos recibiendo, inspirando, espirando, el aliento calentando el "buen corazón", para que nuestras acciones sean beneficiosas para la familia, el clan, la nación y la tierra.

El ombligo es la base de nuestro funcionamiento, porque desde aquí fuimos alimentados en el útero por nuestra madre, y a través del ombligo seguimos siendo sostenidos por la Tierra. Al recibir la energía del planeta, también estamos dando algo a cambio. Cinco cualidades, cinco aires entran por la zona del ombligo. En las enseñanzas de los nativos americanos, la madera es la base. Como el árbol firmemente enraizado en la Tierra con sus ramas volando libremente es un ser humano bien integrado.

En la tradición tsalagi se dice que "todo está bien". Dentro de la idea de enfermedad está la cura. Cada sistema de órganos mantiene el equilibrio moviéndose en armonía con un tono fijo, un tono de salud óptima. Este tono puede distorsionarse por un pensamiento, habla o acción impuros y puede restaurarse con las fórmulas de sonido y hierbas adecuadas. Muchas enfermedades son el resultado de emociones discordantes, que pueden resolverse a través del canto, la oración y ciertos ejercicios para restaurar los patrones de pensamiento y acción a la armonía.

La enfermedad se manifiesta cuando las personas han olvidado su integridad, cuando determinadas pautas de relación o acción han oscurecido el flujo de amor en sus corazones. El reto de liberar la energía de un estado de enfermedad hacia el equilibrio se ha abordado de muchas maneras. Es mejor pensar en "curación" que en "liberación". La curación lleva la discordia a la armonía mediante la transformación de las semillas de la desarmonía, la fuente. Existen muchas modalidades para liberar la energía, pero el pensamiento-semilla discordante puede permanecer intacto. Uno puede pasar años de terapia, por ejemplo, gritando, llorando, profundizando cada vez más en su "historia", y aun así no liberarse del patrón de pensamiento incorrecto. El pensamiento discordante siempre está buscando una resolución. Cuando uno se centra en el dolor sin apelar a la cualidad de la voluntad para transmutar una situación dolorosa en un patrón constructivo, entonces el patrón que trae dolor se repetirá continuamente.

El pensamiento se transporta a través de la respiración. Se produce un cambio inmediato en el patrón respiratorio cuando alguien experimenta algún tipo de conmoción o conflicto. Al sintonizar con el flujo de la respiración, podemos eliminar los oscurecimientos y transformar los patrones de confusión. Visualiza la respiración moviéndose por el cuerpo, lavando las heridas internas, trayendo la energía de la luz para sustituir los pensamientos destructivos por afirmaciones constructivas.

La respiración alimenta la carne y los huesos para que uno pueda actualizar su potencial. El movimiento se inicia con la respiración. Sólo con la forma en que empiezas el día puedes experimentar el poder de la respiración y el movimiento para traer armonía y aclarar la mente.

Al despertar, todavía tumbado en la cama, empieza a estirarte, girando suavemente las muñecas, los tobillos y luego estirando la columna vertebral, lo que te permitirá estar más presente en la carne y en los huesos. Al levantarte de la cama, continúa estirándote. La respiración, guiada por la mente, sale en espiral de la columna vertebral y el movimiento se hace amplio, girando suavemente el cuello, luego cambiando el peso de un pie al otro, girando las caderas, consciente de la parte baja de la espalda. Apóyate en la luz y en la respiración.

Cada mañana, mi abuelo y mi bisabuelo, y ocasionalmente mi abuela y mis tías abuelas, empezaban el día bailando. La danza, decían, les mantenía jóvenes y mostraba su aprecio por la vida, pues también era una ofrenda. La llamaban la Danza de las Direcciones.

Antes de hablar con nadie o de comer, estos ancianos bailaban. A veces parecían ropas ondeantes que se movían con la brisa. Nos contaron que nadaban en el arroyo antes de que nos despertáramos los niños y que incluso en invierno se bañaban en el agua fría. Mientras los veíamos bailar, veíamos los elementos de los ejercicios y juegos que nos habían enseñado.

Primero se saluda al sol naciente con una oración o un canto de agradecimiento por el nuevo día que se ha levantado y se agradece el rocío que brilla sobre la hierba.

Se comienza la danza mirando al este, con las manos en alto, saludando al sol que se acerca por el horizonte, recibiendo los rayos del sol, y luego bajando las manos al cuerpo, acariciando el corazón y la zona entre el plexo solar y el ombligo. Luego se juntan las manos como en una oración. Los más flexibles de los ancianos se inclinan tanto que sus cabezas tocan sus rodillas. Al levantarse, los brazos se extienden como si los llevara el aire. Se vería así: la mano derecha dando, la izquierda recibiendo, un ser humano en buena relación con el cielo y la Tierra.

Aunque los ancianos no se miraban, sus movimientos eran al unísono, y a veces tan lentos o rápidos que uno no estaba muy seguro de cómo habían llegado a su posición. Incluso la persona de más edad levantaba los pies y avanzaba por el espacio con la gracia de un árbol joven que baila con el viento. Hacían el mismo patrón de pasos en dirección hacia cada uno de los cuatro puntos cardinales, repitiéndolo cuatro veces hacia cada dirección. En días especiales, la danza se prolongaba durante todo el día, sobre una plataforma.

Los niños nos preguntábamos a menudo cómo se mantenían estos ancianos. No parecían cansarse, parecían vigorizados por el baile, y todos decían que el baile los mantenía jóvenes. Incluso con ochenta y seis y noventa años, tía Hattie y tía Leila se movían con gran flexibilidad y gracia. Decían que al tener el don de un cuerpo teníamos ciertas responsabilidades de mantener ese cuerpo para que el espíritu de claridad pudiera moverse por él con facilidad, y esta ofrenda de danza por la mañana era un medio de mantener la salud y la integridad del cuerpo. Cada uno de nosotros, en nuestros ajetreados días, puede tomar un consejo de estos antiguos. Trata al cuerpo con amabilidad. Permitir que las articulaciones sean flexibles, girando los hombros, la cabeza, las rodillas, los tobillos, incluso las muñecas y los dedos. Imitar el movimiento de los animales. Esta es la sencilla medicina de los Tsalagi.

El movimiento como ofrenda permite que las vías de la fuerza vital permanezcan flexibles para que la propia intención pueda manifestarse de forma beneficiosa para uno mismo y para todas sus relaciones. Al permitir que las articulaciones se muevan en la espiral sagrada, se permite que los hemisferios derecho e izquierdo del cerebro se comuniquen e intercambien información con mayor claridad. Como dirían mis parientes: "La espiral es el ángulo de la vida, y si no bailas y cantas, tu cerebro estará sólo parcialmente despierto". Así que la flexibilidad de la columna vertebral y de las grandes articulaciones del cuerpo expresan también una flexibilidad de la mente.

El movimiento es exploración, para que uno pueda comprender la fuerza vital que se mueve a través de uno mismo y ser consciente de las corrientes ascendentes y descendentes de la energía en la columna vertebral. A través del giro hacia fuera de las manos, uno percibe la santidad de dar y recibir. Como decía mi abuelo: "Bailo para vivir".

ᏣᎩ ᏣᎩ ᎯᏫᏝᎯ

Tsá gi Tsá gi hi wí la hí

Corriente arriba, corriente arriba, debes ir

ᏣᎩ ᏣᎩ ᎯᏫᏝᎯ

Tsá gi Tsá gi hi wí la hí

Corriente arriba, corriente arriba, debes ir

ᎨᎢ ᎨᎢ ᎯᏫᏝᎯ

Gé i Gé i hi wí la hí

Corriente abajo, corriente abajo, debes ir

ᎨᎢ ᎨᎢ ᎯᏫᏝᎯ

Gé i Gé i hi wí la hí

Corriente abajo, corriente abajo, debes ir

ᎭᎹᎹᎭᎹᎹᎭᎹᎹᎭᎹᎹ

Há- ma má há- ma ma há- ma má há- ma ma

Déjame llevarte sobre mi espalda

ᎤᏓᎭᎴᏱ ᎯᎷᏄᎯᎷᏄ

U dá ha lé yi hí lu(n) un hí lu(n) nu

En el devenir luminoso, duérmete, duérmete

ᎤᏓᎭᎴᏱ ᎯᎷᏄᎯᎷᏄ

U dá ha lé yi hí lu(n) un hí lu(n) nu

En el devenir luminoso, duérmete, duérmete

7

LUZ DIAMANTE

En nuestros corazones buscamos ver la presencia divina. El cristal es el símbolo de esa perfección, que está dentro de nosotros. Estas enseñanzas sobre el cristal vienen a través de las Pléyades, la constelación de las Siete Bailarinas, a través del rayo de la medicina Tsalagi a las sacerdotisas y sacerdotes que mantienen esta tradición sagrada y de la constelación de la Osa. Nosotros los Ywahoos somos guardianes del cristal. Las enseñanzas del cristal me fueron transmitidas por mi abuelo y mi bisabuelo.

Estas enseñanzas fundamentales se ponen ahora a disposición de la gente para que puedan comprender el poder y el carácter sagrado de la energía cristalina. Proceden de las enseñanzas generales, que son apropiadas para todas las personas, y se espera que a través de ellas el lector obtenga una perspectiva clara de la mente cristalina interior y la voluntad de aportar esa sabiduría a todos los seres. Que estas enseñanzas ayuden a equilibrar el uso incorrecto de la energía cristalina que se ha convertido en una tendencia en estos tiempos.

En el sistema tradicional de los Tsalagi, sólo ciertas personas manejaban directamente el cristal, aquellas que habían alcanzado la estabilidad mental y demostrado pureza de acción. Los cuidadores de los cristales tienen la responsabilidad de mantener la ecuanimidad porque el cristal amplificará cualquier pensamiento o emoción que haya en el continuo de las personas que interactúan con ellos.

En estos tiempos se está difundiendo mucha información falsa, confusa y peligrosa sobre los cristales, y estas piedras sagradas están siendo mal utilizadas por personas que no han transformado la ignorancia y la codicia en acciones correctas y generosas. En nuestra tradición, los estudiantes se preparan muy diligentemente y durante un largo período de estudio, práctica, entrenamiento de la mente y purificación de la acción antes de trabajar con cristales. A veces se necesitan veintiún años para refinar y fortalecer el sistema nervioso hasta alcanzar un equilibrio óptimo que permita manejar el potencial de los cristales de cuarzo. Muchas personas imparten ahora talleres y prácticas con cristales cuyas sutilezas realmente no comprenden. Esto es peligroso, ya que la energía cristalina es tan volátil como la bomba atómica, y cuando trabajas con el cristal, cualquier cosa que ocurra en tu mente se amplificará.

El mal uso de la energía cristalina puede ser tan destructivo para los cuerpos físico y de luz como el consumo de drogas. Muchas de las llamadas "enseñanzas iluminadas de cristales" pueden potencialmente matar a una persona. Es especialmente peligroso colocar cristales sobre los propios centros energéticos o sentarse dentro de ciertas configuraciones de cristales sin haber establecido estabilidad mental y pureza de acción. Tales "juegos de cristales" debilitan la red etérica del cuerpo y avivan las fuerzas de pensamiento negativas que pueden intentar vivir y actuar a través del cuerpo. La energía del cristal tiene el potencial de perturbar el giro de los electrones y la cohesión molecular en cualquier forma. Este potencial del cristal es mayor que el de las mayores armas nucleares actualmente en uso. El daño que se puede causar al cuerpo en el presente también afecta a las vidas futuras.

Cada cristal extraído de la Tierra mantiene contacto con el corazón de la Tierra. En muchos sentidos, el cristal es como el "Ojo de Dios", que informa al cielo y a la Tierra de los pensamientos y acciones de la humanidad.

Por todas estas razones, el linaje Ywahoo de la Nación Tsalagi hace hincapié en el desarrollo de la estabilidad mental, la mente altruista y las relaciones comunitarias sólidas, para que uno no se haga un cabezón pensando que domina todo. Más bien, se cultiva una mente de buenas relaciones y acción responsable.

Hoy en día, muchas personas leen sobre las prácticas espirituales de los nativos americanos y tienen la suerte de participar en ellas. Desgraciadamente, la gente a menudo malinterpreta la franqueza y aparente sencillez de las prácticas y ceremonias nativas, creyendo que ellos mismos pueden realizar tales ceremonias o prácticas. Los rituales nativos de la pipa y la cabaña de purificación y el trabajo con el cristal sagrado, muchas de estas ceremonias y prácticas más profundas están destinadas a los nativos que las practican en relación con los ciclos sagrados de la Tierra y los cielos que les fueron dados para mantener. En estos tiempos los adornos externos de estos misterios se han extrapolado a prácticas de la "Nueva Era" para reuniones religiosas o sociales. Tales actividades tienen efectos dañinos sobre aquellos que participan y también denigran y violan aún más la sabiduría de los pueblos nativos. Las enseñanzas presentadas en este libro se transmiten para aclarar cualquier concepto erróneo que pueda haber sobre la sabiduría de los nativos americanos y, lo que es más importante, para reavivar el fuego de la sabiduría en los corazones de todas las personas, para que podamos plantar semillas del bien hasta las siete generaciones. Estas enseñanzas sobre los cristales pretenden especialmente liberar parte del sufrimiento causado por el mal uso de los cristales. Dado que cada cristal es de la Tierra, las energías amplificadas por el cristal también afectan al corazón de la Tierra. Que todos aquellos atraídos por el "*glamour*" del cristal cultiven la mente cristalina en pensamiento, palabra y obra.

Primero comprende la naturaleza de tu propia mente. Si sigues una práctica de meditación regular, puedes colocar un cristal en tu santuario y con el tiempo te aclararás; a medida que se aclaran los canales, especialmente los tres canales principales, entonces uno es capaz de trabajar con los cristales. Son regalos maravillosos de la Madre Tierra. Recuerda que el cristal es un ser vivo, un ser consciente. Es la mente hecha concreto. Un cristal no es un objeto o una cosa; tiene un efecto sobre ti y tú sobre él. Es más un amigo que un objeto. Con esta actitud tendrás una buena amistad.

Date cuenta de que el cristal es un espejo de tu mente. Primero, estabiliza la mente y purifica el continuo mental y físico; después, conversa con tu amigo cristal.

Lo que sigue es un esquema para desarrollar buenas relaciones de cristal.

El cristal de roca o cuarzo es básicamente dióxido de sílice. Sus propiedades medicinales son la astringencia y la tonificación del cuerpo. Los cristales actúan dentro del cuerpo a través del acoplamiento de resonancia, en un proceso similar a lo que ocurre cuando la luz del sol toca la piel, formando vitamina D_3. Existe la acción directa de la luz y su respuesta dentro del cuerpo. La red etérica del cuerpo humano se parece mucho a la del cuarzo en que es hexagonal, y un fotón, un rayo de luz, que atraviesa un espacio de este hexágono se convierte en dos; cada vez que la luz incide en uno de estos espacios se duplica. Esto sugiere el gran potencial que tiene el ser humano para generar energía. Los seres humanos tienen la capacidad de girar y transmutar los elementos de este planeta. Los ríos pueden volver a ser puros. En este momento la Tierra está esperando que recordemos, que volvamos a llamar a los elementos a la paz y al equilibrio. Esa comprensión viene primero en nuestros propios corazones y mentes.

Los cristales de cuarzo se activan con el sonido, el calor y la presión a lo largo del eje. Los cristales activados emiten un campo de energía de aproximadamente cinco pies cúbicos por libra de masa de cristal. Un cristal que ha sido activado emitirá un pulso de energía a lo largo de su eje, amplificando cualquier energía de pensamiento que lleve ese pulso. Mientras sostienes un cristal puedes haber sentido una pulsación y una expansión de energía. Esa misma pulsación de energía es la forma en que el cristal de cuarzo se ha convertido en la base de la sociedad tecnológica, desde la simple radio inalámbrica hasta el complejo ordenador, y la forma en que resuena la luz de la mente clara.

¿Cómo comunicarse con el cristal? De corazón a corazón y de mente a mente. Te conviertes en uno con el cristal. El cristal está vivo, igual que tú, y nunca podemos pensar en abusar de su energía porque nosotros mismos no queremos abusar ni que abusen de nosotros. Este hermoso ser vivo comparte con nosotros según nuestro respeto y disposición a aceptar la belleza de nosotros mismos. Nos refleja la belleza; comparte su sabiduría; nos muestra que la sabiduría somos nosotros mismos y el pulso básico de la vida.

Del mar de la nada surge un sonido *-A-E-I-O-U-* cinco tonos, cinco vientos, cinco alientos que surgen del vacío. Esos sencillos sonidos tienen un gran significado para gentes de muchas tradiciones. Están relacionados con sonidos sagrados practicados en la Cábala, las religiones africanas, los antiguos cantos cristianos, los cantos budistas. Ese sonido primordial significa: "Del círculo de luz-sonido surgieron cinco puntos, cinco rayos de energía, como la pata de gallo". En ciertos cristales (la fluorita, por ejemplo), la pata de gallo es muy evidente cuando la luz la atraviesa. Al igual que todo en el universo refleja ese único sonido, esa única luz refractada en muchas formas, al sentarnos con el cristal volvemos a reconocer el Uno, la unidad esencial, dentro de nosotros mismos.

Es bueno cantar tu canción espiritual u oración mientras te comunicas con el cristal. La resonancia musical del cristal es muy importante. La música, las matemáticas, sea cual sea el sistema que estudies, se basan básicamente en una verdad. La vibración energética de esa Verdad Única se mueve en tercios, quintos y octavas, y lo mismo ocurre con el cristal.

La disciplina de la meditación es importante para todos, y especialmente para los que están llamados a ser sanadores y a trabajar con el cristal. Disciplinar nuestras propias energías, comprender nuestro propio proceso sin juzgar es muy importante, porque cualquier pensamiento de autodesprecio, separación, miedo o ira que se mantenga en tu mente es amplificado por el cristal. Así que el primer paso es clarificar tu propia conciencia. El medio de clarificación es la contemplación de la luz. Reconoce que todas las formas son átomos vibrantes. A través de la resonancia, la interacción consciente con tu entorno, no percibes ninguna separación entre la expresión interior y exterior.

Al sintonizar con el cristal puedes sentir continuidad y expansión de la visión, viendo los hilos por los que la visión interior se manifiesta a través de tus interacciones. A veces, cuando se sintoniza con el movimiento en espiral con el cristal, existe la tendencia a adormecerse. Cuando la mente se concentra más allá de la somnolencia hay una sensación de gran luz y energía. Cuanto más practiques, más fuerte será la sensación de luz.

La práctica espiritual construye los cimientos de una mente estable. El cristal es un símbolo de la sabiduría clara y firme. En la medida en que el cristal responde a la energía del pensamiento y amplifica dichas energías, la persona sabia cultiva el pensamiento, la palabra y la acción éticas. Quien medita mientras mantiene pensamientos de naturaleza iracunda hacia otra persona está plantando semillas de discordia en su propia continuidad. Por lo tanto, es sabio cultivar la mente de la compasión y el altruismo para que las mejores cualidades de la condición humana puedan amplificarse y fructificar. Es en nuestro interior donde buscamos la perfección, y son nuestros amigos, los cristales, los que nos permiten verla. El cristal amplifica el ojo del Creador dentro de ti para que puedas ver la verdadera luz y sentir la verdadera vibración interior.

El cristal de cuarzo es el cristal de la voluntad, el deseo de ser. Llama a tu voluntad de ser completo simplemente por su presencia en tu entorno, estimulando un proceso de transformación a muchos niveles dentro de ti.

El cristal de roca puede liberar toxinas del interior del organismo, ayudando al cuerpo a desprenderse de ciertos productos acumulados del metabolismo. La degustación de un tono ácido puede indicar un desequilibrio de aminoácidos; si hay un sabor amargo o un sabor casi como materia fecal, entonces el cuerpo necesita una mejor eliminación.

El cristal también actúa sobre el sistema nervioso parasimpático a través del nervio óptico. Los ojos absorben la energía luminosa más allá del espectro de luz visible. La visión periférica es más sensible a la energía sutil de la vida, como las auras. La energía se absorbe a través de la visión periférica, y aunque la persona nazca ciega o el cuerpo haya sufrido traumas, el cuerpo sutil sigue teniendo esas funciones. La recepción de luz por la visión periférica afecta directamente a las glándulas pineal y pituitaria. Podemos visualizar una pequeña copa dentro de la mente que está recibiendo la energía sutil y distribuyéndola por todo el sistema endocrino. Algunas personas dicen que la glándula pineal recibe la luz violeta, y otras dicen que se recibe a través de la pituitaria; una o ambas glándulas pueden recibir la luz violeta dependiendo del propósito y la etapa de desarrollo del individuo. Aquellos que tienen una fuerte práctica de meditación o música pueden recibir la luz violeta a través de ambas glándulas, al igual que los químicos, cuyas mentes se disciplinan a través del estudio de la ley de octavas. Así, a través del acoplamiento de resonancia, el poder del cristal resuena en nuestro interior y la energía del cristal se percibe directamente a través de la piel.

Muchas personas pueden recibir esta energía luminosa del cristal a través de los pómulos, las cavidades sinusales y el esternón. Las personas ciegas pueden percibir la profundidad y la distancia a través de los huesos faciales. Lo mismo ocurre con esta energía sutil amplificada por el cristal. En la práctica de la meditación se puede notar un cosquilleo de energía que sube por las fosas nasales a través de las cavidades sinusales. Se establece una conexión y la energía se equilibra en un triángulo particular: los centros energéticos de la cabeza, la coronilla, la pineal y la médula operando en armonía. Otro triángulo que se equilibrará con la práctica disciplinada está compuesto por la garganta, el corazón y un centro sutil sobre el corazón (algunos dicen que es la glándula timo), que entra en equilibrio cuando se activa el centro de la coronilla. A través del equilibrio de la energía del timo, se dice, uno puede transmutar no sólo los malos pensamientos sino los propios metales básicos en oro, e importar a este momento todo lo que pueda necesitar la gente. La abundancia universal se manifiesta a través de la unión del corazón y la mente. Cuando el cielo y la Tierra se unen en el corazón, entonces llamamos a nosotros lo que es necesario. Cuando se reprende lo presente, se llama a los tiempos difíciles. Así que nunca hay que pasar hambre en el seno de la Madre Tierra. Es cuestión de reconocer su abundancia.

Los cristales dejan muy claro cuál es la conciencia de cada uno. Para algunos, cuando empiezan a trabajar en la luz, lo que aparece es la duda y el miedo, aquello que necesita ser transformado. Y aquí debemos ser vigilantes y robustos, y mantener la certeza del propósito y el equilibrio para que lo que necesita ser transformado pueda volver a su fuente natural. No es necesario articular toda ira o dolor. Verlo sin juzgarlo y dejar que esa energía vuelva a la corriente es limpiador en este tiempo. Aquí es donde el regalo del cristal es muy importante. Los cristales traen al primer plano de la conciencia momentos reales en los que el flujo de la energía vital se ha visto impedido, como en una pantalla. La contemplación de los cristales hace evidente el flujo de la mente. Los recuerdos antes encapsulados en la confusión se vuelven transparentes, liberando energía para la acción constructiva. A medida que se desarrolla la transparencia, se libera la energía que sostenía un muro entre la idea y la acción. Muchos se sienten llenos de energía tras las meditaciones con cristales.

La enfermedad se desarrolla cuando se impide el flujo de la energía vital. La enfermedad se manifiesta como elementos de la sociedad que luchan entre sí, personas que destruyen la Tierra. Estas son cualidades de la enfermedad y el desequilibrio. A medida que los individuos encuentran el equilibrio en sí mismos, mantienen y actúan en armonía, los cristales resuenan esa canción y ayudan en la curación del planeta.

El cristal vibra más rápido que la velocidad de la luz, ya que no es sólido ni líquido. Puedes sostenerlo en la mano y mirarlo, pero su definición desafía el lenguaje que existe en este tiempo. Hablamos del cristal como el mantenimiento de los sonidos sagrados de Galunlati, el reino de la forma ideal. A través del canto de la semilla, a través de la vibración del pensamiento, hemos precipitado el mundo tal como lo conocemos hoy. Cada uno de nosotros está sintonizado con ese cristal sagrado en el corazón del tiempo, en el corazón del ahora.

La relación del individuo con el cristal es la relación del individuo con la corriente de la mente clara. El cristal de cuarzo tiene seis lados, al igual que la red etérica del cuerpo humano. A través de ambas formas se mueve la energía de la mente, duplicándose cada vez que golpea una esquina del hexágono. Los seres humanos, como los cristales, son generadores de energía. Al igual que el cristal emite iones negativos que arrastran la carga malsana del entorno, nosotros también podemos hacerlo, mediante la clarificación de nuestro propio pensamiento y nuestra propia naturaleza. Comienza de forma muy sencilla, reconociendo el movimiento ascendente y descendente, el vórtice del sol y la luna dentro de nuestros propios cuerpos, y reconociendo la corriente cruzada de Oriente y Occidente a través de la cual se manifiesta el mundo.

El cristal es estimulado por el sonido; la voz, las ondas de pensamiento agitan el cristal para generar un campo de energía a su alrededor. Persona humana, tus pensamientos, tus deseos están creando un campo de energía a tu alrededor, determinando la realidad que vives en este momento. Así que no somos mejores que las rocas; somos como el cristal.

En este tiempo dentro del corazón de la Tierra hay muchos campos de cristal que están siendo estimulados por la energía de los planetas alrededor de Sirio, por la energía de las Pléyades. Esto está sucediendo para que todos podamos recordar nuestro hogar en las estrellas y cada uno pueda rastrear nuestras raíces de nuevo hasta el Gran Árbol de la Paz, el Árbol de la Vida. La única manera de rastrear nuestras raíces y reconocer la semilla de la mente estelar dentro de nosotros es mirar hacia dentro y reconocer que lo que vemos a nuestro alrededor es un reflejo de nuestro pensamiento, que lo que estamos experimentando es el resultado de las causas que nosotros mismos hemos establecido.

Reconocer nuestro hogar en las estrellas es preparar a todas las naciones de este planeta para un salto hacia la realización de nuestra relación universal. Para que esto se manifieste, tenemos ciertos deberes como individuos. Primero debemos ser un recipiente fuerte, un recipiente completo, un vaso digno. Debemos aclarar cualquier ruptura en nuestras auras, cualquier perturbación de la mente, para que podamos mantener la luz en lo alto para que todos nuestros parientes la vean y recuerden que juntos somos tejedores de sueños.

¿Cómo aclaramos nuestra propia aura? Primero reconocemos que nos movemos con las mareas, que tenemos ciclos de energía ascendente y ciclos de calma; la gente los llama biorritmos. La energía lunar, la energía solar, la energía de la Tierra y la energía que une todo este cuadrante de la Vía Láctea, son cuatro factores que también son los Adawees, la energía de las direcciones, y los constituyentes de conciencia que expresan son los que nos permiten estar aquí como estamos ahora. La persona sabia reconoce que desde el Norte vemos las semillas de nuestras acciones. Reconocemos las causas que se establecieron en el pasado sin culpar ni avergonzarnos; simplemente vemos que estas causas dan lugar a estas acciones. Y aprendemos en la quietud del Norte a mirar el lago con sus aguas congeladas de sabiduría espejo, para poder ver las cosas como son sin distinción ni separación. Entonces la mente se vuelve cada vez menos reactiva y uno comprende que estos sentimientos que surgen y caen son sólo sentimientos. Hay una naturaleza esencial, hay una quietud.

Comprender la naturaleza de la propia mente, ese es el mayor regalo de este tiempo. Al comprender nuestra propia naturaleza, empezamos a ver que creamos campos de energía a nuestro alrededor. Es el potencial del agua congelada para convertirse en arroyo y correr hacia el océano. Como el salmón, vinimos del vacío, fuimos desovados en ese gran lago. Las aguas se descongelaron, las semillas maduraron y los salmones se abrieron camino hacia el océano de la experiencia, donde todos chocamos unos con otros. Hay muchas ilusiones en ese océano, y como el salmón, nosotros también buscamos el camino de vuelta a casa. Puede que encontremos muchos obstáculos en el camino, pero el salmón ha regresado a la costa este, y eso es señal de que nosotros, como seres humanos, estamos volviendo a la claridad mental y a la relación correcta. Nos estamos volviendo más claros. Estamos reconociendo el poder del pensamiento y de la oración, y estamos fortaleciendo nuestras auras.

Como seres humanos somos alimentados por la Madre Tierra, recibiendo a través del ombligo los elementos de la vida, el sonido, el aire, el fuego, la tierra, el agua, la madera de los árboles permitiéndonos estar enraizados en el ahora. Muchos humanos sienten sufrimiento porque tienen un agujero en algún lugar cerca del centro del ombligo y no son capaces de mantener todas las bendiciones que la Tierra está dando. A veces uno incluso recoge a través del ombligo aquello que ha sido desechado por otros, causando confusión en su mente. Por esta razón tenemos una práctica que ayuda a mantener el centro del ombligo fuerte e intacto. Es una práctica sencilla que estimula los sistemas linfático y endocrino para que aporten elementos beneficiosos para ti. Cuando te sientes constreñido, tu cuerpo libera elementos que te perjudican. Por lo tanto, es sabio darle al cuerpo pensamientos y movimientos suaves. Es sabio confiar en uno mismo al momento.

Comienza de rodillas, con la columna recta, las manos sobre las rodillas y el pie derecho sobre el izquierdo. Siente espirales de luz que suben y bajan por la columna vertebral. Ahora junta las manos como si estuvieras rezando. Inhala y levántate sobre las rodillas, exhala y baja. Inhala hacia arriba, exhala hacia abajo. Movimientos suaves, como la respiración, con la respiración. Siéntete suspendido por la respiración, llevado por las estrellas.

Este sencillo ejercicio aclara la energía de tu cuerpo emocional, cuerpo mental, red etérica y cuerpo físico. En el cuerpo físico, la columna vertebral se alinea a través de la respiración y el movimiento de elevación. El cuerpo etérico se comunica más claramente a través de la columna vertebral con los cuerpos emocional y mental, ya que el cuerpo etérico es una red, un transportador de todas tus relaciones de este mundo. A un nivel más sutil se producen cambios dentro de la columna vertebral, dentro de los centros de la cabeza, y finalmente, a medida que se continúa con este ejercicio y con las prácticas de la Meditación Básica Rayo de Sol y del Cuerpo de Diamante, se sienten cambios en el cráneo y en el sacro. Las placas del cráneo se mueven y vuelven a ser flexibles como las de un bebé, y el sacro se alarga y se aplana. La columna parece tener más aire después de este ejercicio, porque uno se siente sostenido no sólo por los músculos del cuerpo, sino también por la respiración. Es una buena práctica para hacer con regularidad; si es posible, tres veces al día durante quince minutos sería muy beneficioso.

La postura que se adopta en este ejercicio es como una postura de oración utilizada en muchas prácticas espirituales. Hay una razón para las posturas que la gente siempre ha adoptado al rezar, sentada de rodillas o en la posición del sastre, o en medio loto o en loto completo. En todo el mundo, estas posturas han demostrado ser buenas herramientas para estabilizar la mente. Las sutiles diferencias de postura en las distintas culturas señalan los efectos de la biorresonancia, cómo un determinado entorno afecta a nuestro pensamiento e incluso a nuestro desarrollo físico.

Para los Tsalagi, la biorresonancia es un concepto muy importante en el *Elo,* la filosofía y la tradición del Pueblo. La biorresonancia reconoce la receptividad y responsabilidad mutuas del individuo y el medio ambiente. Cada individuo tiene un don, y está en relación con el medio ambiente. Puede que no veas tu relación con el medio ambiente como colinas o sistemas de agua, pero sin duda puedes verla como un vecindario. Como individuos, familia, y grupo se relacionan, cómo usted mantiene su práctica tiene un efecto sobre su vecindad y su ambiente. Una persona, unas pocas personas, marcan la diferencia. Sólo con aclarar nuestra propia naturaleza, manteniendo nuestra aura en buen estado, a través de la resonancia de nuestra estabilidad, el vecindario y el entorno reflejarán esa estabilidad mental. Así que en la tradición Tsalagi nos vemos a nosotros mismos con el deber espiritual de mantener nuestros corazones y mentes claros, para beneficiar a todos los seres con nuestra claridad.

Cuando éramos niños, si pensábamos algo que no estaba bien, nuestros mayores se daban cuenta y nos corregían. Nos decían que pensar algo era lo mismo que hacerlo y que debíamos cuidar nuestros pensamientos. Nos enseñaron a comprender el origen de nuestras acciones y a saber que todo lo que pensáramos de otro iba a volver a nosotros. Por eso es sabio buscar lo mejor y cuando se cometen errores recordar que todos estamos en proceso de cambio. Al reconocer la belleza, al ver la belleza, creamos el vórtice para que se actualice a través de cada aspecto de nuestra existencia. La Madre Tierra nos nutrirá como nosotros la nutrimos a ella. Reciprocidad: todo lo que nuestra naturaleza generosa pone en movimiento nos es devuelto. Si retenemos algo de este ser, la Tierra –nuestro corazón, nuestras acciones correctas, nuestro cuidado y respeto por otros seres vivos– entonces ella también se sentirá seca y será incapaz de dar.

El bienestar o el malestar se manifiestan en nosotros en relación con la claridad u obstrucción de nuestros meridianos energéticos, y los mismos principios son válidos para la Tierra y el tejido social de nuestras vidas. En grupos de personas con el centro del corazón ocluido, por ejemplo, el flujo de la fuerza vital dentro de las personas y de la Tierra se verá afectado. Si hay una oclusión en el corazón, el individuo sufre un infarto o un derrame cerebral; la Tierra sufre un terremoto. Cuando los humanos mantienen el corazón abierto, el vórtice de luz moviéndose libremente, entonces las líneas ley de la Tierra se mueven libremente.

Hubo una época, a principios de los años ochenta, en la que muchas de las líneas ley de la Tierra estaban muy bloqueadas. Ciertas personas rezaron e hicieron ceremonias en estos lugares para reestimular y equilibrar estos meridianos, como si le pusiéramos agujas de acupuntura en la espalda; gracias a ello ha alcanzado un nivel de mayor salud.

La reciprocidad es un principio muy importante que hay que entender. Cuando damos, recibimos. Cuando reconocemos el ciclo de la reciprocidad, podemos liberarnos del apego a la culpa. Podemos simplemente reconocer: “Oh, plantaré estas semillas de buena relación en este momento, y los resultados serán buenos para todas mis relaciones”.

El cristal aporta el don de la visión. El ideal de la persona medicina es ser tan uno con toda la Creación que sus oraciones resuenen con el cristal para amplificar y hacer resonar esta paz y armonía a través de la familia humana y el cuerpo de la Tierra. La comprensión del cristal está dentro de cada uno de nosotros. Cuando tocamos el cristal por primera vez y nos encontramos con él como un amigo, nos damos cuenta de cuánto de nuestro propio pensamiento está llamando a ser transmutado. En este momento, los cristales están ahí para ayudar a cada uno en ese proceso de transmutación. La vida es un proceso continuo. En algún momento todo cristal claro fue opaco y a través de la transformación se volvió claro. Lo mismo ocurre con la conciencia del ser humano. Del carbono de la experiencia surge el diamante de la completa asimilación y comprensión.

Encuentro con el Amigo de Cristal

La relación con el cristal es de amistad. Al encontrarse con el nuevo amigo cristalino, es importante darle las gracias colocando una ofrenda de unos granos de tabaco o maíz directamente sobre la piedra, después de haberla sumergido en agua fresca de manantial o arroyo durante unos veinte minutos. Luego quema un poco de cedro y pasa el cristal a través del humo; deja que el incienso rodee y atraviese cada parte de la piedra. Luego envuelve el cristal en un paño suave y oscuro y mantenlo tapado durante dos semanas, desde la luna nueva hasta la luna llena. Colócalo en tu santuario, tu mandala de la mente clara. Cada noche, con el cristal aún envuelto, llévalo a tu corazón y establece comunicación con él. Siente las espirales de luz, ascendiendo y descendiendo, el cielo y la Tierra encontrándose en tu corazón. Visualiza las estrellas sobre tu cabeza llenándote de luz. Mientras visualizas la luz, comunícate con el cristal; canta el Canto del Corazón (página 233) o algún himno o canto con el que sientas resonancia. Pronto habrá alguna conexión con el cristal. Cuando esté impregnado de la energía de tu oración, conservará esta energía y la reproducirá para ti si la olvidas. Una vez transcurridas las dos semanas, puedes descubrir el cristal durante la oración y la meditación.

Al sintonizar con el cristal, sostenlo en las palmas de las manos, sintiendo la continuidad de la vida, de la luz, moviéndose dentro y a través de la piedra y de ti y de todos los seres. El cristal refleja lo que es. Suceden cosas sutiles en el cuerpo cuando uno sostiene el cristal e invoca la vitalidad de la espiral, la energía ascendente de la Tierra, la energía descendente de los cielos, el yin y el yang, la madre y el padre encontrándose en el corazón, la energía fluyendo hacia abajo en grandes cascadas de luz desde las estrellas sobre la cabeza.

Confía en tu propia percepción. Es muy importante que confíes en la vibración, en lo que percibas; es el único medio de entender lo que el cristal tiene que decirte. La energía que sientes es el mensaje del cristal para ti, y a medida que practiques y comprendas más en ti mismo, más claro será su mensaje.

Cuando te encuentres por primera vez con el cristal de cuarzo alinéalo hacia el norte magnético, sosteniéndolo con su cara más grande mirando hacia el norte. Sintoniza con la energía del norte y siente cómo fluye a través del cristal hacia ti, a través de ti y de vuelta al cristal. Siente el ciclo, siente el flujo.

Al comunicarnos con el cristal, lo vemos cada vez más brillante y claro. El cristal está cantando, y uno puede sentir una quietud, una sutileza en su energía, su canción. Es como si los pensamientos y sus matices se volvieran más claros, como si el significado se aclarara en muchas realidades. Es a través de los seis lados, los espejos de nosotros mismos, que esta plenitud se amplifica y resuena.

Lo que experimentamos en la comunicación cristalina se considera una actividad del hemisferio derecho del cerebro. En este momento, la humanidad occidental está pidiendo que se reconstruya el puente entre los hemisferios derecho e izquierdo del cerebro, que se reconstruya el Puente Arco Iris. El cristal es un amigo para ayudar a los seres humanos en ese proceso.

MANDALA DE CRISTAL

En la enseñanza que me transmitieron me mostraron dibujos de triángulos con diez puntos en ellos. ¿Qué representan esos diez puntos? Círculo, compleción, totalidad. Esas son las cualidades del número diez. Dentro del círculo está la energía inherente, el potencial; y la energía manifiesta, lo que toma forma.

El cuarzo es básico. Es la semilla de la vida, que nos recuerda la voluntad. En el círculo de la vida, el cuarzo se relaciona con el Norte. Del Norte viene la intención, la esencia misma, el pulso de la vida; la voluntad de ser, la acción, la comprensión que viene de haber vivido tiempos difíciles. De la luz blanca, del cristal de cuarzo y del diamante (que también simboliza la energía de la voluntad) viene la comprensión: "Ah, así soy".

A medida que nos movemos alrededor del círculo llegamos al segundo tono, del noreste, la sabiduría y el amor que crecen como dos llamas de una rama, simbolizados por el cuarzo rosa y la cornalina. El coral rojo también transmite este tono. Se recurre a la energía del cuarzo rosa y del coral rojo para despertar un corazón paralizado por el dolor, y se recurre al coral rojo cuando el cuerpo sufre un gran trauma, por ejemplo, por una gran pérdida de sangre. Tiene la cualidad de extraer el exceso de calor y es útil cuando hay una infección en el sistema linfático. El cuarzo rosa es refrescante y renovador para las células del cuerpo.

Mientras sostienes el cuarzo rosa, siente el movimiento de la luz en tu interior. Siente el ciclo de energía de la Tierra y el cielo, que se reúnen en tu corazón, y siente las estrellas sobre tu cabeza, esos centros de energía sutiles y los que están dentro de tu cuerpo. Comunícate con la graciosa resonancia del amor-sabiduría, que agita tu corazón hacia la compasión por ti mismo y por todas las relaciones.

El cuarzo rosa tiene una energía diferente a la del cuarzo transparente. Es más sutil, resuena un sentido de devoción espiritual, de cuidado de muchos. La energía del Noreste, como la del Sur, inspira y prepara el camino para algo más. La sabiduría del Noreste abre la puerta al camino de la inteligencia activa, a la salida del sol, a la voz del viento que agita la mente para saber que es.

La polarización del cristal, la forma en que recibe la luz, determina cómo se reúnen las espirales de energía en torno a planos particulares y llaman desde el interior de la totalidad de la luz blanca los colores que necesita el individuo. La coloración rosa confiere al cuarzo rosa una polarización diferente, una vibración distinta de la del cuarzo claro. La energía curativa del cuarzo rosa está en el flujo del fuego suave, el fuego constructor. Es reconocible en relación con los reflejos del intestino delgado y el sistema circulatorio.

A medida que seguimos moviéndonos alrededor de la Rueda Medicinal llegamos al Este, el lugar de la inteligencia activa, el nacimiento del "Yo soy el que soy". Es el amarillo del topacio, el oro de la construcción en transformación. El verdadero topacio ayuda en el proceso de recordar.

Del sudeste viene el canto de la armonía y la construcción familiar, la vibración del naranja. El jaspe naranja se relaciona con la construcción de la forma del plexo solar e infundirá al cuerpo energía solar cuando ésta se haya agotado.

Desde el Sur suena la quinta nota de verde, el color de la energía vital. Dentro del verde está el rojo, por lo que es la semilla de los nuevos comienzos y también la comprensión concreta, el conocimiento adquirido a través de la experiencia. La turmalina sandía es un cristal de cambio en este tiempo. Posee una carga negativa y otra positiva, buena para equilibrar el yin y el yang en el cuerpo, las fuerzas solares y lunares. Aún más importante, permite que el cuerpo físico se adapte al bombardeo de radiación, porque su energía magnética cambia el giro de los electrones en el cuerpo a un ciclo apropiado para transmutar la energía, de modo que los desechos de la radiactividad son llevados fuera del cuerpo.

La esmeralda tiene una energía muy diferente a la de la turmalina, pero también es la quinta nota. El verde es el centro del arco iris, el lugar del equilibrio perfecto, por lo que la esmeralda es adaptable y tiene su lugar en muchas partes del círculo. La esmeralda y la turmalina son los seres de cristal más resonantes. Tienen ciclos de iniciación al igual que los seres humanos. Son muy receptivos; su energía magnética tiene la capacidad de atraer en este momento la energía necesaria para transmutar la conciencia y permitir a la humanidad pasar al siguiente rayo, al siguiente sonido.

Otro miembro de la familia del cuarzo que está relacionado con la turmalina en su poder de curación física es el heliotropo (piedra de sangre). Se trata básicamente de cuarzo (dióxido de sílice) con algo de hierro y aluminio. Su estructura cristalina es amorfa, como la del ópalo; tiene muchas líneas de luz. El heliotropo verde es útil para extraer la hinchazón y los venenos del cuerpo. Detiene fácilmente el flujo de sangre. También es valioso en el tratamiento de dolencias hepáticas, al igual que la esmeralda.

Alrededor del círculo llegamos a la sexta nota, el lugar de la devoción. La energía crística está simbolizada por el rubí, la creencia profunda y la comprensión a través de la experiencia directa. El rubí y el granate son piedras para comprender la energía solar de nosotros mismos. En el Suroeste nos encontramos con el corazón irradiado por la devoción y encendido por el conocimiento de nuestra transición y transitoriedad. Al acercarnos al Oeste, la puerta por la que salimos para entrar en la luz, el conocimiento de la continuidad de la vida está representado por el rubí y el granate. Esta devoción puede ser la llave para el pesado aprendizaje que llega a través de la mano oscilante de Saturno. Si una persona se siente abrumada por las emociones, arrastrada por las mareas lunares, entonces se puede invocar al granate y al rubí para equilibrar la energía solar dentro de la conciencia y del cuerpo físico.

Damos la vuelta al círculo y llegamos a Occidente, al lugar de la transmutación y la transformación. El animal de Occidente es el oso.[34] El oso negro ha tomado las experiencias de la vida y se ha

34 El Este es el nuevo sol de Nutawa, la inspiración; el Sur, las Abuelas; el Norte

liberado del querer. Continúa alrededor del círculo o sale en ese momento por la puerta occidental, a través del ritual sagrado y la energía astringente, sintetizadora y transformadora. Esta energía se transporta en la amatista. La amatista púrpura tiene el azul de la comprensión pasiva, receptiva, y el rojo de la actividad para pasar a otra dimensión. Su acción curativa es astringente, arrancando del cuerpo lo que ocluye su totalidad. Es básicamente un cuarzo con un poco de cromo y magnesio, que le dan el tono púrpura.

En Occidente uno hace una elección: ¿la vida es sólo para uno mismo, o uno continúa hacia las colinas más antiguas y se convierte en un anciano para llevar adelante al pueblo? En ese proceso de elección se llega al Noroeste, donde la experiencia de la vida se transmuta en metal, se transmuta en oro, lo que implica la piedra básica del cielo, el lapislázuli o la turquesa. Ambas piedras representan el día y la noche de nuestra conciencia; a través de la experiencia de la mente, los hilos de oro y los hilos del sentimiento transmutado se mueven a través de otras dimensiones.

El flujo magnético de la energía, la canción del universo tiene muchas dimensiones. Por eso, algunas piedras no deben llevarse o trabajarse todo el tiempo. Tal vez una piedra que has usado durante años llame a ser guardada; cuando esa sustancia química en particular se equilibra en el cuerpo, uno ya no tiene que llamarla para que resuene desde una piedra. Y a menudo una piedra morirá cuando haya cumplido su servicio. El color puede volverse totalmente inerte, o puede agrietarse y estallar. El ópalo y la turquesa lo hacen.

El cuarzo está compuesto de tetraedros, tres mayores y tres menores. Piensa en la canción de la vida, los tetracordios y los tonos y cómo se construyen: primer intervalo, tercer intervalo, quinto intervalo. Una canción puede tocarse en muchas tonalidades, y los cristales poseen propiedades diferentes. Los cristales pueden sintonizarse con frecuencias particulares para beneficiar el desarrollo de cada uno. La tierra de la que se extrae una determinada piedra y el método de extracción afectan a la estabilidad del cristal a la hora de hacer resonar una idea.

---

es el búfalo y el lago helado del espejo.

La forma del cristal de cuarzo, su estructura hexagonal, es el doble triángulo o la Estrella de David: "Como es arriba, es abajo". Algunos cristales tienen una séptima cara, que suele aparecer como un triángulo. Esto indica un cristal madre si el vórtice de la energía gira en espiral hacia la izquierda o un cristal padre si gira en espiral hacia la derecha. El cristal que gira hacia la izquierda es capaz de extraer el dolor del cuerpo y el que gira hacia la derecha es energizante. Los cristales madre y padre son muy significativos en términos de curación de la dualidad en la conciencia. Llega una cierta etapa en la comprensión de uno cuando uno llama a transformar las limitaciones. En el periodo en que uno es consciente de la dualidad y busca encontrar el equilibrio, los cristales derecho e izquierdo son muy útiles.

Los principios de la sanación con cristales y la sintonización son relevantes para todos los aspectos de nuestra vida y nuestra conciencia. No estamos hablando sólo de cristales. Es todo un proceso de evaluación y movimiento a través de la vida. Es reconocer los principios de los triángulos y comprender el significado del triángulo, ya que es la forma en que construimos.

Cada día se produce una alineación diferente de la energía, por lo que ciertos cristales y piedras preciosas se asocian a determinados días de la semana:

Lunes: Perla

Martes: Amatista, turmalina
La energía del acero magnetizado, un día de carga, un día de acción. Para los profesionales de la sanación, tener estas piedras en la habitación cuando dan masajes o tratamientos permite un mayor flujo de energía. También constituyen una salida natural para la energía malsana de la duda y la limitación.

Miércoles:	Ágata
Jueves:	Ámbar El ámbar es resina petrificada de coníferas que crecen junto al agua; la que se ha recogido en China es muy oscura, roja y fuerte. El ámbar es la esencia solar acumulada de una planta viva. Se puede poner en agua en un vaso de cristal o de esmalte (nunca de aluminio o de acero) y ponerlo al sol durante dos semanas. Beber esa agua es muy eficaz para corregir las enfermedades del cuerpo.
Viernes:	Turquesa, lapislázuli, berilo (aguamarina o esmeralda)
Sábado:	Obsidiana y cristal emplomado. La energía de Saturno
Domingo:	Rubí y crisólito

Las piedras amarillas se relacionan con el estómago, el bazo y los fuegos que rompen para construir. Las piedras verdes equilibran y tonifican el hígado, el elemento de madera de tu cuerpo. El hígado es la puerta de entrada de tu espíritu en la carne. También es la clave de la asimilación. Las piedras rojas fortalecen y tonifican la sangre y el sistema circulatorio.

Estas palabras tendrán más significado para ti a medida que medites y te familiarices con la energía de cada piedra. Los cristales no hacen nada por ti, sólo amplifican lo que eres. Los cristales intentan ayudar a los seres humanos en la curación porque se ha olvidado el verdadero destino de los seres humanos.

En este mundo abundante, en este hogar que se nos ha dado, se dijo que siempre tendríamos suficiente de todo, que los propios elementos nos responderían y harían crecer maíz de una roca, si fuera necesario, y que habría suficiente maíz para alimentar a todos, por pequeño que fuera el huerto. Algunas personas recuerdan ahora esta promesa y encuentran los medios para hacerla realidad; éste es el éxito de Findhorn. Mediante la afirmación y la comunicación con los devas, los seres que supervisan los flujos de energía en el reino vegetal, los habitantes de la Comunidad de Findhorn, en Escocia, han podido cultivar magníficos jardines en lo que antes era una playa de arena.

Todo tiene su lugar y su momento. Todo aquí es un don y es sagrado. Es nuestro encuentro con ello lo que lo hace sagrado o profano. En sí mismo, todo es verdad.

Cada cristal pertenece a una familia de cristales. Encontrarse con un cristal de cuarzo es lo mismo que hablar con un delfín, todos los demás delfines lo conocen. Lo mismo ocurre con los cristales. Así que al movernos primero alrededor de la rueda sentimos el cristal en nosotros mismos individualmente, y luego vemos más y más, la inmensidad de nuestra propia conciencia. El cristal es un testigo silencioso de la gema de sabiduría siempre presente en ti mismo. De muchas otras maneras el cristal es una puerta, pero primero la mente debe estar libre de ira, de dolor y de duda. Entonces la puerta de cristal se abre para ti.

¿Cómo llega el mal al mundo? El mal viene, como me decían mis abuelos, de la gente que tiene orgullo y cree que domina la creación y a los demás. En la historia de la creación tsalagi sobre la Doncella de las Estrellas, se cuenta que cuando vino a la Tierra inhaló un viento y quedó embarazada y dio a luz a dos hijos. Uno de ellos quería hacer las cosas de la manera correcta, y el otro era turbio y tormentoso, quería discutir y hacer las cosas de otra manera. Y estos gemelos lucharon dentro de su madre, y ella murió al dar a luz al que provocaba la tormenta, porque salió de debajo de su brazo en lugar de hacerlo de la forma natural. Y de su cuerpo salieron todas las cosas buenas que conocemos. Esta es una de las explicaciones que nos dieron de niños sobre cómo se originó el mal. La verdadera lección de esta historia es que cuando queremos discutir con el plan natural, cuando nos volvemos tan arrogantes que pretendemos ir contra el orden de las cosas, hacemos surgir una energía negativa. Cuando actuamos sin tener en cuenta cómo afectarán nuestras acciones a los demás, cuando actuamos de una manera que puede causar daño a otros, en este momento o dentro de tres generaciones, entonces estamos plantando las semillas del mal.

Así, el mal es un mal uso del poder sagrado de la vida, de la relación, del conocimiento. En la tradición nativa no hay poder sobre, ni dominio sobre las criaturas, sobre la Tierra o sobre los demás. Somos cuidadores unos de otros. Es otra forma de ver las cosas. En el pasado se podía pensar que el poder era algo que se utilizaba a favor o en contra. En realidad, el poder es estar plenamente presente en el momento. Es una energía sagrada, y su manifestación es el resultado de nuestra clara relación con nuestro propio pensamiento y nuestra clara relación con los demás. El poder de una relación correcta es el poder de invocar la paz.

Cuando hacemos las paces en nosotros mismos abrimos la puerta a la Más Grande Paz. Cuando podamos dejar de lado la duda y el miedo y reconocer lo que hay en nuestro interior, se abrirá la puerta de la paz. Cuando la puerta esté abierta y en toda la Tierra todas las criaturas honren la vida, entonces la belleza se manifestará en los corazones de cada uno de nosotros, y nuestra sociedad y nuestro planeta conocerán un nuevo día, una nueva era. Vivir éticamente es la oportunidad. La ética es la ciencia de la relación correcta, y en la relación correcta se revelan los patrones inherentes de paz y armonía. Ver el patrón completo es un paso glorioso para los seres humanos. Al comprometerte a ser la luz que eres, a resonar como una forma completa, empiezas a ver los ciclos y los patrones cada vez más claramente.

Observemos los acontecimientos que se producirán en los próximos años. Seamos observadores y, sin embargo, estemos firmemente asentados en la luz de nuestro conocimiento. Porque veremos muchas cosas. Veremos a muchos llegando al punto de darse cuenta de su totalidad, pero de alguna manera no están dispuestos a renunciar a la ignorancia, dejando así un espacio, una apertura. Sólo podemos conocer la luz por la energía. Fíjate en las plantas de una habitación: si están decaídas, la energía se está drenando por alguna parte. Podemos reparar esas fugas de energía. Es una cuestión de elección.

Y en la dinámica de la luz veremos formas de pensamiento en los cielos, ya sean ángeles o demonios; las veremos en el cielo. La cuestión es reconocer siempre la quietud, el equilibrio y la belleza. Estos son grandes tiempos de cambio. Mis tíos me contaron que, durante la Segunda Guerra Mundial, muchos soldados en Normandía vieron a Cristo en el cielo, y en varios momentos los soldados veían ejércitos luchando en el cielo, porque 1935 fue la apertura de la novena y última etapa de purificación. Ahora vemos que ese ciclo se completa. Y una de las promesas hechas por el antiguo calendario Nativo de este continente es que veremos, que cada uno sentirá lo correcto y lo incorrecto, el sí y el no. Cada uno sentirá claramente la elección.

El primer paso es encontrar la paz y el equilibrio dentro de nosotros mismos, dejar a un lado esas energías de duda, de ira, de separación y de miedo que nos impiden manifestar todo nuestro potencial. Es un proceso por el que cada uno de nosotros pasa; nadie puede hacerlo por ti. Alguien puede reflejar tu belleza, alguien puede inspirarte, tal vez alguien puede establecer la forma de un futuro posible y tú resuenas con ello. Sin embargo, cada uno de nosotros debe cantar la luz. No se puede hacer por ti. No puedes abdicar de la responsabilidad de tu santidad.

Hace mucho tiempo había gente que caminaba por el cielo. En este tiempo de ilusión muchos han olvidado cómo caminar por el cielo. Cuando visité la Danza del Sol hace algunos años, los ancianos decían: "Dhyani, ya es hora de que la gente vuelva a caminar por el cielo". Yo dije: "Oh, así es. ¿Cómo será?" "Recuérdales las espirales de luz". Recuérdale al ser humano que no hay ni arriba ni abajo, que este es el sueño que compartimos. Y al reconocer las puertas del Norte, Este, Sur y Oeste, nos damos un lugar en el espacio, una oportunidad de decidir a dónde vamos, cómo vamos, y un recordatorio de que estamos dando forma al mañana con este momento. Te pido que seas un caminante del cielo. Invoquemos nuestro potencial inmanifestado de acción correcta, para que suceda ahora.

Los nativos son gente muy pragmática. La meditación se hace en beneficio de todos. Y las cosas misteriosas, los "poderes" que surgen, son secundarios. Lo más importante es comprender la naturaleza de tu propia mente y darte cuenta de que lo que estás pensando sale y toca a los demás y volverá a ti. Tenemos el deber espiritual hacia nosotros mismos y hacia los demás de aclarar nuestra mente y dejar de lado las actitudes de discordia para que todos los seres puedan ser felices. A veces sufrimos con pensamientos de ira y dolor. A veces sentimos que no somos lo suficientemente buenos. El mero hecho de que se nos haya dado un cuerpo humano y el don de la respiración significa que hemos reunido méritos suficientes para ello y, por lo tanto, somos suficientemente buenos. Así que dejemos a un lado la sensación de duda y el sentimiento de no ser lo suficientemente buenos. Agradezcamos el don de la mente, el don de la vida, y apreciemos el mérito de la vida de los demás.

A menudo, a medida que las personas se acercan más y más a la comprensión de su verdadera naturaleza, se encuentran distraídas y molestas por cosas, o surgen miedos profundos que no sabían que estaban ahí. Cuando surgen estos miedos y otras incertidumbres de la mente, es una gran oportunidad para verlos como son, sólo patrones de pensamiento, y no tener apego a ellos. El miedo es una energía que sólo puede alimentarse de sí misma. Si los espíritus ignorantes y hambrientos se han estado alimentando de ti y ven que ya no vas a generar esa energía de confusión, pueden hacer mucho ruido en tu mente. Al final tu mente se da cuenta: "Sí, yo he creado este ruido, yo he creado estos espíritus hambrientos, y puedo barrerlos".

Todo es un proceso de cambio, de transformación, de refinamiento de la transparencia. No hay luz sin oscuridad. Muchos piensan que la oscuridad denota algo negativo, pero en la noche centellean las estrellas y en la noche crecen los sueños, y esos sueños determinan nuestro mañana. Así que la noche, el día, son partes del sueño. Uno no es ni malo ni bueno. Es la forma en que abordamos esos momentos lo que determina su valor en nuestra propia vida. Así que no temamos a la oscuridad.

En mi formación, cuando era jovencita, había ciertas ocasiones en las que me dejaban sola en el bosque sin nada excepto pedernal, ni siquiera una manta, para que comprendiera la naturaleza de mi propia mente. Existe un lado sombrío. Son los miedos que no has mirado durante el día y que no has aclarado por la noche. Se acumulan y se convierten en una sombra. Por eso nuestros mayores nos enseñaron la manera de clarificar el día antes de ir a dormir, haciendo las paces con uno mismo y con los demás cada noche[35]. Si no hacemos esa paz, la sombra se hace cada vez más grande, y antes de poder atravesar los confines de la ilusión del "yo", debemos lidiar con esa sombra en el umbral de la realización.

Muy a menudo la sombra es tu potencial creativo que ha sido dejado de lado, así que mientras te estás quedando dormido, haz un gran esfuerzo para abrir una comunicación clara con la mente divina. En algunas de nuestras ceremonias nos vemos envueltos por la sombra y así comprendemos el vacío, viendo que la noche y el día, dentro y fuera, no son más que construcciones de nuestro pensamiento. Es mejor dar al pensamiento canales ordenados por los que fluir, una estructura de armonía y belleza construida con pilares de fe, compasión, diligencia y generosidad.

Al contemplar el cristal puedes sentir su forma, el movimiento de la estructura atómica. Eso también es conciencia, y los átomos de la conciencia están siempre en movimiento dentro de nosotros. Estamos en relación con todo lo que ocurre en este universo. En ésta y en todas las dimensiones existe la práctica de ver el apego y aquietar las diversas respuestas que se forman. Uno puede comprometerse a cantar la canción que agita la corriente de la iluminación en todos los seres. Es un proceso en el que la elección es muy significativa.

---

35 Véase el capítulo 5, páginas 151-155.

Hay ciertos cristales raros que tienen un ángulo de noventa grados; suelen ser cristales gemelos[36]. En el Estado de Nueva York se pueden encontrar cristales de este tipo creciendo alrededor de Watkins Glen. Tienen aspecto de cruz, son muy bonitos y poderosos. Al verlos, uno se da cuenta de que son seres vivos que han tomado decisiones sobre la forma que llevan. En la forma expresada también se revelan dimensiones: arriba, abajo, dentro, fuera. Y esas dimensiones son ciclos dentro de ciclos, como en nuestro calendario sagrado nativo en el que las ruedas están entrelazadas: la rueda de Marte, la rueda de Venus y una rueda para la que no hay planeta aparente, un planeta detrás del sol.

Al observar la forma y la energía en el cristal, podemos observar la forma y la actividad radiónica de una forma de pensamiento o un sentimiento dentro de nosotros mismos. Amplificamos lo que está sucediendo. Está ahí. Al percibirlo, comenzamos la transformación. Así que la forma del cristal es una guía, un camino, un mandala sagrado de la mente. El cristal de cuarzo tiene seis caras, pero esas seis caras se pueden fusionar y moldear en muchas direcciones y, de hecho, crear muchas caras giratorias, o facetas, simplemente según la energía de que disponga el cristal en crecimiento. Esto dice algo sobre el desarrollo humano, ya que hay energías sutiles necesarias para nuestro pleno crecimiento y desarrollo también, y pueden o no estar disponibles en el entorno temprano. En estos tiempos hay muchas personas que han olvidado su percepción a lo largo de las líneas claras y resonantes del desarrollo ordenado, coherente y armonioso. Así como esas líneas son la base de la estructura cristalina, también lo son de la estructura individual, familiar y social.

Podemos aprender a percibir directamente la energía de nosotros mismos y a reconocerla como estructura cristalina. Así llegamos

36 Un cristal gemelo es aquel que se desarrolla como un compuesto. La conjunción entre las parejas de cristales suele estar marcada por una marcada depresión en forma de V. Los tres tipos de cristales maclados son las maclas de contacto, unidas por los planos de composición; las maclas de penetración, dos cristales simples que crecen uno dentro del otro; y las maclas repetidas, una agrupación paralela de cristales sucesivos.

a ser capaces de eliminar la tensión que distorsiona el sobretono cristalino, permitiendo a las moléculas percibir otras relaciones, crear diferentes combinaciones y formas. ¿Qué es el estrés? ¿Es una creación propia o es un proceso? ¿Sigue uno sufriendo, o reconoce y hace surgir las joyas y la alegría de la conciencia clara? La línea que va del uno al tres, de aquí a allá, es infinita en todo el universo. Uno puede decidir: "Sí, de esta manera armonizará", reconociendo siempre cuál es el bien mayor. En términos del cristal, un generador, el mayor bien significa la mayor refracción de la luz. Nosotros también somos generadores. Nosotros también somos responsables de crear formas que refracten la mayor luz para todos los seres. Recordémonos a nosotros mismos y a la Tierra esa elección sagrada, esa firma sagrada. Se está desarrollando un patrón. Que sea uno de belleza.

Así que comienza una nueva era, un cambio de ciclo, un cambio de ritmo. El ritmo determina el día. ¿Es corto? ¿Es largo? Ese es el patrón. Es importante conocer el ritmo de las semillas en nuestro interior, porque ahí reside el pulso básico. En nuestro cuerpo hay un fuego que transforma las cosas de amarillo a blanco, que descompone y hace surgir nuevos componentes de construcción. También el cristal tiene un proceso de extracción y refinamiento; tiene una conciencia abundante. La energía nunca se pierde, se transforma. Y lo mismo ocurre con nosotros. No es sólo el cristal el que busca ser pulido y refinado; nosotros también buscamos manifestar todo nuestro potencial. Y del mismo modo que el cristal tiene su forma ideal, también la iluminación requiere el entramado adecuado de nuestra conciencia.

La misma conciencia de la forma que tiene un niño, conocer la forma desde dentro, es a lo que estamos llegando. Aprender a hablar con la verdad, a afirmar nuestra visión, es sólo un reconocimiento de ciertos patrones, ciertos sonidos, ciertas realidades, y aprender que podemos elegir estar en una cierta parte de la onda o incluso sintonizados con una frecuencia particular y mantener un área de conciencia iluminada dentro de ese espacio. Esto significa comprender la vibración y darse cuenta de que hay en cada aspecto de la vida un ciclo, un proceso. Al estar en sintonía con el ciclo mayor de la rueda sagrada, nos atraemos a nosotros mismos y a nuestro entorno cada vez más hacia la armonía.

Meditación con cristales

Coloca ante ti un cristal de cuarzo transparente que hayas limpiado y alimentado. Mientras miras al cristal, mira también a tu corazón y deja que tu voz se eleve en el Canto del Corazón. Es un canto sencillo que une el corazón, la sabiduría del amor; la garganta, el índigo de la creación donde el pensamiento se convierte en acción; y el ojo interior, el oro de la sabiduría que discrimina. La melodía y el ritmo hacen resonar la forma a través de la cual el cristal puede enviar su energía. Incluso los tonos están tejiendo. Y el propio cristal teje una superestructura de moléculas en movimiento, agitadas por el sonido de tu voz y la energía del pensamiento.

Sintiendo las estrellas sobre ti, dentro de ti, siéntete irradiado por su luz arco iris cayendo en cascada. Con la luz de las estrellas teje la conciencia de dimensiones entrelazadas, teje un mundo de bellas formas.

Ahora toma el cristal en la mano. Observa su forma como un proceso de creación. ¿Cuántos lados tiene el cristal, cuántas caras? Siente las dimensiones con las manos, a través de la comunicación sutil. Deja que el sentido sea pleno, que los dedos se conviertan en ojos en el aire. Siente la corriente sutil que pasa dentro de ti, a través de ti, en interacción con el cristal.

Ahora, como si fuera un receptor de radio, deja que el cristal amplifique la sabiduría dentro de tu cuerpo. Sentid, visualizad el flujo de las cinco energías sagradas: el verde del hígado, de la madera; el rojo del corazón; el naranja del estómago y del bazo; el blanco de los pulmones; el azul oscuro-negro de los riñones y de los huesos. Deja que estas vías fluviales te guíen hacia la sabiduría de la estructura cristalina que hay dentro de ti. Hay un patrón perfecto codificado en cada aspecto de tu ser. Reconocerlo, resonar con él cada vez más, eso es la transformación.

Y ahora sé consciente de la respuesta de tu cuerpo, de la vibración, el sabor, el movimiento de la luz y la energía. El simple hecho de tener cristales alrededor, especialmente cuando la habitación se ha cargado con un sentido de meditación u oración, produce una reacción química en el cuerpo. La oración es una energía con la que el cristal sintoniza muy fácilmente. Con la oración, especialmente con el canto, hay un cierto patrón de memoria que las moléculas asumirán, igual que los músculos del cuerpo a través de un conjunto de ejercicios repetidos regularmente, asumen ciertos patrones. A través de una frecuencia repetida o de un determinado tipo de energía, el cristal se vuelve aún más sensible a esa energía y a su respuesta, sintonizado con la vía regular que se crea para ese tipo de comunión, ya sea a través de palmas, bailes, cantos o intervalos de sonido hablados. Cuanto más lo oye el cristal, más se sintoniza con él su memoria de comprensión, construyendo una estructura de memoria. Entonces, la energía que rodea al cristal se extiende aún más. Y en ti mismo se produce un néctar durante la meditación, hormonas que gotean desde dos pequeños conductos en la base del cráneo hasta la parte posterior de la garganta. Cuando esto sucede, el sonido se convierte en luz y percibes a través de todas tus percepciones, dándote cuenta de las muchas puertas de la conciencia dentro de ti.

Nuestro poder sagrado es nuestro poder de oración y la claridad de nuestro pensamiento. Así pues, cantar, invocar los sonidos adecuados, es el medio básico para aclarar los canales de la fuerza vital dentro del propio cuerpo. A través de la clarificación de nuestros propios canales, a través de la biorresonancia de la Tierra, la atmósfera, somos capaces de hacer que incluso el medio ambiente sea más claro, más puro. Se dice que incluso las aguas contaminadas pueden volver a ser claras cuando aclaramos nuestros corazones y nuestras mentes. Esto sucede a través de la energía del sonido y la energía del cristal.

El cristal es un espejo de la mente clara inherente. Por su sola presencia es clarificador. Para los Tsalagi, el sonido sagrado es el mayor sanador. La estructura sonora del cristal resuena, recordando a su resonancia y tono óptimos el sonido dentro de ti mismo, la nota de tu perfección. El cristal es un diapasón, siempre resonando el sonido de la Creación dentro de cada ser.

La mente india siempre mira al conjunto. Así que el cristal no se "aplica" al cuerpo ni se coloca en centros energéticos concretos. El tratamiento de la enfermedad nunca es para un centro de energía en particular, sino para todo el ser, sintiendo a esa persona como un continuo. Si pensamos en "una parte", estamos dando energía al problema. Es mejor conocer la totalidad. Al trabajar con los demás, recuerda siempre que eres un ser completo en relación con todos los seres. Tus centros energéticos están en relación con todo en el universo. Así que, para sentir el equilibrio, siente la luz moviéndose a través de ti y tu conciencia en sintonía con todo lo que es. Tú eres luz.

El ojo de Dios mira a través de los ojos de los niños. Considera cómo tu pensamiento y tu acción afectan a los que aún no han nacido. Que cada uno elija, como el cristal, las estructuras de pensamiento, palabra y obra que reflejen la mayor luz.

8

MAGNETIZANDO: HACER REALIDAD LA VISIÓN DE PAZ

Para comprender el Misterio, observa la mente.
Acallando el miedo, la mente se mueve clara.
Canta una canción de ecuanimidad
despierta en la serenidad.
Afirma tu voz y tu elección.
Magnetiza un sueño potente
el mundo se ilumina de paz.

Que esta enseñanza beneficie a todos los que la reciban y resuene a través de cada uno de vosotros en los corazones de aquellos con los que os encontréis, para que todos puedan darse cuenta de la verdad y la vida gozosa, ennoblecida por la claridad de mente generosa en generar paz y reconciliación para todos. Esta enseñanza está tomada del plan de estudios básico de los Sunray Peacemaker Studies de la formación de ministros y maestros, y se ha modificado ligeramente para adaptarla al contexto de este libro.

En la tradición Cherokee, los conceptos de pacificar, purificar, magnetizar y actualizar son los cuatro postes de la cabaña medicinal. En la tradición budista tibetana, el maestro Gampopa, autor del libro "*Ornamento Joya de la Liberación*", ha dado instrucciones claras sobre cómo pacificar la mente, purificar la naturaleza, magnetizar la acción iluminada y destruir los patrones de pensamiento oscuros. Esta enseñanza está dedicada al cuarto pilar de la manifestación –magnetizar la visión de paz– para que puedas manifestar el cuerpo de la acción iluminada a través de la afirmación, la armonía con la Ley Sagrada y con tu propósito.

Magnetizar es el principio de vivificar una visión sagrada en beneficio de todos los seres mediante el canto, la visión clara y la acción correcta. Tu cuerpo es una réplica alquímica. Codificada en su interior, la genética determina tu forma y te predispone a ciertos patrones de actitud, creencia y comportamiento, tal y como han sido moldeados por tu familia de origen. El practicante sabio en el camino hacia la acción iluminada, la mente de Cristo y la mente de Buda crean armonía a través de la práctica disciplinada.

La magnetización es un principio de atracción. Mediante nuestros patrones de pensamiento, atraemos a nuestro círculo vital aquello que aparece. Podemos atraer lo que beneficiará a todos a través de la generación del poder del sonido, el poder de la oración y una relación armoniosa con la Ley Sagrada. Nuestros días surgen de las acciones de nuestra mente, seamos o no conscientes de los patrones de atracción y repulsión. Por lo tanto, corresponde a cada persona que desee vivir de manera sagrada mantener una práctica espiritual y un marco moral y ético de vida.

Toda forma física –los objetos hechos por el hombre que vemos– fue primero un pensamiento. Todo pensamiento está unido en el Aro Sagrado: somos uno en la Creación. Si nos referimos a esta inclusividad de la mente como la mente de Buda, la mente de Cristo, el Gran Espíritu, Alá, esencialmente hay una verdad subyacente a nuestros intentos de describir lo que es indescriptible. Por ejemplo, el teléfono fue una idea; un inventor la manifestó como forma, y hoy nos llamamos unos a otros en todo el mundo. Ese mismo pensamiento que trae la comunicación del teléfono, la mente misma, es el medio para descubrir la luz clara.

Magnetizar es un principio por el cual uno cultiva conscientemente pensamientos de paz, armonía y buenas relaciones para uno mismo, la familia, el clan, la nación y el planeta entero.

La magnetización aparece de muchas formas. La forma en que pensamos y hablamos de nosotros mismos se convierte en profecías autocumplidas. Nos proponemos explorar los patrones de pensamiento que se establecen en la primera infancia. Se dice en la tradición Cherokee que, en los primeros siete años de vida, el niño está completamente formado y te mostrará la persona en la que se convertirá. Muchos adultos todavía pueden estar motivados por esos patrones tempranos. Es un sabio practicante quien cambia cuidadosamente las formas de pensamiento del hábito y establece un camino de certeza a través de la comprensión de la propia naturaleza, tirando de los hilos de los patrones tempranos y volviéndolos a tejer en una hermosa vestimenta.

El medio para percibir la naturaleza de la propia mente, observando los propios pensamientos y acciones, es establecer la intención de ser la mejor persona que uno pueda ser, para beneficiar a todos. Entonces, uno establece una mente dedicada a la percepción de la verdad. La dedicación es necesaria, ya que a menudo hay palancas inconscientes que uno acciona cuando se enfrenta a dejar atrás su manta de seguridad, algún viejo apego. A veces la manta de seguridad es la frase “No puedo”, o puede ser” Bueno, de todas formas, no le gusto a nadie”. Invariablemente, cada uno escribe su guion ¡con la ayuda de sus familiares! Por lo tanto, una determinación y una fe firmes revelan la energía necesaria para lograrlo.

Las visualizaciones y los cánticos de la práctica de la Meditación Básica crean un estanque tranquilo en el que puede reflejarse la propia naturaleza. Al comenzar la práctica, muchos pensamientos y emociones corren por el estanque. A medida que uno continúa, las emociones corren cada vez menos, y la mente se vuelve más transparente a medida que los patrones de comportamiento se hacen evidentes. Cuando surja un pensamiento, observa, ya que no hay necesidad de reaccionar; simplemente observa.

Observar tu proceso mental es el principio de la comprensión. Continúa visualizando y cantando, y aclara los canales dentro del cuerpo para que la sabiduría natural se manifieste en las propias acciones. Las visualizaciones y la meditación tienen un efecto fisiológico: liberan hormonas que alivian el estrés y el dolor, reducen la presión sanguínea y proporcionan otros beneficios saludables. Los patrones de pensamiento, palabra y acción se hacen evidentes a medida que se continúa cantando y visualizando. Con diligencia y certeza, se desenredan los hábitos discordantes.

Hablarse con claridad de intenciones y propósitos y desarrollar la voz de la reconciliación nos prepara para el gran trabajo de magnetizar una visión de paz y realizar el puente del Arco Iris. El sonido purifica, y la luz que entra purifica, haciendo aparentes y transformando pensamientos y patrones que han sido obstáculos. Rezar en voz alta, dar las gracias y afirmar los dones recibidos renueva el cuerpo y la mente. Tomar en las manos el bastón del propio destino es alinear la columna vertebral y la respiración con los pulsos del cielo y de la tierra.

Una práctica fundamental de los principios de magnetización incluye la afirmación, los ejercicios de comunicación sutil, el altruismo y el deseo de ayudar a uno mismo y a los demás a transformar el sufrimiento. Se puede hacer un ayuno de negatividad, observando cómo hablamos de los demás y de nosotros mismos. Cuando se oiga decir: "Me muero por hacer eso", corríjalo por la afirmación positiva: "Vivo para hacer eso". Considera cuidadosamente la elección de las palabras al describirte a ti mismo y a los demás. Esas palabras se convierten en realidades; no hables de los defectos de los demás, sino considera que tú y los demás estáis en proceso de convertiros en seres iluminados. Como dirían los Antiguos: "No juzgues a nadie hasta que hayas caminado 10.000 millas en sus mocasines".

Para iniciar el proceso de transformación positiva, da gracias por el don de un cuerpo humano. Cuando tengas claro que ha llegado el momento de cambiar un patrón específico, da las gracias, mírate la cara en el espejo y afirma: "Hoy manifestaré una mente en paz". Repite esto tres veces y afirma que realizarás tres tareas específicas ese día. Al lograr esas tareas, visualiza, energizas la energía para iluminar los recovecos de tu mente: cuanto más se practica, mayor es el efecto de la energía del reconocimiento.

A medida que uno se convierte en un cuidador comprometido de la Tierra y de los demás, su afirmación de beneficiar a las personas y a la tierra para las generaciones futuras se convierte en un almacén de energía que incluso sacude los poderes de la agresión, la avaricia, la lujuria y la envidia.

Creando energía de oración, recordando dar las gracias e invocando en uno mismo y en los demás lo que es beneficioso, estas energías transforman las formas de pensamiento de confusión incluso en nuestro entorno. Se dice en la tradición Cherokee que sólo un pequeño número de personas de una mente, un propósito, en plena sintonía con los principios sagrados, puede transformar el mundo y precipitar y manifestar lo que se necesita para aliviar el sufrimiento en beneficio de todos los seres.

La comunicación de corazón a corazón, de mente a mente, reconociendo la fibra sagrada que nos une a todos en esta corriente, es otra práctica fundamental de magnetización. El jardinero que cuida y respeta las plantas obtiene la cosecha más excelente. La nación que deja de lado a sus agricultores manifiesta sequía y escasez. Nuestras acciones, individual y colectivamente, se manifiestan en nuestro entorno.

En resumen, la magnetización requiere una intención clara, una visión alineada con la voluntad sagrada, la Ley del universo, sabiduría compasiva, voz de afirmación. La diligencia de la práctica revela que la compasión atrae y manifiesta una meta de acción iluminada.

Algunas personas han sufrido graves daños en la infancia. Otras tienen la suerte de una infancia muy feliz. La facilidad o la dureza de los primeros años pueden crear un hábito. Una persona puede desarrollar tejido cicatricial y tener miedo a amar; otra puede no estar motivada para expandir la conciencia de generosidad debido a los primeros años de facilidad. Algunas personas sienten que cerraron el acceso a la luz pura dentro de sí mismas cuando entraron en la escuela o cuando ocurren acontecimientos específicos en sus vidas. El antídoto consiste en comunicarse con los recuerdos almacenados del niño interior, reconocer la fuerza y la capacidad de haber sobrevivido y salido adelante, y abrir una puerta a las relaciones amorosas en el presente.

La energía del corazón amoroso, el poder del corazón generoso atrae a su campo lo que es bueno. A través de las corrientes de energía que se mueven alrededor del corazón, el principio de la fuerza vital nos permite encarnar. Los pensamientos y sentimientos que manifestamos en esta vida son un patrón recogido con cualidades de atracción y repulsión. Atraemos hacia nosotros a aquellas personas y situaciones que nos permiten cumplir nuestra visión y expectativas vitales. Al despertar el compromiso de vivir de forma sagrada, atraemos hacia nosotros la información, la comprensión y las enseñanzas que nos ayudarán a realizar nuestros dones en beneficio de todos.

En el pasado uno encontraba la redención a través de un salvador, a través de un maestro. Estos tiempos nos llaman a cada uno de nosotros a manifestarnos plenamente en alineación con el concepto de salvador, redentor. Redimámonos a través de la claridad de palabra, de propósito y de acción, de una vida armoniosa y respetuosa con las generaciones futuras. Las tradiciones sagradas de cada época, de cada nación, de cada grupo surgen del deseo de la sociedad de comprender, de codificar el misterio de la vida. Las enseñanzas sagradas de los nativos, los budistas, los cristianos, los islámicos y los judíos se remontan a la experiencia directa del Misterio. Buda, Cristo, Moisés, Mahoma, todos ellos experimentaron directamente las verdades, y sus enseñanzas se encontraron con la conciencia en evolución de las sociedades en las que crecieron. La familia en la que nacemos y su religión (o falta de ella) refleja una estrella en el cielo misterioso. Personas diferentes tienen necesidades diferentes, y podemos coexistir si estamos atentos a la ética, los modales y la moral básicos, que son códigos desarrollados a partir de la experiencia de las personas con el Misterio y el deseo de una relación hermosa. Los practicantes sabios prueban y evalúan las enseñanzas de la época y buscan comprender la naturaleza de su propia mente, para determinar cuidadosamente su potente práctica espiritual.

Estas enseñanzas te permitirán ser el mejor ser humano posible y te ayudarán a comprender las causas de tu nacimiento y a recuperar las joyas de tu familia.

Tres fuegos sagrados

El Primer Fuego Sagrado: La Voluntad. La Intención de Ser

En el principio existía el vacío. Surgió el sonido como luz, dando origen a todo lo que percibimos en este y en todos los mundos. La luz-sonido, la Palabra Sagrada, lo inmanifestado que se hace real. La energía de la voluntad del Creador subyace a toda manifestación sagrada. Cada ser humano está alineado con esa voluntad sagrada. La voluntad de ser, la intención de hacer y las leyes sagradas de la manifestación son hilos que se mueven a través de toda la creación, permitiéndole a uno estar en armonía con el principio creativo para manifestar lo que es beneficioso para todos.

Muy a menudo se piensa que la voluntad es una fuerza o energía que se utiliza contra uno mismo, los demás o su entorno, o para controlarlos. La voluntad es la corriente subyacente, el fuego que hace surgir aquello que percibimos como nuestra realidad. Podemos afirmar la intención de hacer el bien, de vivir en armonía, o podemos no ser conscientes del poder limitador de la voluntad en nuestras propias vidas.Para poner la propia voluntad en armonía con la Ley sagrada, primero hay que comprender el propósito de la propia vida. ¿Por qué estoy aquí, cuáles son mis dones, qué puedo ofrecer? La vida humana es una gran oportunidad. Cada individuo tiene dones. Para comprender el propósito de la propia vida, primero hay que evaluar las propias habilidades y reconocer las áreas que requieren un mayor desarrollo. La voluntad consciente se manifiesta cuando uno se dedica a actualizar sus dones en beneficio de la familia, el clan, la nación y todos los seres.

Todas las apariencias surgen del espacio. Del vacío surgen en espiral la luz y el sonido, convirtiéndose en el primer punto del triángulo, el vértice, la puerta a través de la cual todo se manifiesta. El practicante sabio cultiva el principio de la voluntad para superar los hábitos de conflicto y discordia, complementado por la sabiduría de la compasión y la voz de la afirmación. Uno puede renunciar o perder el contacto con su voluntad sagrada en una etapa temprana de la vida por miedo, falta de comprensión u otra causa. La fe en un plan sagrado o en una ley divina es el viento que aviva las llamas de la motivación compasiva para manifestar lo que es bueno. La mente infantil es consciente. A medida que el niño crece, toma decisiones inconscientes. Cuando un joven oye a la gente decir: "Lo haremos" y luego "No lo haremos", surge la sensación de que fuerzas externas pueden estar determinando nuestra realidad. Los niños que han crecido en familias donde hay maltrato físico, abuso del alcohol o simplemente padres que trabajan mucho y se sienten abrumados pueden olvidar los principios sagrados de la voluntad y la autodeterminación. Pueden sentirse impotentes para alcanzar sus objetivos en la vida. A través de la práctica de la meditación, volvemos a despertar una relación clara con los principios de la vida, plantando concienzudamente semillas de buena causa en beneficio de todos.Con la sabiduría de la ecuanimidad, viendo todas las cosas en relación correcta, la Voluntad hace elecciones que manifiestan lo que es bueno para siete generaciones. Como resultado, el principio sagrado de la voluntad considera a todos en lugar de sólo la satisfacción de uno mismo. Afirmando y reconociendo que todo está en relación, podemos crear conscientemente paz y armonía con la familia y los amigos. La voluntad es el neutrón, la compasión el protón, y la energía de la actualización los electrones del anillo exterior tejen las apariencias que soñamos. En tu vida, la clara intención de manifestar tus dones sagrados, hacer surgir tu potencial creativo y establecer buenas relaciones, es el neutrón de la voluntad. Así que aquí estamos.

El Segundo Fuego Sagrado:
La Afirmación y las Energías de la Sabiduría de la Compasión

La afirmación positiva surge de la sabiduría de la ecuanimidad, viendo todas las cosas en una relación y eligiendo articularse y vivir de manera sagrada. Un compromiso es una afirmación que dinamiza la propia visión de la acción iluminada. Para que una afirmación se manifieste plenamente, tiene que ser una declaración inequívoca, sencilla y clara de las propias intenciones.

Para establecer un compromiso claro, uno primero se da cuenta de que tiene el don de la vida y da gracias por tener esta vida humana y la capacidad incluso de plantearse una acción iluminada. A continuación, en el laboratorio de la mente, se evalúan las habilidades de este tiempo y se consideran las metas y los objetivos que deben alcanzarse –en tres días, tres meses, tres años, toda la vida– en beneficio de la familia, el clan, la nación, el planeta y las generaciones futuras. La afirmación permite que el potencial no manifestado se convierta en tangible a través de los siguientes medios:

1. Reconoce el principio creativo que hay en ti. Por ejemplo, mírate en el espejo y salúdate: "Hola, ¿cómo estás?". Luego afirme: "Estoy vivo, estoy agradecido y voy a cumplir este día, en beneficio mío, de mi familia y de todos los seres"". Repite la afirmación tres veces. Uno puede decir: "En este día, responderé con compasión a cualquier apariencia de ira o frustración". O "En este día, escucharé sin interrumpir".

2. Afirma: "Realizaré mis dones creativos", repitiendo esta afirmación también tres veces. Visualice mentalmente la realización de esas tareas. Por ejemplo, puede que desee tener una mejor relación con sus compañeros de trabajo. Visualícese sentado en círculo con sus compañeros de trabajo, rodeado de luz rosa, hablando de corazón a corazón y realizando grandes obras. Es tan importante creer en tus palabras y cultivar la fe en que manifestarás tus dones sagrados en esta vida como la exhalación sigue a la inhalación del aliento. Todo el mundo tiene algunas ideas sobre "los vicios o defectos de los demás y lo que debería corregirse". La verdadera cuestión es aclarar la propia conciencia y unirse con una corriente de mente clara en uno mismo para actuar en el presente en lugar de reaccionar a cuestiones del pasado.

El Tercer Fuego Sagrado: Actualización. Medios hábiles

El fuego de la actualización precipita el ideal en la realidad en armonía con la voluntad sagrada y la energía de la compasión. Estos tres fuegos juntos se convierten en un triángulo cuando las ideas se actualizan a través de una fuerte intención, una acción diligente y la consideración por todos los seres.

A través del tercer fuego, la intención creativa de un individuo y su relación con esa intención se hacen reales. Por ejemplo, una persona de fe sólida, incluso en una situación difícil como la pérdida de un trabajo o de su hogar, mantiene una fe fuerte en una presencia Divina y en su capacidad para relacionarse con esa energía Divina. En su acción diligente, el individuo puede volver a manifestar sus objetivos. *Hábil* significa "transpiración, sudor y acción diligente". Ser hábil es la voluntad de aplicar el pensamiento claro y el comportamiento ético y moral como guías para manifestar la cabaña construida, el ideal de la propia vida.

Los medios hábiles se desarrollan a través de la generación de la mente altruista, afirmando que serás la mejor persona que puedas ser para beneficiarte a ti mismo, a tu familia y a todas las relaciones. Luego, a partir de la motivación claramente establecida de la acción correcta para beneficiar a la gente, se reúnen las enseñanzas para aclarar los hábitos oscuros de la mente. El primer paso es cultivar el habla y el pensamiento positivos, llevando la mente a la estabilidad mediante la contemplación de la respiración y el poder de la fe actualizado como oración y meditación. En la oración, la fuerza del sonido, reconociendo la recompensa ya recibida y que todos los seres están recibiendo esta recompensa. Y eliminar las afirmaciones negativas sobre uno mismo y los demás. Una declaración negativa es algo que congela a uno en el tiempo y el espacio sin espacio para la "armonización". Cuando los cherokees conocieron a los colonos, por ejemplo, el término utilizado para describirlos era "actúa como un hombre mezquino", diciendo "actúa como" en lugar de "es" para no congelarlos en el carácter de la mezquindad; se ocupaban de la apariencia de tal comportamiento en lugar de volverlo estático, como si asumieran que era la esencia.

El fuego de la actualización es alimentado por la madera de la forma ideal, la madera de los medios hábiles, la comprensión de que ciertas acciones traen resultados particulares, la madera de la devoción al bien, la madera que transforma las ilusiones de obstrucción, la madera de la armonía planetaria y la madera de la mente universal que percibe el cielo y la tierra y el Misterio de la Creación manifestado en todo.

Actualizar es manifestar el ideal a través de la práctica sagrada, la gran diligencia, la perseverancia y la transpiración. Actualizar es hacer realidad una visión de paz para el pueblo y la tierra. Es el acontecer y el hacer. Llevas tu mente a la estabilidad mediante el agradecimiento, la oración y la meditación. La realización de tu idea, como la de liberarte de la bebida, se hace evidente cuando dejas de lado aquello a lo que estabas apegado. Este es el despertar de la energía clara para hacer surgir tus objetivos visualizados y tu potencial creativo. Quizás esperabas y rezabas para aclarar tus relaciones familiares. Tu visión de armonía familiar, magnetizada por tu oración, tu afirmación y tu acción para generar paz, se manifiesta como una reunión familiar libre de patrones negativos previos. A través del proceso de magnetizar y actualizar lo que es beneficioso para todos, los patrones que han oscurecido la claridad de pensamiento y relación se vuelven cada vez menos aferrados; se vuelven más transparentes hasta que finalmente se dispersan. La actualización es el bello resultado derivado de los hábiles medios del tercer fuego sagrado.

Libertad de todas las ataduras

Liberarse del apego, liberarse de los hábitos, es recurrir al antídoto del propósito claro y la voluntad sagrada. Un hábito es algo que uno hace sin pensar. Puede ser el hábito de responder a los miembros de la familia de una determinada manera o de comer, beber o fumar siempre algo, sintiendo que es necesario. Puedes reconocer que actúas por hábito cuando te encuentras actuando de una manera determinada tras un estímulo concreto. Quizá cuando recibes una llamada de teléfono, enciendes un cigarrillo. O cuando te sientes triste y enfadado, comes. O cuando vuelves a casa del trabajo, te paras a tomar una cerveza. Fumar, comer o beber te produce un alivio inicial, pero al final aparece la enfermedad o la confusión. Otro ejemplo es cuando sabes que tienes cosas que hacer; quieres cumplirlas y sientes que tomarte una cerveza podría ayudarte. Pero bebes una, luego dos, y olvidas o decides no hacer lo que te habías marcado como objetivo. O alguien te llama para que le ayudes y, aunque sabes que tienes otros compromisos, no hablas claramente de ello, sino que accedes a la petición de tu amigo por el hábito de buscar la aprobación de alguien en lugar de hacerlo desde el lugar claro de "Sí, quiero hacer esto".

Estos son ejemplos de un hábito de modo conflictivo. Hay muchos ejemplos en las relaciones familiares, en las que un miembro puede saber que una determinada acción causa angustia a otra persona y, sin embargo, al no haber desarrollado un medio hábil de comunicación, puede agitar la olla de la discordia molestando al otro en lugar de hablar directamente de los problemas.

Cuando nos despertamos por la mañana nos lavamos los dientes, nos lavamos la cara, rezamos. Esto también puede percibirse como hábitos. Cuando reconocemos que estas cosas son buenas para nuestra salud y bienestar, nos damos cuenta de que hacerlas es una disciplina.

Observemos los patrones habituales que nos impiden alcanzar nuestro objetivo vital. Alguien puede beber café para llenarse de energía para hacer algo y convertirlo en un hábito, bebiendo una, tres, diez tazas de café al día. La falsa energía del café da un subidón temporal y luego se produce una drástica bajada del azúcar en sangre. Entonces, ¿qué se consigue bebiendo café para obtener energía? Emocionalmente, ocurre lo mismo con los comportamientos adictivos que uno persigue para satisfacer el hambre de amor: la verdadera hambre queda sin saciar. La verdadera fuente de energía es la buena relación y la intención clara. El practicante sabio busca medios para mantener la ecuanimidad, un nivel claro de energía basado en el pensamiento claro, la dieta sana, la comunicación clara y la acción correcta. Mucha gente toma una chocolatina u otras comidas para animarse y no lo considera un comportamiento adictivo. Pero las calorías vacías de la chocolatina y el hecho de que se desee en una situación concreta indican que comerla es una respuesta habitual.

Muchos de nosotros tenemos la suerte de vivir en lugares donde el agua dulce sale del grifo y la comida es abundante para la mayoría de la gente. En nuestro negocio y nuestro agradecimiento por la calidad de vida, la gente trabaja muy duro para adquirir energía financiera y actualizar los dones creativos. En esta tierra de abundancia con tantas cosas a nuestra disposición, cuando el agradecimiento no se expresa y tomamos para nosotros la comida, la bebida, las drogas y demás como medio de recompensa y consuelo, esto puede demostrar un comportamiento adictivo.

Elegir ser consciente de un comportamiento adictivo es una cuestión bastante profunda. Muchos son adictos a pensamientos y discursos negativos sobre sí mismos y los demás, o al sufrimiento. El propósito de todo comportamiento adictivo es, en realidad, calmar el dolor y el conflicto; su propósito es la pacificación. Sin embargo, la adicción es una elección para apaciguar a través de la búsqueda del olvido en lugar de a través de la clarificación de la propia conciencia. Cualquiera que sea la necesidad no resuelta que da lugar al comportamiento adictivo, sólo está disponible para la transformación y la resolución una vez que se abandona el propio comportamiento. El comportamiento adictivo (ya sea beber, fumar o afligirse) funciona uniendo energía. Sin embargo, la energía, por naturaleza, busca moverse. Lo que ocurre es que, en algún momento del pasado, y casi siempre por miedo, las energías disonantes que buscaban una resolución en el siguiente nivel de armonía, vieron impedido su flujo natural y quedaron atadas. Mediante una configuración de pensamientos y comportamientos, estas energías se fijaron en una forma arcaica y siempre repetitiva que dio (y sigue dando) la ilusión de control y seguridad o cuestión que inicialmente dio e impidió la transformación de la reacción temerosa original, que en sí misma probablemente hace tiempo que se escondió en el inconsciente. El objeto de tu adicción –ya sea un comportamiento, una sustancia o un pensamiento– se inviste así de un poder mágico para curar tus males de cuerpo, mente y espíritu. La verdadera cura consiste en dar gracias por la oportunidad de experimentar la vida, soltar la adicción, liberar las energías atadas, experimentar todo lo que la adicción estaba reteniendo y abrazar el proceso de transformación y resolución armoniosa que beneficia a uno mismo y a todos los seres.

Antídotos contra el consumo de drogas

En estos tiempos, tal y como profetizaron los Ancianos que conocí y con los que hablé, dijeron que la gente será puesta a prueba por sustancias que tienen el potencial de quemar y destruir el cordón sagrado que nos permite comunicarnos con el Misterio Supremo. Los antídotos específicos por haber abusado de ti mismo y de los elementos, a través de las drogas, incluyen la atención plena a la respiración, que te devuelve al momento. En el momento todo está bien. Practica la proyección de los tres rayos desde el corazón, el tercer ojo y la coronilla hacia el centro de la Tierra y recíbelos de nuevo a través del vientre, siendo siempre consciente del ciclo de dar y recibir. Puedes fijarte en periodos de tu vida en los que se establecieron patrones de inconsciencia (esto es especialmente significativo para los hijos de padres que tenían adicciones) y practicar el aquietamiento de la mente. El aquietamiento de la mente consiste básicamente en volver al espacio tranquilo entre tus respiraciones. Cada vez que tu mente salga al obstinamiento, vuelve al lugar entre la inhalación y la exhalación. Percibir la corriente de pensamiento, viendo cómo la energía salta fuera del cuerpo con el ansia o el deseo, volviendo de nuevo al centro, aquietando la mente. Después de aquietar la mente, buscar también ayuda profesional para restablecer la ecuanimidad y la salud.

Ser de Un Solo Corazón: Resolución de Conflictos Libre de la Forma-Pensamiento de "Conflicto"

Reconozcamos que todo es vibración, que lo que tiene apariencia de conflicto se entiende mejor como disonancia o discordia: energías que buscan su resolución en la armonía. ¿Cómo puedes reconocer la discordia en ti mismo, en tu entorno y en tus relaciones? La discordia produce desarmonía y desasosiego. El cuerpo puede enfermar; la mente puede discutir y parlotear sin cesar; las relaciones pueden volverse tensas y poco nutritivas; la tierra de alrededor puede agotarse y producir menos alimentos para la gente. Los elementos responden a nuestro pensamiento. Ver la abundancia y la tranquilidad en nuestro interior y a nuestro alrededor, y avivar diligentemente la llama de la certeza, abre el canal para que la disonancia se resuelva naturalmente en armonía.

En ti mismo, observa la respiración. ¿Fluye libremente, es expansiva, vigorizante? Airea conscientemente el cuerpo-mente con formas de pensamiento de luz. A medida que se invita a la respiración a encontrar su flujo natural, pueden surgir pensamientos o emociones oscurecedoras, y estos pueden ser claves para comprender el curso de la contracción o la discordia en tu sistema. Con los amigos, la familia y los compañeros de trabajo, es un proceso similar. Observa lo que está sucediendo. Da gracias por poder ver con claridad y por esta oportunidad de volver a tener una buena relación. Reconoce las acciones que son inapropiadas y causan desarmonía y' jura actuar de forma diferente.

Reconoced la luz que fluye libre y plenamente entre vosotros. Afirmad y visualizaos en comunicación y relación armoniosas, invocando los tres fuegos sagrados de la voluntad, la afirmación y los medios hábiles para transmutar todo lo que oscurece vuestra visión de la mente clara interior. La discordia interior expresa una mente o unas acciones que no están plenamente alineadas con vuestro propósito sagrado en este tiempo, que no hacen brillar plenamente el cristal de la mente clara. A veces en el mundo ocupado desarrollamos lo que llamamos la enfermedad de tener dos corazones. En la tradición nativa esa es la peor enfermedad que puedes tener. Es cuando quieres hacer algo, y tienes la capacidad de hacerlo, pero no lo haces, y discutes contigo mismo por ello. Es bueno ser de una mente, de un corazón, y ver los "si", "y", "peros" y posibilidades sólo como pensamientos, sin apego, manteniendo clara tu meta de ser todo lo que puedes ser, comprendiendo el Misterio, viendo la verdad tal como es. Con eso como meta, comprendes mucho de la vida y logras mucho en ella.

Energía sexual y responsabilidad

Se profetizó que en estos tiempos la energía creativa del sexo se blandiría como un arma, destruyendo la ecuanimidad mental de las personas y sus correctas relaciones. Esto es evidente en la publicidad y la pornografía, que muestran a mujeres y niños como objetos sexuales. El antídoto contra este desequilibrio es que el individuo considere cuidadosamente la energía y las responsabilidades de la relación correcta que conlleva. La sexualidad es una fuerza creadora. Y como lo demuestra el aumento de las enfermedades venéreas, la ilusión de la libertad sexual ha traído mayores cadenas a la gente. La gente está confundida por la exteriorización de la energía sexual, insegura de si es un don de amor o sólo una fuerza para ser experimentada o utilizada. Es un don y una responsabilidad sagradas. Es a través de este don que las familias crecen y florecen y crece la comunidad de las buenas relaciones.

A menudo, el sexo y la sexualidad pueden expresar patrones de naturaleza habitual. Una persona puede tener el hábito de buscar la sabiduría o el amor fuera de sí misma sin aprender primero a amar la luz creativa interior, por lo que entonces puede estar muy hambrienta, buscando siempre el amor que está ahí mismo con un viaje hacia el interior.

En la tradición Cherokee, su voz gana mayor credibilidad a medida que la familia crece y prospera en una relación armoniosa. Para el pueblo eso es indicio de un buen corazón y una mente clara, y muchas enseñanzas sólo llegan cuando una persona ha alcanzado la edad de abuelo. Hay quienes no tienen hijos propios y expresan su amor creativo a la comunidad cuidando de los demás. De hecho, hoy en día es todo un reto para las personas mantener relaciones sólidas. Dos de cada tres matrimonios acaban en divorcio y hasta el 60% de las familias tienen un progenitor que trabaja contra grandes obstáculos culturales y financieros para lograr la armonía y el bienestar de la familia.

La energía del sexo es una fuerza magnética tan poderosa que cuando te has juntado con otro permanecéis en el aura del otro de por vida. Los ancianos decían: "Si no quieres tener sus hijos, no estés con él". También eran muy conscientes del poder de la saliva y de la mezcla de fluidos corporales como algo que tiene un efecto sobre la conciencia y el bienestar físico de las personas. Cuando alguien venía a visitar a una familia en busca de pareja, los miembros de la familia escuchaban y observaban el comportamiento de esa persona y, si demostraba falta de armonía, se le encomendaban al pretendiente ciertas tareas que pacificarían y purificarían y ayudarían a equilibrar la mente dentro de uno mismo y con la familia. La relación sexual crea lazos que existen a través del tiempo y el espacio, y cuando uno elige una pareja cuyo campo energético es discordante con el propio, surgen las enfermedades físicas. El practicante sabio piensa detenidamente y observa durante un buen periodo de tiempo antes de iniciar una relación de este tipo, y el más sabio observa y encuentra a su verdadero compañero espiritual para caminar juntos por la vida. Para aquellos que no tienen pareja o no desean tenerla en esta vida, existe la oportunidad de ver los misterios de la creación reflejados en su propia naturaleza. Una persona así tiene la oportunidad de practicar la espiritualidad y puede convertirse en una reserva de energía inmensa que beneficie a todas sus relaciones y al entorno en el que vive.

Con familia o soltero, todo el mundo está relacionado con la familia de la vida a través del movimiento de la vida. Ya sea soltero, casado o en pareja, lo más importante es darse cuenta de que nuestras relaciones son una oportunidad para ver lo maravilloso de la vida.

Conciliar los problemas de la familia de origen

La capacidad de tener relaciones positivas con uno mismo y con los demás se deriva de su comprensión de su propia naturaleza y patrones de la infancia y su voluntad de dejar de lado los pensamientos que son contrarios a la relación clara, que puede ser de naturaleza hábito.

Cada individuo tiene en su interior componentes de sus padres: material genético, formas de pensar, formas de ser, formas de hablar. Dentro de nuestros cuerpos, la energía de nuestra madre y nuestro padre se convierte en nuestro potencial creativo para realizar tareas, para hacer realidad nuestros dones. Cuando tenemos dificultades para relacionarnos y comunicarnos con nuestros propios padres, es un reto realizar plenamente nuestros dones creativos hasta que hacemos las paces con las diferencias y perdonamos lo que podría haber sido, lo que debería haber sido, y aceptamos y reconocemos a cada miembro de la familia tal y como es. En algunos casos, los niños han sufrido abusos físicos, sexuales y, lo que es más común, han sido ignorados. Esto puede provocar sentimientos de inutilidad e indignidad en el joven. Para que el adulto pueda manifestar plenamente sus dones, es necesario deshacer este patrón de inutilidad.

Los niños se sienten responsables de la discordia en su familia. Incluso las víctimas de malos tratos graves suelen sentirse responsables de alguna manera. El hecho de que alguien haya sido objeto de malos tratos no significa que perpetrara tal acción en otro tiempo o que se lo merezca como desahogo kármico. A través de las redes sociales y las conversaciones por ordenador, las enfermedades se magnifican y exageran e incluso se consideran norma. Así, la expresión emocional se exagera en este tiempo a través de las reverberaciones de los medios de comunicación.

El maltratador elige comportarse de forma inadecuada, a menudo basándose en patrones establecidos en su propia infancia. Es importante que en el momento uno transforme el foco de conciencia del sufrimiento y/o la ira a la realización de su valía y su derecho a la alegría.

Haber sobrevivido a los malos tratos significa haber descubierto algo por lo que vivir. Las personas que sobrevivieron a los campos de concentración y a la guerra lo hicieron encontrando "marcadores de alegría" en sus vidas. Un marcador de alegría puede haber sido un breve respiro del dolor: puede haber sido una fruta fresca encontrada en un momento de hambre. Los marcadores de alegría son los pivotes de la curación, de modo que uno evalúa su vida en relación con la alegría dada y recibida más que según el grado de dolor o sufrimiento. Para quienes han sufrido abusos u opresión, es muy importante que se den cuenta de que las disonancias son más evidentes en estos tiempos. Son tiempos de cambio, tiempos oscuros con potencial para la armonización en los que los individuos necesitan adoptar una postura clara sobre lo que es correcto y lo que es incorrecto.

Para transformar el dolor del sufrimiento infantil, primero hay que reconocer que ninguna víctima "merece" el abuso o la opresión. Las semillas de la causa y el efecto se manifiestan de muchas maneras, y las causas del abuso están firmemente arraigadas en una sociedad que coloca a las mujeres y los niños, a las personas empobrecidas y a las personas de color en posiciones de segunda clase. Dado que la sociedad se compone de muchas personas, el hecho de que cada una de ellas llegue a ser clara consigo misma y con los demás y tome medidas responsables puede ayudar a transmutar muchos de los males que se han producido.

Para algunos niños desafortunados, el abuso puede haber comenzado ya en el vientre materno por la falta de voluntad de sus padres para ser padres y/o por las drogas y la exposición de los padres a la violencia. Sea como sea y cuando sea que la opresión haya comenzado para ese niño, en algún nivel de la mente se registra. La curación de esas heridas consiste en viajar a través del tiempo y el espacio hasta la reserva de recuerdos que hay en la mente, las emociones, los músculos, las células y los huesos, y reclamar el bastón del propio destino en las propias manos, afirmando que, efectivamente, uno es digno, porque se le ha dado el don de la vida.

Reconciliación: Comprender el propósito y la unidad de la familia

La voluntad sagrada se manifiesta en nuestras vidas como karma. Nuestro impulso espiritual se alinea con la voluntad creativa incluso en lo que respecta a la elección de nuestros padres y las circunstancias de nuestra vida. Nos sentimos atraídos a nacer en determinadas familias por la afinidad y el propósito común expresado por nuestros padres y parientes. Muy a menudo, los miembros de una determinada familia u origen tienen un protector angelical común. Quizás el ángel protector de tu familia era San Miguel o Gabriel, uno de los guerreros. Estos se relacionan con el protector de Occidente, que tiene la naturaleza de cortar y transmutar lo que es inapropiado. Tal vez en la vida de esa familia haya una gran alegría y un gran drama; podrían experimentar la energía transformadora como un movimiento constante, un cambio emocional dramático o una gran capacidad física para construir y cambiar. En última instancia, la expresión dramática se transforma en la sabiduría del espejo que ve todas las cosas tal y como son.

A medida que crecemos y nos hacemos adultos, nos sentimos atraídos por otras fuentes de información y reflexión sobre el misterio de la vida. De este modo, uno busca su instrucción vocacional y espiritual para sacar a la luz sus dones creativos. La familia que elegimos, con la que nacemos y crecemos, tiene el propósito común de reflexionar, comprender y realizar juntos alguna cualidad del Misterio. Uno crece, reúne herramientas e información que, con medios hábiles, puede devolver a la familia de origen para el enriquecimiento de todos.

El papel de víctima: Representado en nuestra sociedad y en el mercado

Aquí, en la tierra de la leche y la miel, todo el mundo se esfuerza por conseguir un buen empleo, mantenerse, estudiar, etcétera. Pero esta cultura transmite un doble mensaje: obligamos a los agricultores y a los productores de miel a cerrar sus negocios. A cierto nivel, esta incoherencia es un abuso psíquico que siente la población en general. Uno puede trabajar durante veinte años con el corazón lleno y la mente clara sólo para encontrar que sus fondos de jubilación le son denegados porque la empresa se declara en quiebra. Esto también es abuso. Y la misma falta de respeto que se ha mostrado a hijos, hijas y esposas se ha extendido ahora para incluir a todo el mundo.

Incluso aquellos que se creían libres y capaces reconocen ahora que también ellos están encadenados por los conceptos de beneficios de las corporaciones multinacionales a expensas de las personas sin las cuales no podrían vender nada. Esto surge de conceptos anteriores de superioridad racial, de clase y sexual, y como esos pensamientos se han aceptado tan fácilmente ahora se acepta acabar con un pequeño agricultor o empresario que se percibe como impotente y por lo tanto sin valor. La forma en que nosotros como individuos y colectivamente como naciones pensamos de los demás vuelve a nosotros, y necesitamos volver rápidamente a un comportamiento ético y moral en nuestras relaciones a todos los niveles porque todas las acciones como una ola seguramente vuelven a cada uno de nosotros. Así que empecemos por volver a empoderarnos, llamando de nuevo a los principios sagrados dentro de nuestras vidas, apaciguando las heridas, reconociendo los marcadores de alegría. Consideremos también la posibilidad de llegar a acuerdos de cooperación empresarial que sean equilibrados y justos. De este modo podemos recuperar el equilibrio en el corazón, en los negocios y en la ecología.

Habilidades para Magnetizar: Visualización

Ciertas personas, según sus dones de otras vidas y del presente, tienen una mayor facilidad para la visualización, en particular las personas que estudian matemáticas y música. Otras personas no visualizan, sólo experimentan, y tienen una percepción directa sin llegar a ver. Y para algunas personas es casi como si se lo susurraran al oído. La visualización tiene un efecto beneficioso, ya que aclara los meridianos de energía del cuerpo. Y es más fácil manifestar lo que se puede ver con claridad. En nuestra época, muchas personas han llegado a no creer en su propia vista, a menudo por el trauma del sistema educativo. Por lo tanto, el proceso de visualización y revisión de situaciones contribuye a una visión más clara.

Práctica Fundamental de la Visualización

1. Piensa en cómo era tu habitación cuando la dejaste.
2. En tu mente, ve muy claramente los objetos que se han dejado, por ejemplo, en la cómoda.
3. Apártate, observa los alrededores de la habitación.
4. Fíjate en algo muy sencillo que haya en la habitación. Observa su forma geométrica.
5. Observa la geometría básica y la forma de las cosas de la habitación.
6. Observa cómo se rellenan los formularios con datos específicos sobre el color y la identidad.
7. Exhala y vuelve al tiempo y lugar presentes. Observa con detalle lo que te rodea.
8. Da gracias por los dones de la mente y la vista.

REPATTERNING

Visualiza tu ideal de un ser verdaderamente realizado. Atrae a ese hermoso ser a tu corazón y fúndelo con tu ideal de conciencia verdaderamente despierta y actividad hábil. De tu corazón fluyen oleadas de amorosa compasión hacia todas las personas de tu vida e incluso hacia las que están más allá del horizonte.

EPÍLOGO

Aquí tienes algunas herramientas para vaciar tu chimenea. Prueba estas palabras y meditaciones como probarías los alimentos que compras para tu familia. ¿Es fresca, es adecuada, es beneficiosa? ¿Es una buena medicina para ti y tus familiares? Si la medicina es buena, tómala.

Comprender el Misterio,
Observa la mente.
Acallando el miedo, la mente se mueve clara.
Canta una canción de ecuanimidad,
Despierta en la serenidad.
Afirma tu voz
y elección.
Magnetiza un sueño potente
El mundo se ilumna,
Paz iluminada.

APÉNDICE A

LA FAMILIA DE LA VIDA

La Fuente Única de Nuestro Ser, Los Muchos en el Uno

1 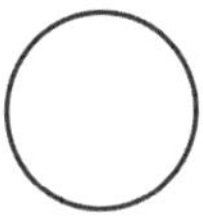 UNO: Luz blanca pasando a azul. Voluntad. Círculo. Cristal de cuarzo.

La fuerza primordial de la vida, la voluntad, nacida del vacío, hace surgir la luz. La voluntad de ser, principio de la manifestación, está simbolizada por el círculo o el huevo. Para que las personas entren en relación directa con su propio autoconocimiento y con el todo del que todos hemos evolucionado, se utiliza la meditación en grupos grandes para entrar en contacto con la corriente de conciencia que fluye sin cesar y que es la luz divina que da origen al sonido y a la manifestación. El objetivo de esta comprensión es permitir que las personas sintonicen mejor con su propia voluntad, que asuman la responsabilidad de moldear el entorno que les rodea mediante el pensamiento y la acción correctos, de modo que todo esté en armonía con el todo. Que todos vean que en un universo de abundancia no hay escasez, y que cada uno asuma la responsabilidad de completar el circuito para permitir que se manifieste el bien mayor. A medida que el sistema solar y la galaxia se mueven hacia una vibración más elevada, es necesario actualizar una conciencia de unidad planetaria. Dentro de cada ser hay un cordón de plata que conecta al individuo con la presencia despierta.

Cuando el Uno busca conocerse a sí mismo, observa el flujo y se convierte en dos.

2  DOS: Rojo. Conciencia, Amor-Sabiduría. Dos líneas paralelas en zigzag. Rubí.

La dualidad surge como progenitora de la inteligencia separada del Uno al observarse a sí misma. Rojo y azul: oposición dialéctica que busca el equilibrio en el nacimiento de la inteligencia.

3  TRES: Amarillo. Inteligencia Activa, Triángulo, Topacio Naranja.

A medida que el Uno se percibe a sí mismo y da nacimiento al dos, el dos da nacimiento a la relación, que es lo informe manifestado en inteligencia activa. Todos los aspectos del proceso educativo se basan en el principio del triángulo: reconocer el flujo de sabiduría dentro del individuo, el grupo y el planeta, ver que dentro de la pregunta está la respuesta, dentro del problema está la solución y actualizar ese conocimiento en una acción correcta. El triángulo es el símbolo de la familia y la manifestación material del plan de la naturaleza en orden. Es la base de la comprensión de nuestra interconexión con todos los seres. Los individuos pueden mejorar la comunicación entre ellos a través de una percepción directa de la Esencia que está presente en todos. Cualquier pensamiento basado en la negación conduce a una conciencia de escasez, separación y destrucción. Veamos el flujo continuo de energía que sostiene la armonía abundante en la conciencia familiar, grupal, nacional y planetaria.

Los rituales familiares de oración y meditación son vehículos de transmutación. Un ritual adecuado, la sintonía con la tierra y una relación correcta con la abundancia de la Tierra permiten percibir la relación más amplia. Las formas geométricas básicas que evolucionan a partir del triángulo llevan inherentes mensajes de naturaleza universal. A través de una ideación clara, el campo energético del individuo, el grupo y el planeta se aclara de pensamientos limitantes, que se manifiestan como impedimentos de la conciencia, y el cuerpo de expresión se hace completo (sagrado).

4

CUATRO: Naranja. Familia extendida. Curación. Tetracordio, Cuadrado. Jaspe.

Los cuatro distribuyen el concepto básico de curación, la sintonización con la luz, la curación del cuerpo, las emociones, la mente y la red etérica, que unifica al individuo con la presencia monádica. Hay que darse cuenta del poder del pensamiento correcto como medicina preventiva y de la invocación divina como herramientas para sanar a la familia de la humanidad.

Invocar los rayos (colores) de la curación y ver su relación con los sistemas de órganos y la conciencia también es necesario para la curación. La tríada del color primario como el nacimiento de la forma es mensajera de la forma material. Cada color tiene cualidades de conciencia (como se describe a través de cada número y forma) y relación con los sistemas de órganos físicos. Cada elemento, cuando se quema en el espectroscopio del laboratorio, emite su color característico. Los seres humanos, al percibir determinados colores, se relacionan con una experiencia común. Al igual que la periodicidad de los elementos, hay aspectos del pensamiento y la acción que también siguen las leyes básicas de la armonía. La curación con luz, color y sonido, la imposición de manos, el equilibrio áurico, el pensamiento y la acción correctos son disciplinas universales que hacen surgir la armonía en la curación.

5

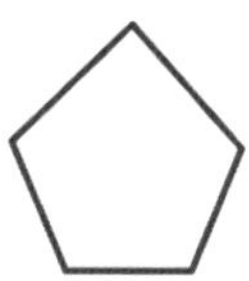

CINCO: Verde. Barrio, pueblo. Actividad mental, ciencia concreta, saber. Pentágono. Esmeralda.

El cinco se relaciona con el conocimiento. Tiene una función asimiladora, sintetizando la sabiduría de la presencia eterna en la manifestación física. A nivel de barrio y aldea, el principio del consejo tiene como base invocar y recibir la abundancia de la armonía dinámica y la conciencia despierta del servicio a través del desarrollo de una idea que beneficie a muchos en armonía con todos los seres. El vehículo es la meditación en grupo percibiendo claramente el propósito de las partes en el todo, conociendo las necesidades de todos a través de la comunión con la esencia de una pregunta en la que reside la respuesta.

6

SEIS: Rosa. Tierra, Clan. Estrella de seis puntas. Cuarzo rosa.

Seis es el rayo de la devoción a la manifestación de la forma ideal: como es arriba, es abajo. Recordando que el pensamiento es energía que se manifiesta, interpretada a través del corazón y los receptores de energía del ser, energizamos la conciencia de abundancia y la relación correcta con la Tierra. Cuando el amor y la devoción a la Tierra se llevan a cabo con el pensamiento adecuado y la acción correcta, la tierra responde con abundancia. Una mentalidad de escasez perpetuará la ilusión del hambre, la pobreza y la distribución desequilibrada del poder.

Cuando el grupo sintoniza la receptividad con la discriminación, el grupo puede entonces percibir la forma ideal que emerge para el bien de todo el planeta. Así, a través de la alineación con el yo grupal superior, podemos reafirmar las cualidades de conexión con el todo y expresar esa conexión en la acción correcta.

7

SIETE: Violeta. Nación. Tetraedro. Amatista.

Siete aporta la conciencia de la familia de propósito común. El grupo debe asumir la responsabilidad de transformar las estructuras comunitarias de una mentalidad de separación a una de unidad. Al reconocer el papel que desempeña la multiplicidad en el todo, la familia se purifica de las ilusiones de separación. El método para realizar este fin es el consejo de barrio, aldea, clan y nación.

8

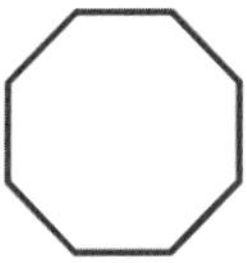

OCHO: Índigo. Conciencia planetaria; comprensión. Octágono. Zafiro azul.

La conciencia planetaria comprende la unidad de la humanidad y entiende la Tierra como nuestro hogar, con todas las personas trabajando en armonía en beneficio de la totalidad.

El sistema de economía se basa en lo que es apropiado para el conjunto y en la idea constructiva de que todos los recursos están presentes, sólo necesitan ser trasladados de un lugar a otro. Como las aguas fluyen y los vientos soplan, hay una distribución inherente de energía. En la manifestación de la conciencia planetaria podemos movernos en armonía con esos flujos. La conciencia de escasez se interpone en el camino de la plena conciencia planetaria, que reconoce la sabiduría de todos los seres para que los pocos no tomen decisiones por los muchos y los legisladores sean verdaderos servidores del pueblo, receptores de la voluntad múltiple en alineación con el bien mayor.

9

NUEVE: Opalescente. Conciencia universal. Estrella de nueve puntas. Ópalo de fuego.

La estructura de la conciencia universal son tres triángulos superpuestos. Es verdaderamente receptiva a la unidad de todo ser en sus múltiples manifestaciones. La Tierra forma parte de un organismo vivo que se está iniciando en una conciencia superior. Como parte de un ser vivo, la Tierra necesita manifestar una conciencia unificada en armonía con todo el sistema solar, para que las mentes iluminadas puedan viajar en haces de luz por todo el universo, participando en comunión con la gran familia del ser.

APÉNDICE B

LAS DIRECCIONES Y SUS ATRIBUTOS

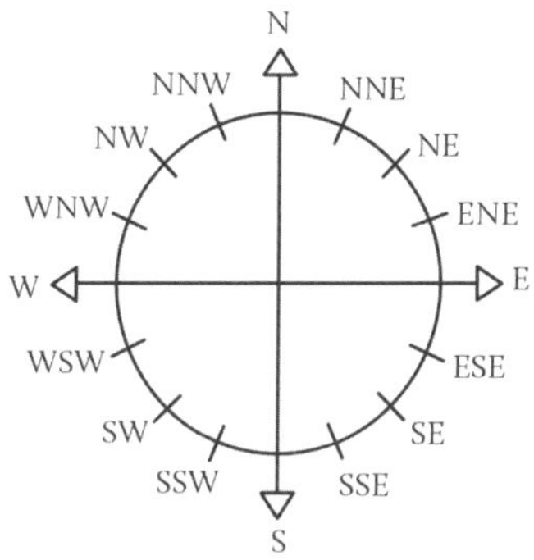

Norte	Sabiduría, voluntad. Templado; trae pruebas para prepararse para el encuentro con el infierno del Oeste, donde se encuentran todas las formas de pensamiento que uno ha generado. Agua helada; potencial.
Norte-Noreste	La sabiduría y la voluntad se combinan como el amor.
Noreste	El nacimiento de la inteligencia mediante la interacción de la voluntad y la sabiduría.
Este-Noreste	Aporta la iluminación de Oriente; el sol naciente de la conciencia.
Este	Iluminación; comprensión de la expresión de la mente; integración. Suscita la suave crianza de la Madre Naturaleza en todos nosotros. Vientos suaves.

Este-Sureste	Comprender que para que la conciencia iluminada se manifieste deben brotar semillas de atención plena.
Sureste	Rayos de energía regenerativa, como la semilla en el útero, tomando conciencia de su propósito y dirección.
Sur-Sureste	Implantación firme de la semilla; recuerdo del crecimiento futuro.
Sur	Renovación, regeneración para el ser futuro; la semilla del mañana. Energía primaria de la adolescencia. Vientos cálidos y húmedos.
Sur-Suroeste	Recogida de experiencias y reconocimiento de la responsabilidad hacia uno mismo y hacia todas las criaturas vivas; devolver el sustento y la abundancia a los demás.
Suroeste	Vides que crecen; propagación de la familia, del clan, basada en una relación correcta.
Oeste-Suroeste	Lugar donde aceptamos nuestro poder y decidimos compartirlo y llevarlo adelante en armonía con el presente, dando a luz a los hijos del mañana, alimentados por las tradiciones de nuestras abuelas.
Oeste	Asimilación. Todas las experiencias de la vida y el karma. Formas de ideas transmutadas en el fuego que destruye, dando nacimiento a algo nuevo. La puerta que atravesamos hacia la muerte del ego. Lugar de nuestra vejez. Integración y equilibrio de la experiencia; disolución de los deseos. Anhelo de fundirse plenamente con la conciencia espiritual. Puede considerarse la puerta de salida de la encarnación. Vientos secos e impulsados que se incendian.

Oeste-Noroeste	Compartir la sabiduría; las experiencias asimiladas se reconocen como patrones arquetípicos de conciencia y se comparten con las generaciones venideras.
Noroeste	Desarrollo y aparición de una verdadera resonancia con los elementos y la capacidad de invocarlos para el bien de la comunidad.
Norte-Noroeste	Conciencia blasonada de espiral completa de comprensión y relación con las estrellas. Reconocimiento del yo como un ser vibrante que crea causa a través del pensamiento y la acción.

Las espirales ascendentes de energía, rayos de la Madre Tierra, conectan con los aspectos regenerativos del Sur, elevándose a través de los órganos generativos para encontrarse en el corazón, iluminado por el conocimiento interior de nuestra relación con todo. El viento del Norte y el relámpago del cambio son atraídos por este vórtice de energía, para que uno reconozca la mente clara a través de la relación con el cielo y la Tierra. El relámpago nutre las cualidades internas de la forma física. El ser interior llama desde el Este y el Oeste espirales de energía, equilibrando la conciencia y el movimiento universal. Uno puede darse cuenta del vacío del no resto.

LECTURAS

Agnew, Brad. *Fort Gibson: Terminal on the Trail of Tears.* Norman: University of Oklahoma Press, 1980.

Blankenship, Bob. *Cherokee Roots.* (Contains indexes of Cherokee tribal rolls.) Gatlinburg, Tenn.: Buckhorn Press, 1978.

DeLoria, Vine. *The Aggressions of Civilization: Federal Indian Policy Since the 1880s.* Ed. with Sandra L. Cadwalader. Philadelphia: Temple University Press, 1984.

— *American Indian Policy in the Twentieth Century.* Norman: University of Oklahoma Press, 1985.

— *American Indians, American Justice.* Ed. with Clifford M. Lytle. Austin: University of Texas Press, 1983.

— *Behind the Trail of Broken Treaties: An Indian Declaration of Independence.* New York: Delacorte Press, 1974.

— *God is Red.* New York: Grosset and Dunlap, 1973.

— *The Metaphysics of Modern Existence.* San Francisco: Harper and Row, 1979.

— *The Nations Within: The Past and Future of American Indian Sovereignty.* Ed. with Clifford M. Lytle. New York: Pantheon, 1984.

— *We Talk, You Listen: New Tribes, New Turf.* New York: Macmillan, 1970.

Denton, Thetford. *Tsali.* San Francisco: Indian Historian Press, 1972.

Foreman, Grant. *The Five Civilized Tribes.* Norman: University of Oklahoma Press, 1934.

— *Indian Removal: The Emigration of the Five Civilized Tribes of Indians.* Norman: University of Oklahoma Press, 1932.

— *Sequoyah.* Norman: University of Oklahoma Press, 1938.

Girard, Raphael. *Esotericism of the Popol Vuh: The Sacred History of the Quiché-Maya.* Pasadena: Theosophical University Press, 1979.

Hansen, L. Taylor. *He Walked the Americas.* Amherst, Wisc.: Amherst Press, 1963.

Katz, William Loren. *Black Indians: A Hidden Heritage.* New York: Atheneum, 1986.

Lewis, Thomas M. N., and Madeline Kneberg. *Tribes That Slumber: Indians of the Tennessee Region.* Knoxville: University of Tennessee Press, 1958.

Momaday, N. Scott. *House Made of Dawn.* New York: Harper and Row, 1968.

— *The Names: A Memoir.* New York: Harper and Row, 1976.

— *With Eagle Glance.* New York: Museum of the American Indian, 1982.

Mooney, James. *Myths of the Cherokee and Sacred Formulas of the Cherokees.* Nashville: Charles and Randy Elder, 1982.

Shearer, Tony. *Beneath the Moon and Under the Sun: A Poetic Reappraisal of the Sacred Calendar and Prophecies of Ancient Mexico.* Albuquerque: Sun Publishing Co., 1975.

— *Lord of the Dawn: Quetzalcoatl.* Happy Camp, Calif.: Naturegraph Publishers, 1971.

Strickland, Rennard. *Fire and the Spirits: Cherokee Law from Clan to Court.* Norman: University of Oklahoma Press, 1975.

Wallace, Paul A. W. *The White Roots of Peace.* Philadelphia: University of Pennsylvania Press, 1946.

Wardell, Morris L. *A Political History of the Cherokee Nation, 1838–1907.* Norman: University of Oklahoma Press, 1938.

Weyler, Rex. *Blood of the Land.* New York: Everest House, 1982.
Woodward, Grace Steele. *The Cherokees.* Norman: University of Oklahoma Press, 1963.

ÍNDICE

Voces de nuestros antepasados
de Dhyani Ywahoo
compuesto con tipos Montserrat
en créditos y portadillas, y DGP
en el resto de las tripas,
bajo el cuidado de Daniel Vera,
se terminó de imprimir
el 17 de octubre de 2024.
Ese mismo día de 1815,
en el océano Atlántico Sur,
Napoleón Bonaparte llega desterrado
a la isla de Santa Helena.

LAUS DEO